# जात हमारी ब्रह्म है

"जात हमारी ब्रह्म है मात-पिता है राम"

हमारा होना ब्रह्म से आया। हम उससे उपजे हैं, इसलिए वही हमारी जात है। हम उससे उपजे, इसलिए वही हमारी मां है, वही हमारा पिता है। बाकी सब माता-पिता औपचारिक हैं। बाकी सब जातियां व्यावहारिक हैं। असली जात ब्रह्म। असली माता-पिता परमात्मा।

गिरह हमारा सुन्न में—और हमारा घर शून्य में है। बाकी तुम जितने घर बना रहे हो, सब व्यर्थ जायेंगे। जब तक शून्य को न खोज लो, तब तक असली घर न मिलेगा। गिरह हमारा सुन्न में।

"गिरह हमारा सुन्न में अनहद में बिसराम"

और वहां कोई सीमा नहीं, असीम है। अनहद। उसकी कोई हद नहीं। वहीं विश्राम है। उसके पहले तकलीफ है। उसके पहले बेचैनी है। उसके पहले तनाव है।

—श्री रजनीश

श्री रजनीश

# जात हमारी ब्रह्म है

(दरिया वाणी)

संकलन : मा अमृत साधना, मा कृष्ण प्रिया

संपादन : स्वामी नरेन्द्र बोधिसत्व

**प्रकाशक : डायमंड पॉकेट बुक्स (प्रा.) लि.**
X-30 ओखला इंडस्ट्रियल एरिया, फेज-II
नई दिल्ली-110020

फोन : 011-40712200
ई-मेल : wecare@diamondbooks.in
वेबसाइट : www.diamondbooks.in

संस्करण : 2025

# अनुक्रम

जन दरिया हरिभक्ति की, गुरां बताई बाट ।
भूला उजड़ जाय था, नरक पड़न के घाट ॥
नहिं था राम रहीम का, मैं मतिहीन अजान ।
दरिया सुधबुध ग्यान दे, सतगुरु किया सुजान ॥
सतगुरु सब्दां मिट गया, दरिया संसय सोए ।
औषध दे हरिनाम का, तन मन किया निरोग ॥
रंजी सास्तर ग्यान की, अंग रही लिपटाय ।
सतगुरु एकहि सब्द से, दीन्ही तुरत उड़ाय ॥
जैसे सतगुरु तुम करी, मुझसे कछू न होय ।
विष-भांड़े विष काढ़कर, दिया अमीरस मोय ॥
सब्द गहा सुख ऊपजा, गया अंदेसा मोहि ।
सतगुरु ने किरपा करी, खिड़की दीन्हीं खोहि ॥
पान बेल से बीछुड़ैं, परदेसां रस देत ।
जन दरिया हरिया रहै, उस हरी बेल के हेत ॥

# 1. सतगुरु किया सुजान

**11 अगस्त 1977; श्री रजनीश आश्रम, पूना**

अथातो प्रेम जिज्ञासा! अब प्रेम की जिज्ञासा। अब पुन: प्रेम की बात। दो ही बातें हैं परमात्मा की—ध्यान की या प्रेम की। दो ही मार्ग हैं—या तो शून्य हो जाओ या प्रेम में पूर्ण हो जाओ। या तो मिट जाओ समस्त-रूपेण, कोई अस्मिता न रह जाए, कोई विचार न रह जाए, कोई मन न बचे; या रंग लो अपने को सब भांति प्रेम में, रत्ती भी बिना रंगी न रह जाए।

तो या तो शून्य से कोई पहुंचता है सत्य तक, या प्रेम से। संत दरिया प्रेम की बात करेंगे। उन्होंने प्रेम से जाना। इसके पहले कि हम उनके वचनों में उतरें···अनूठे वचन हैं ये। और वचन हैं बिलकुल गैर-पढ़े-लिखे आदमी के। दरिया को शब्द तो आता नहीं था; अति गरीब घर में पैदा हुए—धुनिया थे, मुसलमान थे। लेकिन बचपन से ही एक ही धुन थी कि कैसे प्रभु का रस बरसे, कैसे प्रार्थना पके। बहुत द्वार खटखटाए, न मालूम कितने मौलवियों, न मालूम कितने पंडितों के द्वार पर गए लेकिन सबको छूंछे पाया। वहां बात तो बहुत थी, लेकिन दरिया जो खोज रहे थे, उसका कोई भी पता न था। वहां सिद्धांत बहुत थे, लेकिन दरिया को शास्त्र और सिद्धांत से कुछ लेना न था। वे तो उन आंखों की तलाश में थे जो परमात्मा की बन गई हों। वे तो उस हृदय की खोज में थे, जिसमें परमात्मा का सागर लहराने लगा हो। वे तो उस आदमी की छाया में बैठना चाहते थे जिसके रोएं-रोएं में प्रेम का झरना बह रहा हो। सो, बहुत द्वार खटखटाए लेकिन खाली हाथ लौटे। पर एक जगह गुरु से मिलना हो ही गया।

जो खोजता है वह पा लेता है। देर-अबेर गुरु मिल ही जाता है। जो बैठे रहते हैं उन्हीं को नहीं मिलता है; जो खोज पर निकलते हैं उन्हें मिल ही जाता है। और खयाल रखो, ठीक द्वार पर आने के पहले बहुत से गलत द्वारों पर खटखटाना ही पड़ता है। यह भी अनिवार्य चरण है खोज का। जब तुम खोज लोगे तब तुम पाओगे कि जो गलत थे उन्होंने भी सहारा दिया। गलत को गलत की तरह पहचान लेना भी तो ठीक को ठीक

की तरह पहचानने का कदम बन जाता है।

तो गए बहुत द्वार-दरवाजों पर। जहां जहां खबर मिली वहां गए। लेकिन बात तो बहुत पायीं, सिद्धांत बहुत पाये, शास्त्र बहुत पाये; सत्य की कोई झलक न मिली। पर मिली, एक जगह मिली। और जिसके पास मिली, उस आदमी का क्या नाम था यह भी ठीक ठीक पक्का पता नहीं है। उस आदमी के तन-प्राण ऐसे प्रेम में पगे थे कि लोग उन्हें 'संत प्रेमजी महाराज' ही कहने लगे थे। इसलिए उनके ठीक नाम का कोई पता नहीं है। पहुंचते ही बात हो गई।

क्षण भर भी देर नहीं होती। आंख खोजनेवाली हो, आंख खोजी की हो तो जहां भी रोशनी होगी वहां जोड़ बैठ जायेगा, बिठाना नहीं पड़ता; बिठाये बिठाना पड़े तो फिर बैठा ही नहीं। बिठाये बिठाये कभी बैठता ही नहीं।

गुरु का मिलन तो प्रेम जैसा है। जैसे किसी को देखते ही प्रेम उमड़ आता है। अवश! तुम्हारा कुछ उपाय नहीं है; असहाय हो। कहते हो, बस हो गया प्रेम। ऐसी ही गुरु की भी दृष्टि है। यह आखिरी प्रेम है। और सब प्रेम तो संसार में ले आते हैं; यह प्रेम संसार के बाहर ले जाता है। यह प्रेम की पराकाष्ठा है। और सब प्रेम तो अंततः शरीर पर ही उतार लाते हैं; यह प्रेम शरीर के पार ले जाता है। और सारे प्रेम तो स्थूल हैं; यह प्रेम सूक्ष्म का प्रेम है।···इस एक संत को देखकर बात हो गई। एक क्षण में हो गयी, बिजली कौंध गयी।

यह प्रेमजी महाराज दादू दयाल के शिष्य थे— संत दादू के शिष्य थे। और संत दादू ने अपने मरते समय खाट पर आंखें खोली थीं। सौ साल पहले· दरिया से सौ साल पहले संत दादू हुए। मरते वक्त शिष्य इकट्ठे थे, दादू ने आंखें खोलीं और जो कहा वह अजीब सी बात थी, भविष्यवाणी थी। मरते दादू ने कहा था :

देह पड़न्ता दादू कहे, सौ बरसां एक संत।
रैन नगर में परगटे, तारे जीव अनंत॥

दरिया का जन्म सौ साल बाद हुआ, रैन नगर में हुआ।

संत प्रेमजी महाराज दादू के शिष्य थे। इस बात की पूरी-पूरी संभावना है कि दादू ने जो घोषणा की थी वह दरिया के संबंध में ही थी। क्योंकि दादू के ही एक प्रेमी से फिर द्वार मिला। दादू-पंथी तो मानते हैं कि दरिया दादू के ही अवतार हैं। एक अर्थ में ठीक भी है क्योंकि जो दादू ने कहा, जिस प्रेम की महिमा दादू ने गायी है, उसी महिमा को दरिया ने भी गाया है। एक अर्थ में प्रेम के सभी अवतार प्रेम के ही अवतार हैं। व्यक्तियों के

थोड़े ही अवतरण होते हैं, सत्यों के अवतरण होते हैं।

देह पड़न्ता दादू कहै ''गिरती थी देह, जाती थी देह, आखिरी घड़ी आ गयी थी, यमदूत द्वार पर खड़े थे, और दादू ने कहा : 'देह पड़न्ता दादू कहै'···। गिरती है मेरी देह, मगर गिरते समय एक घोषणा किये जाता हूं—सौ बरसां एक संत···सौ बरस बाद आयेगा एक संत; रैन नगर में परगटे, तारे जीव अनंत। बहुत लोगों का उससे उद्धार होगा। रोते हुए शिष्यों को कहा था कि घबड़ाओ मत मेरे जाने से कुछ जाना नहीं हो जाता, कोई और भी आनेवाला है, प्रतीक्षा करना।

फिर दरिया का आगमन—एक धुनिया के घर में, एक मुसलमान धुनिया। लेकिन बचपन से एक ही रस, एक ही लगाव। न स्कूल गये, न भेजे गये स्कूल, न कुछ पढ़ा, न लिखा। हस्ताक्षर भी कर नहीं सकते थे। जैसा कबीर ने कहा है, 'मसी कागद छुओ नहीं'—कभी कागज छुआ नहीं, स्याही छुई नहीं, ठीक वैसे ही, ठीक कबीर जैसे ही।

कहा है दरिया ने : 'जो धुनिया तो भी मैं राम तुम्हारा'। माना कि धुनिया हूं, कुछ पढ़ा-लिखा नहीं, कुछ सूझ-बूझ नहीं है, अज्ञानी हूं—इससे क्या फर्क पड़ता है ! 'जो धुनिया तो भी मैं राम तुम्हारा' लेकिन हूं तो तुम्हारा !

भक्त कहता है, मैं क्या हूं यह तो बात ही व्यर्थ है; तुम्हारी कृपा-दृष्टि मेरी तरफ है, बस सब हो गया। अहंकारी और भक्त का यही भेद है। अहंकारी कहता है मैं कुछ हू, देखो पढ़ा-लिखा हूं, धनी हूं, पद प्रतिष्ठा है, चरित्रवान हूं, त्यागी हूं, ऐसा हूं, वैसा हूं। अहंकारी दावा करता है। भक्त कहता है : जो धुनिया···मैं तो धुनिया, मैं तो कुछ भी नहीं, मेरी तरफ तो कोई गुणवत्ता नहीं है, 'तो भी मैं राम तुम्हारा'। लेकिन मेरी इतनी गुणवत्ता है कि मैं तुम्हारा हूं। और यह बड़ी से बड़ी गुणवत्ता है, अब और क्या चाहिए ? इससे ज्यादा मांगना भी क्या है, इससे ज्यादा होना भी क्या है? इतना ही हो जाये कि तुम राम की तरफ हो जाओ, तो तुम्हारे अंधेरे में रोशनी आ जायेगी। इतनी धारणा ही बनने से सब क्रांति घट जाती है, सारा पलड़ा बदल जाता है।

देखा प्रेमजी महाराज को और घटना घट गयी। खोजते थे···

कोई दिल-सा दर्द आशना चाहता हूं
रहे इश्क में रहनुमा चाहता हूं

प्रेम के रास्ते पर कोई पथप्रदर्शक खोजते थे।

कोई दिल-सा दर्द आशना चाहता हूं
रहे इश्क में रहनुमा चाहता हूं

गये बहुत पंडितों के पास, लेकिन प्रेम के मार्ग पर पंडित से क्या रोशनी मिले ! थोथे शब्दों का जाल ! दीवानगी नहीं, मस्ती नहीं, मदिरा नहीं। और भक्त शराब की बातें करने में उत्सुक नहीं होता, भक्त शराब पीने में उत्सुक होता है। पंडित शराब की बातें करते हैं, विश्लेषण करते हैं, चर्चा करते हैं, पीते इत्यादि कभी नहीं। कंठ को कभी शराब ने छुआ ही नहीं, आंख से कभी आंसू नहीं ढलके और न कभी पैरों में घूंघर बंधे, न कभी नाचे मस्त होकर, न कभी गुनगुनाये, कभी अपने को डुबाया नहीं। सारा पांडित्य अहंकार की सजावट है, शृंगार है।

जैसे ही देखा प्रेमजी महाराज को, कोई कली खिल गयी, बंद कली खिल गयी।

ऐसा बहुत बार हुआ है मनुष्य के आध्यात्मिक जीवन के इतिहास में। अगर कोई व्यक्ति बुद्ध के चरणों में बैठा हो और बुद्ध से कुछ सीखा हो, कुछ पाठ लिया हो, फिर बुद्ध विदा हो जाये—तो यह व्यक्ति उस पाठ को अपने भीतर दबाये हुए, अपने अचेतन में संभाले हुए भटकता रहेगा, खोजता रहेगा; जब तक इसे फिर कोई बुद्ध जैसा व्यक्ति न मिल जाये, तब तक इसकी चिनगारी दबी रहेगी। बुद्ध जैसे व्यक्ति के पास आते ही लौ प्रगट हो जायेगी। पास आते ही ! सन्निकट मात्र - और भभककर जलने लगेगी रोशनी। कोई व्यक्ति अगर कृष्ण के पास रहा हो जो जन्मों-जन्मों तक वह फिर उन्हीं की तलाश करेगा--जाने-अनजाने, होश में, बेहोशी में, जागते-सोते, वह कृष्ण को टटोलेगा। और जब तक कोई कृष्ण जैसा व्यक्ति फिर उसके पास न आ जाये तब तक उसका दिया बुझा रहेगा।

मेरे देखे दरिया दादू के शिष्यों में एक रहे होंगे। मैं ऐसा नहीं कहता कि दादू के ही अवतार हैं, क्योंकि दादू का क्या अवतार होगा ! जो जाग गये वो गये, फिर उनका अवतार नहीं। फिर लौटना नहीं होता। मैं तो दादू-पंथियों से कहूंगा कि ऐसा मत कहो कि दादू का अवतार। इतना ही कहो कि उसी प्रेम का अवतार-जिसके दादू थे। लेकिन दादू का ही अवतार मत कहो। क्योंकि दादू तो सो गये। गीत वही है, धुन वही है, सुर वही है। फूल ठीक वैसा ही है—वही गंध, वही रंग। लेकिन यह मत कहो कि वही फूल है, वैसा ही है। क्योंकि दादू तो गये।

यह दादू को उस दिन, उनकी मृत्यु-शैय्या पर घेरकर जो शिष्य खड़े होंगे, उनमें से ही कोई हैं। ये उसी को चेताने के लिए वचन कहे होंगे :

> देह पड़न्ता दादू कहे, सौ बरसां एक संत।
> रैनें नगर में परगटे, तारे जीव अनंत ।।

यह बीज-मंत्र उस भीड़ में खड़े हुए किसी शिष्य के लिए कहा होगा।

बहुत बार तुमसे बातें कही गयी हैं जो तुमने सुनी नहीं हैं। बहुत बार तुमसे बातें कही गयी हैं जो तुमने समझी नहीं हैं। और वे बातें कभी पूरी होती रहेंगी। एक बार भी जो किसी सद्गुरु के निकट आ गया, अब जन्मों-जन्मों की सारी यात्रा इसी निकटता में ही चलेगी। सद्गुरु रहे कि जाये, देह में रहे कि देह से मुक्त हो जाये, लौटे; कि न लौटे; लेकिन जो एक बार किसी सद्गुरु से जुड़ गया, यह नाता कुछ ऐसा है कि जनम-जनम का है। यह गांठ बंधती है तो फिर खुलती नहीं। यह गांठ खुलनेवाली गांठ नहीं है। जुड़े ही न तो बात अलग लेकिन जुड़ जाये तो फिर जन्मों-जन्मों तक साथ चलता है।

घूमते रहे दरिया, बहुत लोगों के पास गये; लेकिन फिर दादू के ही एक भक्त, जहां दादू जैसी ही रोशनी थी, जहां दादू ही जैसे पुनः प्रगट हो रहे थे, वहां ज्योति जग गई। वहां बुझा दिया एकदम दमक उठा, दीप्ति आ गयी।

खिली हो कितनी कोई, खिले वीरान में जैसे<br>
निकल आयें नई बालें कुंआरे धान में जैसे<br>
— ऐसे कुछ खिल गया भीतर।<br>
निकल आयें नई बालें कुंआरे धान में जैसे<br>
हां याद है किसी की वो पहली निगाह-ए-लुत्फ<br>
फिर खूं को यूं न देखा रगों में रवां कभी<br>
वह आंख प्रेमजी महाराज की, आंख से जुड़ते ही क्रांति कर गयी<br>
हां याद है किसी को वे पहली निगाह-ए-लुत्फ<br>
फिर खूं को यूं न देखा रगों में रवां कभी

जल गया जो जलना था। मिट गया जो मिटना था। होना था जो हो गया। कभी-कभी एक क्षण में, एक पल में हो जाती है बात—ठीक-ठीक व्यक्ति से मिलन हो जाये।

अध्यातम की खोज में, सद्गुरु की खोज सबसे बड़ी है। परमात्मा से भी महत्त्वपूर्ण खोज है सद्गुरु की खोज, क्योंकि परमात्मा से तो सीधे तुम जुड़ ही न पाओगे। कोई खिड़की, कोई द्वार चाहिए होगा। परमात्मा तो सब तरफ मौजूद है। मौजूद ही है, उसे क्या खोजना है? इसे थोड़ा समझना। परमात्मा तो मौजूद ही है, उसे क्या खोजना है? लेकिन मौजूद है, पर तुम्हें दिखाई नहीं पड़ता, तो तुम्हारे लिए तो गैर-मौजूद है। तुम्हारे लिए तो मौजूद तभी होगा जब तुम परमात्मा जैसे किसी व्यक्ति से मिल बैठोगे। जब दो दिल एक होंगे, किसी ऐसे व्यक्ति—जिसके लिए परमात्मा मौजूद हो गया है, उस जोड़ में ही तुम्हारे लिए भी मौजूद होगा, उसके

पहले नहीं मौजूद होगा। हां, एक बार दिख गया, एक बार खुल गयी खिड़की, उठा पर्दा, फिर कोई अड़चन नहीं है। फिर तो गुरु और परमात्मा में भेद ही नहीं रह जाता। फिर परमात्मा और गुरु एक के ही दो नाम हो जाते हैं।

कबीर ने कहा है :

गुरु गोविंद दोऊ खड़े, काके लागूं पांव
बलिहारी गुरु आपने गोविन्द दियो बताए

किसके छुऊं पैर? अब दोनों सामने खड़े हैं। बड़ी दुविधा हो गयी। पहले किसके पैर छुऊं? गुरु के छुऊं तो परमात्मा का कहीं असम्मान न हो जाये। परमात्मा के छुऊं यह भी बात जंचती नहीं, क्योंकि जिसके द्वारा परमात्मा तक आये, उसका असम्मान न हो जाये। वचन मधुर है : किसके पैर छुऊं? लेकिन कहा नहीं कबीर ने कि किसके पैर छुए, तो अलग-अलग लोगों ने अलग-अलग अर्थ कर लिये। कुछ ने अर्थ किया कि गुरु ने इशारा कर दिया कि शंका मत कर, संदेह में मत पड़, परमात्मा के पैर छू। बलिहारी गुरु आपने गोविंद दियो बताय। निवारण हो गया शंका का।

ऐसा अधिक लोग अर्थ करते हैं। ऐसा मैं नहीं करता। मैं तो यह अर्थ करता हूं कि कबीर ने गुरु के ही चरण छुए। क्यों? इसलिए गुरु के चरण छुए कि गुरु ने परमात्मा बताया। बलिहारी में ही चरण छुए। वह जो 'बलिहारी' शब्द है, वह खबर दे रहा है कि गुरु के ही चरण छुए हालांकि गुरु ने इशारा कर दिया परमात्मा की तरफ, इसलिए तो गुरु के चरण छुए। गुरु का तो सारा काम ही इशारा है। गुरु तो एक इंगित है।

मील के पत्थर देखे न, जिन पर तीर बना होता है—आगे की तरफ यात्रा की खबर! गुरु तो एक तीर का एक चिन्ह है। गुरु तो कहता है : और आगे और आगे और आगे! गुरु तो तब तक कहता चला जाता है और आगे, जब तक कि परम से मिलन न हो जाये। बलिहारी गुरु आपकी…!

लेकिन फिर कबीर ने पैर किसके छुए? मेरे हिसाब से तो पैर गुरु के ही छुए। यह जो 'बलिहारी' शब्द का उपयोग किया, इसी में ही बात आ गयी।

मिलन प्रेमजी महाराज का—जिंदगी बदल गई दरिया की। खोज समाप्त हो गयी, जैसे प्यासे को पानी मिल गया! एक छोटी-सी नजर ने क्रांति उपस्थित कर दी।

पीत अपने अब नहीं कुंआरे रहे
मीत के स्वर से भवर कर आ गये

फिर दरिया कुंआरे नहीं रहे, गांठ जुड़ गई, गुरु से मिलन हो गया। वह परम विवाह हो गया, जिसके बाद फिर एक ही मंजिल और रह जाती है—परमात्मा मिलन की।

गुरु द्वार है, परमात्मा मन्दिर है।

इन वचनों को, दरिया के, बुद्धि से समझोगे तो चूकोगे। हृदय से समझना। तरंगित होना इनके साथ। एक गैर-पढ़े-लिखे आदमी के, लेकिन बड़े प्यारे वचन हैं। उपनिषद् और वेद भी स्पर्धा करें, ऐसे वचन हैं। क्योंकि पढ़े-लिखे होने से क्या संबंध है। हृदय में जब घटना घटती है तो टूटे-फूटे शब्द भी स्वर्णमंडित हो जाते हैं। जिसके पास कहने को कुछ है, वह किन्हीं भी शब्दों में कहे, वे शब्द स्वर्णमंडित हो जाते हैं और जिसके पास कहने को कुछ भी नहीं है, वह कितने ही सुन्दर शब्दों का आयोजन करे, वे सब मुर्दे के ऊपर लगाये गए आभूषण हैं। उनसे थोड़ी ही देर में दुर्गंध आयेगी। तुम मुर्दों को कितने ही सुन्दर वस्त्र पहना दो, इससे मुर्दे जीवित नहीं होते। और जीवन तो अगर नग्न भी खड़ा हो तो भी सुन्दर होता है।

सुनो इन वचनों को—

जन दरिया हरिभक्ति की, गुरां बताई बाट
भूला ऊजड़ जाय था, नरक पड़न के घाट

जन दरिया हरिभक्ति की गुरां बताई बाट। गुरु ने हरि-प्रेम का रास्ता बता दिया। 'रास्ता बता दिया'—इसका ऐसा अर्थ मत लेना कि गुरु ने बड़ा समझाया। समझाया तो जरा भी नहीं। यह बात समझने-समझाने की नहीं। यह तो गुरु के होने में ही इशारा है। यह तो गुरु के पास बैठने में ही घट जाता है। यह तो छूत की बीमारी है। यह तो सत्संग है। गुरु के पास बैठे कि घटने लगता है। गुरु के पास बैठकर रोमांच जगने लगता है, रोआं-रोआं तरंगित होने लगता है, कंपित होने लगता है। किसी अदृश्य लोक की हवायें तुम्हें चारों तरफ से घेर लेती हैं। कोई वसंत आ जाता है। जो हृदय सूना-सूना था, जहां कोई स्वर नहीं उठता था, वहां हजार स्वर उठने लगते हैं। मगर यह बात है छूत की। यह लगने वाली बात है। यह लगने वाली बीमारी है।

इसलिए प्रेम के मार्ग पर सत्संग का अर्थ है गुरु के पास होना, गुरु के पास बैठना। कभी कुछ कहे तो सुनना, कभी कुछ न कहे तो सुनना; मगर गुरु को पीना। पीते-पीते ही इशारा साफ होता है।

जन दरिया हरिभक्ति की, गुरां बताई बाट

गुरु ने इशारा कर दिया, राह पर लगा दिया, नाव में बिठा दिया— हरिभक्ति की !

दरिया मुसलमान है; लेकिन गीत न हिंदू का है न मुसलमान का; गीत न राम का है न रहीम का; या कि दोनों का है । दरिया जैसे संतों ने ही धर्म को प्रतिष्ठा दी है । जरा भी भेदभाव नहीं सोचा कि हिंदू है यह आदमी, मैं मुसलमान हूं । यह बात ही न उठी । प्रेम कहीं हिंदू होता, कहीं मुसलमान होता ! हरि की भक्ति का क्या लेना कुरान से और क्या लेना गीता से ? हरिभक्ति कोई सिद्धांत तो नहीं है, कोई दर्शनशास्त्र तो नहीं है । यह तो डुबकी है एक ऐसे लोक में जहां हम तर्क और विचार और बुद्धि के सब विश्लेषण को छोड़कर पहुंचते हैं । यह तो अपने ही अंतरतम में निवास है ।

जन दरिया हरिभक्ति की···

भक्ति प्रेम का परम रूप है । प्रेम के तीन रूप हैं—काम, प्रेम, भक्ति काम निकृष्टतम रूप है अधोमुखी; नीचे की तरफ जाता हुआ; शरीर से बंधा हुआ प्रेम दूसरा रूप है—न ऊपर जाता हुआ; समतल पर गतिमान; न अधोमुख न ऊर्ध्वमुख; मध्य में । काम शरीर से बंधा है; प्रेम मन से । भक्ति तीसरा रूप है, आत्यंतिक रूप है—ऊर्ध्वमुखी, ऊपर की तरफ जाता हुआ; न शरीर से बंधा है न मन से, आत्मा में अवगाहन ।

मनुष्य के तीन तल हैं— शरीर, मन, आत्मा । वैसे ही मनुष्य के प्रेम के तीन तल है—काम, प्रेम, भक्ति । जब तक तुम्हारा प्रेम भक्ति न बने तब तक तुम आनन्द न पाओगे । काम प्रेम न बने तब तक तुम सुख न पाओगे । और जब तक तुम्हारा काम अगर काम ही बना रहे, तो तुम दुख ही दुख पाओगे । तुम्हारा काम अगर प्रेम बन जाये तो तुम कभी दुख और कभी सुख भी पाओगे । तुम्हारा काम अगर भक्ति बन जाये तो तुम सदा सुख पाओगे, तुम सुखरूप हो जाओगे । काम से बंधन है; भक्ति में मुक्ति है । प्रेम मध्य है । इसलिए प्रेम में थोड़ा बंधन भी है और थोड़ी स्वतन्त्रता भी । प्रेम समझौता है । इसलिए प्रेम में थोड़ी-सी काम की भी छाया पड़ती है और थोड़ी भक्ति की भी । इसलिए तुम जिसे प्रेम करते हो उसमें तुम्हें थोड़ी-थोड़ी कभी-कभी प्रभु की झलक भी दिखायी पड़ती है । तुमने जिसे प्रेम किया है उसमें कभी न कभी प्रभु का आभास भी होता है । कभी-कभी तुम उसके साथ पशु जैसा व्यवहार भी करते हो और कभी-कभी प्रभु जैसा भी । प्रेम मध्य में है ।

इसलिए प्रेम में एक तनाव भी है । कामी में ज्यादा तनाव नहीं कामी अपने पशु-स्वभाव से बंधा है । उसके भीतर दुविधा नहीं है । इसलिए

तो पशुओं में दुविधा नहीं है। और भक्त भी मुक्त है, उसमें भी दुविधा नहीं है। वह भी पूरा का पूरा परमात्मा से जुड़ा है। और कामी पूरा का पूरा देह में डूबा है। दुविधा होती है प्रेमी में। वह मध्य में खड़ा है। एक हाथ भक्ति की तरफ जा रहा है डांवाडोल है। जैसे कोई रस्सी पर चलता है, ऐसा कंपता है पूरे वक्त।

प्रम में एक चिन्ता है, क्योंकि प्रेम उड़ना तो चाहता है आकाश में और पैर उसके जमीन में गड़े हैं। काम तो जड़ों जैसा है और भक्ति पक्षियों जैसी है। और प्रेम बड़ी दुविधा में है, बड़ी अड़चन में है।

इस बात को खयाल में रखना। भक्ति के मार्ग पर प्रेम का विरोध नहीं है; प्रेम का रूपांतरण है। काम को प्रेम बनाना है, प्रेम को भक्ति बनानी है। विरोध कहीं भी नहीं है। इसलिए तुम जिसे प्रेम करते हो, अगर उसी में तुम परमात्मा को देखना शुरू कर दो तो तुम पाओगे, धीरे-धीरे हरिभक्ति का रस आने लगा। इसलिए तुम जिसके प्रति कामातुर हो उससे प्रेम करो कम-से-कम, थोड़े-थोड़े बढ़ो। जिसके प्रति कामातुर हो उसे प्रेम करो। जिसके प्रति प्रेम से भरे हो उसके प्रति थोड़ी भक्ति भी लाओ।

लड़ने की कोई जरूरत नहीं है, धीरे-धीरे, आहिस्ता-आहिस्ता क्रांति हो जाती है। आहट भी नहीं होती और क्रांति हो जाती है।

जन दरिया हरिभक्ति की गुरां, बताई बाट
भूल ऊजड़ जाय था, नरक पड़न के घाट

मैं तो भूला था। और मैं तो उस तरफ भागा जा रहा था—काम की तरफ, जो कि वस्तुतः ऊजड़ है; जो है तो रेगिस्तान लेकिन दूर-दूर मृग-मरीचिकायें दिखाई पड़ती हैं। लगता है कि खूब जल के सरोवर हैं, हरे वृक्ष हैं और छायाएं हैं। और मन भागा जाता है। भागा जा रहा था काम की तरफ।

भूला ऊजड़ जाय था, नरक पड़न के घाट

कामवासना ही नरक का घाट है। नरक जाना हो तो वही तीर्थ है; वहीं से उतरा जाता है। लेकिन गुरु ने राह बता दी। और बता दी—शब्दों से नहीं, अपने अस्तित्व से। गुरु ने अपने प्रेम के अस्तित्व से खबर दे दी कि जो काम है उसमें बड़ी महिमा छिपी है, उसे मुक्त कर लो।

ऐसा समझो, जलधार बहाओ तो नीचे की तरफ जाती है। वह जल का स्वभाव है। फिर जल को जमा दो, बरफ बन जाये, तो फिर न नीचे जाता है न ऊपर; जाता ही नहीं, रुक जाता है। वह बरफ का स्वभाव है। फिर जल को वाष्पीभूत कर दो, गरम करो, उड़ा दो, तो जल ऊपर की

तरफ जाने लगता है, जब भाप बन जाता है। जल ही है। जब नीचे की तरफ जाता था तब भी जल था; जब बरफ की तरह रुक गया था तब भी जल था, कहीं नहीं जाता था; और अब जब भाप की तरह आकाश की तरफ उठ रहा है, सूर्योन्मुख हो गया है, तब भी जल ही है। जैसे जल की तीन अवस्थायें हैं ऐसी ही प्रेम की तीन अवस्थायें हैं। काम में नीचे की तरफ जाता है। प्रेम में नीचे नहीं जाता, ऊपर नहीं जाता, ठहर जाता है। भक्ति में ऊपर की तरफ उठने लगता है। नीचे की तरफ नरक है, ऊपर की तरफ स्वर्ग है। और प्रेमी दोनों के बीच अटका रहता है—स्वर्ग और नर्क। एक पैर स्वर्ग में, एक पैर नर्क में। प्रेमी दो नावों पर सवार रहता है।

इसलिए दुनिया में प्रेमी या तो एक न एक दिन तय कर लेता है कि कामी हो जाये या तय करना पड़ता है कि भक्त हो जाये। ज्यादा दिन तक प्रेमी प्रेमी नहीं रह सकता। वह दुविधा की घड़ी है। इसलिए लोग एक ना एक दिन निर्णय ले लेते हैं कि या तो अब कामी हो जाओ और या फिर भक्त हो जाओ।

भौतिकवादी आदमी धीरे-धीरे प्रेम को तो भूल जाता है, काम में ही रुक जाता है। अध्यात्म का खोजी धीरे-धीरे प्रेम को तो भूल ही जाता है और भक्ति में डूब जाता है। निर्णय लेना होता है, क्योंकि प्रेम बड़ी दुविधा की दशा है। अगर तुमने निर्णय न लिया तो तुम पीड़ा और बेचैनी में ही रहोगे। इसलिए प्रेमी से ज्यादा तुम और किसी को कष्ट में न पाओगे।

कुछ ना कुछ करना होगा। जीवन में एकरसता लानी होगी। या तो नीचे के तल पर लाओ एकरसता या ऊपर के तल पर। या तो पशु बन कर एकरस हो जाओ...।

देखा, पशु एकरस है! पशु पागल नहीं होते, विक्षिप्त नहीं होते, बेचैन नहीं होते, आत्मघात नहीं करते। एकरस हैं। जहां हैं वहां पूरी तरह से हैं। उन्हें पता ही नहीं कि इसके ऊपर होना भी कुछ हो सकता है।

और भक्त भी एकरस है। वह भी भूल गया है कि इससे नीचे भी कुछ हो सकता है। लेकिन जो दोनों के बीच में खड़ा है, उसका कष्ट बहुत है।

भूल ऊजड़ जाय था, नरक पड़न के घाट
नहीं था राम रहीम का, मैं मतिहीन अजान
दरिया सुधबुध ग्यान दे, सतगुरु किया सुजान

नहिं था राम रहीम का…। जब तक तुम राम के नहीं हो, रहीम के भी कैसे होओगे ? और जब तक रहीम के नहीं हो तब तक राम के भी कैसे होओगे ? तो लोग बातें कर रहे हैं राम और रहीम की; न कोई राम का है न कोई रहीम का है। क्योंकि जो एक भी हो गया वह सबका हो गया। जो ठीक से मुसलमान हो गया वह हिंदू भी हो गया और जैन भी हो गया और ईसाई भी हो गया। और जो ठीक से हिंदू हो गया वह ठीक से मुसलमान भी हो गया।

असल में धार्मिक आदमी होने की बात है; हिंदू-मुसलमान होने की बात ही नहीं है। नहिं था राम रहीम का ।

दरिया कहते हैं, न तो राम का था न तो रहीम का था, बातचीत थी मंदिर जाता था तो भी कुछ अर्थ न था; वहां के राम से मेरी कोई पह-चान न थी। और मस्जिद जाता था तो भी व्यर्थ था; वहां के रहीम से मेरी कोई पहचान न थी। अपने भीतर के ही भगवान से पहचान न हो तो मंदिर-मस्जिदों के भगवान से पहचान नहीं हो पाती। पहली पहचान तो आत्म-पहचान है।

जन दरिया हरिभक्ति की, गुरां बताई बाट

लेकिन गुरु ने राह सुझा दी। गुरु ने आंख खोल दी। गुरु ने बुझी बाती जला दी।

दरिया सुधबुध ग्यान दे, सतगुरु किया सुजान

—मैं तो मतिहीन था।

मन तो सबके पास है, मति बहुत कम लोगों के पास है।

मति का क्या अर्थ होता है ? भाषाकोश में तो मति का अर्थ मन ही होता है, लेकिन जीवन के अस्तित्व में सोये हुए मन का नाम मन, जागे हुए मन का नाम मति, सुमति। जो मूर्च्छित है वह मन और जो जाग गया वह मति। यही मन जागकर सुमति हो जाता है, सन्मति हो जाता है, मति हो जाता है।

नहिं था राम रहीम का, मैं मतिहीन अजान

बुद्धि तो थी, सोच-विचार था, लेकिन मति नहीं थी। बुद्धि तो थी, लेकिन बुद्धि का भी ठीक उपयोग करने का बोध नहीं था। अधिक लोग बुद्धि का दुरुपयोग कर रहे हैं। अधिक लोग ऐसे हैं जैसे अपने ही हाथ से अपनी ही गरदन काट रहे हों। उनकी बुद्धि ही उनके जीवन की सबसे बड़ी कठिनाई हो गई है। अपनी बुद्धि से वे इतने ही उपाय करते हैं जिनसे उनका जीवन ऊपर नहीं उठ पाता। तो कभी-कभी ऐसा भी हो जाता है कि सरलचित्त लोग, जिनको तुम बुद्धू कहो, वे भी गतिमान हो जाते हैं

ऊर्ध्व दिशा में; और जिनको तुम बुद्धिमान कहते हो—अति बुद्धिमान सोच-विचार से भरे हुए लोग, वे जरा भी गतिमान नहीं हो पाते। वे हजार तर्क करते हैं। और उनके सब तर्क उन्हीं को खंडित करते हैं।

तुम कभी खयाल करना : जब ईश्वर के विरोध में कोई तर्क देते हो तो ध्यान रखना, इससे ईश्वर खंडित नहीं होता, सिर्फ तुम्हारा भविष्य खंडित होता है। ईश्वर क्या खंडित होगा ? ईश्वर को क्या फर्क पड़ेगा? तुम मानो न मानो, इससे ईश्वर को तो कुछ भेद नहीं पड़ता; लेकिन न मानने से तुम्हारी संभावना का द्वार बंद हो गया। न मानने से जो बीज अंकुरित हो सकता था, तुमने कह दिया कि नहीं, अंकुरण होता ही नहीं। तो बीज पत्थर की तरह पड़ा रह जायेगा।

ईश्वर के विरोध में तुमने अगर कुछ भी कहा हो तो वह तुम्हारे ही विरोध में गया है। तुमने अगर सत्य को झुठलाने के लिए कुछ कोशिश की हो तो सत्य नहीं झुठलाया जाता; तुम्हीं झुठलाए जाते हो। यह सब ऐसा ही है। जैसे कोई आकाश की तरफ मुंह उठाये और थूके, वह थूक अपने पर ही गिर जाता है।

मगर बुद्धिमान आदमी इस तरह की बातें करते हैं। मति नहीं है। मति होती तो अपने जीवन की सारी ऊर्जा का एक ही उपयोग करते, कि जान लूं उसे कि मैं कौन हूं। छोड़ो ईश्वर! 'ईश्वर' शब्द से कुछ लेना-देना नहीं है। अगर बुद्धिमान हो तो इतना करो कि जान लो कि मैं कौन हूं। कहां से आता हूं, कहां जाता हूं, इस चौराहे पर कैसे आकर खड़ा हो गया हूं, इतना तो जान लो!

नहिं था राम रहीम का, मैं मतिहीन अजान
दरिया सुधबुध ग्यान दे, सत्गुरु किया सुजान

सुधबुध ग्यान दे···। खयाल करना, गुरु ने कोई शास्त्रज्ञान नहीं दिया, सुध-बुध दी।

दो तरह के ज्ञान हैं। एक शास्त्रीय ज्ञान है, जो विद्यालय-विश्वविद्यालय में मिलता है। एक शास्त्रीय ज्ञान है, शब्दज्ञान है, उसका बड़ा जंगल है। उसमें भटके तो जन्मों-जन्मों लग जायें तो भी बाहर न आ सको। जंगलों में भटका तो निकल आये, किताबों में भटका नहीं निकल पाता। क्योंकि जंगल की तो एक सीमा है, शब्दों की कोई सीमा नहीं है।

···सुधबुध ग्यान दे।

सुध का अर्थ है चेताया। चेताया कि तू कौन है। जगाया, झकझोरा। उस झकझोरने में बुध, बोध पैदा होता है। और सुध-बुध का नाम ही ज्ञान है। शेष तो सब व्यर्थ बकवास है। शेष तो ऐसा है जैसे लगी है भूख और

पाकशास्त्र खोले हुए किताब पढ़ रहे हैं। पढ़ो खूब, भूख मिटती नहीं। लगी तो है प्यास और फार्मूला लिये बैठे हैं कि जल कैसे निर्मित होता है—एच. टू. ओ. ($H_2O$)। रखे रहो इस फार्मूले को, इसका ताबीज बना लो, इसको गले में लटका लो, इसका मंत्र-जाप करो : एच.टू.ओ, एच. टू.ओ, एच. टू. ओ.! गुनगुनाओ। मगर प्यास नहीं बुझेगी। प्यास मंत्रों से नहीं बुझती। प्यास के लिए जल चाहिये। और आश्चर्यों का आश्चर्य यह है कि तुम एच.टू.ओ का पाठ कर रहे हो और सामने नदी वह रही है। मगर तुम अपने पाठ में ऐसे तल्लीन हो कि नदी देखने की सुविधा किसे!

दरिया सुध-बुध ग्यान दे, सत्‌गुरु किया सुजान

अजान था, सुजान किया।

सत्‌गुरु सब्दां मिट गया, दरिया संसय सोग

सतगुरु सब्दां मिट गया...। सतगुरु के शब्दों को सुनकर, सब संशय मिट गये, सब संदेह मिट गया।

अब इसको थोड़ा समझना। ऐसा मत समझना कि जो भी दरिया के गुरु के पास गये थे, सभी के संशय मिट गये होंगे। सुनने की एक कला चाहिए। तुम बुद्ध के पास भी जाओ तो भी संशय ले आ सकते हो। सुनने की एक कला चाहिये। सुनने का एक अनूठा ढंग चाहिये। इस भांति सुनना है कि तुम्हारी बुद्धि, तुम्हारा तर्कजाल बीच में बाधा न दे। प्रेम से सुनना है, तर्क से नहीं। तर्कशून्य होकर सुनना है। वही श्रद्धा का अर्थ है।

दरिया के तो मिट गये सारे शोक, सारे संशय, क्योंकि इस आदमी के प्रेम में पड़ गये। इस आदमी को देखा नहीं, इस आदमी की आंख में आंख पड़ी नहीं, कि सुध-बुध खो बैठे।

अब यह बड़े मजे की बात है! जिसके साथ तुम सुध-बुध खो बैठो उसी के पास सुध-बुध पैदा होती है। यह बड़ा विरोधाभास है।

कुछ तुम्हारी निगाह काफिर थी,
कुछ मुझे भी खराब होना था

देखी होंगी वे आंखें—रस से सराबोर! देखी होंगी वे आंखें शांत झील की तरह, जिन पर कमल तिरते हों! देखी होंगी वे आंखें और डूब गये होंगे उनमें। उस प्रेम ने पकड़ लिया। पकड़े गये। बहुत बुद्धिमान होते, पढ़े-लिखे होते तो सोचते कि कहीं इस आदमी ने सम्मोहित तो नहीं कर लिया? कि मैं यह किस जाल में पड़ा जा रहा हूं! अपने को संभालते। अपने तर्क को निखारते। सुनते भी तो भी डूबकर न सुनते, दूर-दूर खड़े। रहकर सुनते सुनते तो ऐसे सुनते जैसे कि न्यायाधीश सुनता है अदालत में। सुनते तो ऐसे सुनते जैसे परीक्षक होकर आये हैं। सुनते तो ऐसे सुनते कि

निर्णय मुझे करना है कि ठीक हो कि गलत।

अब, काश तुम्हें ही पता होता कि क्या ठीक है और क्या गलत है तो आये ही क्यों थे ?

सुनने वाले को ऐसे सुनना चाहिये कि मुझे तो पता नहीं है कि क्या ठीक और क्या गलत इसलिए मैं कैसे निर्णायक बनूंगा ? निर्णय छोड़कर सुनता हूं। मुझे तो पता नहीं है क्या ठीक है और गलत है, शायद इस आदमी को पता हो। एक मौका इसे दो। इस आदमी के सामने अपने हृदय को खोल दो। इस आदमी को उठाने दो संगीत हृदय में। इस आदमी को छेड़ने दो तार, इस आदमी को बजाने दो वीणा मेरे हृदय की।

लेकिन तर्कनिष्ठ आदमी प्रविष्ट ही नहीं होने देता किसी को हृदय तक खुद तो जानता नहीं कैसे अपनी वीणा बजाये और जो जानते हैं उनके हाथ को भीतर नहीं जाने देता। कहता है, बाहर रखना हाथ, सम्मोहित मत कर लेना, कहीं मुझे उलझा मत देना, किसी झंझट में न पड़ जाऊं।

अब यह बड़े आश्चर्य की बात है कि तुम्हारे पास खोने को कुछ भी नहीं, लेकिन तुम डरे बहुत रहते हो कि कहीं कुछ खो न जाये ! है क्या तुम्हारे पास खोने को ? सम्मोहित करके तुमसे लिया क्या जा सकता है ? आत्मा तो तुम्हारी बिलकुल खाली है। डरते क्यों हो ? भय क्या है ? खोओगे क्या ? तुम्हारे पास क्या है ? लेकिन बड़ा डर है। बड़े होश से सुनते हो। होश का मतलब ? होश नहीं। होश का मतलब इतना ही कि दूर-दूर रहते हो, भागे-भागे रहते हो। एक जगह तक जाते हो, वहां से आगे नहीं बढ़ते। खयाल रखते हो कि इतनी दूर खड़ा रहूं कि अगर भागने की नौबत आ जाये तो भाग सकूं, पकड़ा न जाऊं। बड़ी होशियारी से सुनते हो। बड़ी चाल-बाजी से सुनते हो। बड़ी चालाकी से सुनते हो। जिसने चालाकी से सुना वह चूक जायेगा। ये बातें चालाकों के लिए नहीं हैं। ये बातें दीवानों के लिए हैं।

सतगुरु सब्दां मिट गया···। क्या मिट गया ? दरिया मिट गया। सुने वे शब्द, सुने वे प्यार भरे शब्द, सुने वे मिठास भरे शब्द, सुने वे मस्ती के शब्द ! ऐसा नहीं है कि उन शब्दों में बड़ा तर्क था, इसलिए वे जंचे। उन शब्दों में बड़ा प्रेम था, इसलिए। ये बड़े फर्क की बातें हैं। ऐसा नहीं है कि उन शब्दों में बड़ा सिद्धांत था। सिद्धांतियों के पास तो दरिया बहुत गये थे, पंडित और मौलवियों के द्वार खटखटाये थे। सिद्धांत वहां खूब था, सघन था। तर्क वहां काफी प्रतिष्ठित था। जो भी वे कहते थे, प्रत्येक बात के लिये शास्त्रों से प्रमाण देते थे। यहां न तो शास्त्र था न प्रमाण था, न कोई तर्क था; यहां तो बड़ी बेबूझ बातें हो रही थीं। यहां तो पियक्कड़ बैठे थे। यह

तो मधुशाला थी। ये प्रेमजी महाराज की मधुशाला में डूब गये।

सतगुरु सब्दां मिट गया...। यहां तो कुछ ऐसी बातें कही जा रही थीं, जो कही ही नहीं जा सकतीं। यहां तो कुछ ऐसी बातें कही जा रही थीं कि अगर तुम शब्दों पर ही अटक जाओ तो समझ ही न सकोगे। शब्दों के बीच जो खाली जगह होती है, उसको सुनना पड़ता है। पंक्तियों के बीच में जो रिक्त स्थान होता है उसमें झांकना पड़ता है। यहां हर शब्द के साथ जुड़ा हुआ निःशब्द था। उस निःशब्द में झांकना होता है। जब कोई शब्द को बहुत श्रद्धा से सुनता है तो उसके हाथ में निःशब्द आ जाता है। जब शब्दों को कोई बहुत सहानुभूति और लगाव से सुनता है तो फिर शब्दों में जो छिपा हुआ शून्य है वह उसमें झलक देने लगता है।

तुमने अगर बहुत ज्यादा चालाकी से सुना तो शब्द को तुम मार डालते हो, उसकी मृत्यु हो जाती है; मुर्दा शब्द तुम्हारे हाथ में रह जाते हैं। ज्यादा से ज्यादा सिद्धांत तुम्हारे हाथ में आ जायेगा, लेकिन शून्य चूक जायेगा। और असली बात वही थी।

ऐसा समझो कि मैंने तुम्हारे पास एक पत्र भेजा और तुमने लिफाफा रख लिया और भीतर जो पत्र था वह तुमने देखा ही नहीं, या भूल ही गये, या खो ही दिया, या खोला ही नहीं लिफाफा, लिफाफे में ही बहुत मोहित हो गये। शब्द तो लिफाफे हैं; उनके भीतर जो शून्य है छिपा हुआ, वही है संदेश। मगर शून्य को सुनना हो तो हृदय जरा भी सुरक्षा करता हो अपनी, तो नहीं सुन पाओगे। असुरक्षित होकर, सब भांति समर्पित होकर, निवेदित होकर...।

सतगुरु सब्दां मिट गया, दरिया संसय सोग

दरिया ही मिट गया फिर संशय कहां! संशय तो अहंकार की छाया है। तुम जब तक हो तब तक संशय है। तुम गये, संशय गया। और संशय गया तो सब शोक, सब दुख गये; क्योंकि संशय के कारण हम विभक्त हैं, खंड-खंड टूटे हैं।

बंटी है टूट कर यह जिंदगी इस भांति टुकड़ों में
दरारें जोड़ना इनकी नहीं इतना सरल कोई

बड़े टूटे हैं टुकड़ों में हम।

बंटी है टूट कर यह जिंदगी इस भांति टुकड़ों में
दरारें जोड़ना इनकी नहीं इतना सरल कोई

जब तक कि तुम किसी के प्रेम में बिलकुल न बह जाओ, तुम जुड़ न पाओगे। जब तक कि तुम किसी के प्रेम में बेबस न हो जाओ, तुम जुड़ न

पाओगे। प्रेम जोड़ता है, तर्क तोड़ता है। विचार खंडित करते में निर्विचार अखंड बनता है।

तुम मुझे सुन रहे हो, दो ढंग से सुन सकते हो। एक तो दरिया का ढंग —तो तुम सौभाग्यशाली। किसी दिन तुम कह सकोगे : 'सतगुरु सब्दां मिट गया, दरिखा संसय सोग।' और एक ऐसे तुम सुन सकते हो जैसे विद्यार्थी सुनता है कि नोट लेने हैं, कि क्या ये कह रहे हैं ठीक है या नहीं, चलो सोच-कर रख लेंगे, बाद विचार कर लेंगे। और जब तुम सुन रहे हो तब भी भीतर तुम्हारा अतीत, तुम्हारा जाना हुआ बोल रहा है कि हां ठीक है, यह रामायण से मेल खाता है, यह कुरान से मेल खाता है; यह बात नहीं जंचती, यह हमारे धर्म के खिलाफ है। ऐसा तुम पूरे वक्त कमेंट्री कर रहे भीतर। तुम चल रहे हो। इधर मैं बोल रहा हूं, उधर तुम बोल रहे हो। तब तो बड़ा मुश्किल होगा। कुछ का कुछ सुन लोगे। कुछ छूट जायेगा, कुछ जुड़ जायेगा। कुछ का कुछ हो जायेगा। फिर तुम उतने सौभाग्यशाली नहीं सिद्ध होओगे जैसे दरिया सौभाग्यशाली सिद्ध हुए।

सतगुरु सब्दां मिट गया···

जिसने प्रेम से किसी सद्‌गुरु के शब्द सुन लिये वह मिट ही जाता है। उसी मिटने में होना है। उसी मृत्यु में नया जन्म है।

औषध दे हरिनाम का तन मन किया निरोग

और सब आरोग्य हो गया, सब नीरोग हो गया, सब स्वस्थ हो गया। सब रोग गये, क्योंकि सारे रोग मन के हैं। सारे रोग अस्मिता के हैं।

औषध दे हरिनाम का···

हरिनाम की औषधि ही दी जा सकती है जो प्रेम से सुनने में तत्पर हो जाये।

सुनो, अपूर्व वचन है—

रंजी सास्तर ग्यान की, अंग रही लिपटाय
सतगुरु एक ही सब्द से, दीन्हीं तुरत उड़ाय

रंजी का अर्थ होता है धूल।

रंजी सास्तर ग्यान की, अंग रही लिपटाय

दरिया कहते हैं, मेरे अंग-अंग में धूल लगी थी शास्त्र-ज्ञान की। सुनी-सुनाई बातें, पढ़ी-पढ़ाई बातें—लिपटी थीं चारों तरफ। उधार बातें, बासी बातें।

रंजी सास्तर ग्यान की···शास्त्र-ज्ञान की धूल मुझे खूब लिपटी थी चारों तरफ। बकवास थी सब, मगर खूब लिपटी थी। उसी में मैं गंदा हो

रहा था। स्नान की जरूरत थी। और उस धूल को मैं सब कुछ समझे बैठा था।

रंजी सास्तर ग्यान की, अंग रही लिपटाय
सतगुरु एक ही सब्द से, दीन्हीं तुरत उड़ाय

और सतगुरु के एक शब्द से स्नान हो गया, वह सारी धूल उड़ गई। सत्‌गुरु वही जो तुमसे तुम्हारे शास्त्र छीन ले। जो तुम्हें शास्त्र देता हो वह सत्‌गुरु नहीं-- जो तुमसे तुम्हारे शास्त्र छीन ले। जो तुम्हें ज्ञान दे वह सत्‌गुरु नहीं—जो तुम्हें बोध दे और तुम्हारा सारा ज्ञान छीन ले। सत्‌गुरु वह नहीं जो तुम्हें बहुत ज्यादा सिद्धांती बनाये— सत्‌गुरु वही जो तुम्हारे जीवन से सारे सिद्धांतों की धूल अलग कर दे; तुम्हें जीवंत, जाग्रत बना दे। शास्त्र न दे, तुम्हें शास्त्र बना दे—वही सत्‌गुरु।

तुम्हारे भीतर भी वही तो छिपा है जो उपनिषद के ऋषियों में छिपा था। तुम उपनिषदों को कब तक पकड़े बैठे रहोगे? कब भीतर के ऋषि को मौका दोगे कि गुनगुन हो, गीत उठे? तुम्हारे भीतर के ऋषि को कब अवसर दोगे? वेद में जिन्होंने गाये अपूर्व वचन, वैसा ही चैतन्य तुम भी लिये चल रहे हो। इसको कब मौका दोगे कि तुम्हारा वेद प्रगट हो?

जीसस और बुद्ध और महावीर तुम्हारे भीतर भी बोलने को आतुर हैं, क्योंकि तुम्हारी भी आत्यतिक संभावना वही है। तुम भी बुद्ध होने को हो; उससे कम पर तुम्हारी भी यात्रा पूरी नहीं होगी। लेकिन जब तक तुम उधार को बांधे रहोगे, गठरी उधार की सिर पर लिये रहोगे तब तक तुम्हारी अपनी संपदा पैदा न होगी।

तो गुरु तो वही है जो तुम से शास्त्र छीन ले।

मैंने सुना, चीन में एक अद्‌भुत झेन फकीर हुआ—हुइनेंग। निकल रहा है आश्रम में, बगीचे के पास से गुजर रहा है, और उसका एक शिष्य वृक्ष के नीचे बैठा बुद्ध-वचनों को कंठस्थ कर रहा है, रट रहा है। वह खड़े होकर सुनता है और उसे कहता है, 'सुन! खयाल रखना; कहीं ऐसा न हो कि शास्त्र तुझे गड़बड़ा दे, तू शास्त्र को गड़बड़ा देना!'

अपूर्व वचन है कि तू शास्त्र को गड़बड़ा देना; कहीं ऐसा न हो कि शास्त्र तुझे गड़बड़ा दे। फिर तो झेन फकीरों ने इस पर काफी काम किया।

फिर तो दूसरे एक झेन फकीर ने अपने सारे शिष्यों को अपने मरते वक्त इकट्ठा किया और सारे शास्त्र इकट्ठे करके आग लगवा दी और कहा कि देखो यह मेरा आखिरी संदेश है। जब तक ऐसे ही तुम्हारे भीतर के सभी शास्त्र न जल जायेंगे तब तक तुम्हारे भीतर का शास्ता पैदा न होगा।

रंजी सास्तर ग्यान की, अंग रही लिपटाय
सतगुरु एकहि सब्द से, दीन्ही तुरत उड़ाय

पर यह कैसे होता होगा ? क्योंकि कितने ही तो लोग, कितने लोगों की बातें सुनते हैं, कुछ होता नहीं। एक ही शब्द से हो गया होगा ?

प्रेम स सुना जाये तो एक शब्द भी काफी हो जाता है। प्रेम से न सुना जाये तो करोड़ों शब्द भी काफी नहीं होते। फिर समझदार को इशारा काफी होता है।

बुद्ध कहते थे : एक दिन एक आदमी आया और उसने बुद्ध को कहा कि आप तो संक्षिप्त में कह दें, मैं जल्दी में हूं। आप सार बात कह दें, बस उसी को पूरा कर लूंगा। और बुद्ध ने उससे कुछ न कहा, वे चुप ही बैठे रहे। वह आदमी आधा घड़ी चुप बैठा रहा, फिर बड़ा पुलकित होकर उठा, बुद्ध के चरण छुए और कहा : धन्यवाद ! मिल गयी बात। बुद्ध ने कही नहीं और उसको मिल गयी। मिल गयी बात !

जब वह चला गया तो आनन्द ने बुद्ध से पूछा कि इसको क्या मिल गया ? क्योंकि मैं इधर तीस साल से आपके साथ हूं—सुन सुनकर थक गया हूं। और यह आदमी आधा घड़ी बैठा और आपने इससे कुछ कहा भी नहीं, इसको मिला कैसे ? इसको मिला क्या ? यह मामला क्या है ? और आप भी प्रसन्न थे जब उसने कहा मिल गया और वह भी बड़ा अपूर्व आनन्दित था ! जरूर कुछ हुआ तो है. कुछ गुप चुप हो गया !

बुद्ध ने कहा : आनन्द, मुझे याद है जब हम राजकुमार थे, (आनन्द बुद्ध का ही चचेरा भाई था) तो मुझे घोड़ों का बहुत शौक था, घुड़सवारी में तू नम्बर एक था। तुझे खयाल होगा, भूल नहीं गया होगा। घोड़े कई तरह के होते हैं। एक तो वह घोड़ा होता है कि मारो मारो, फिर भी चलता नहीं। एक वह भी घोड़ा होता है कि जरा मारा कि चल पड़ता है। फिर एक वह भी घोड़ा होता है, मारने की जरूरत नहीं पड़ती, कोड़ा फटकारा कि चल पड़ता है। और फिर एक वह भी घोड़ा होता है आनन्द, हमारे पास ऐसे घोड़े थे तुझे याद होगा कि उसको फटकारना भी नहीं पड़ता कोड़ा क्योंकि वह भी उसका अपमान हो जायेगा—बस कोड़ा हाथ में है, इतना काफी है। फटकारना भी नहीं पड़ता। और तुमने उस आखिरी परम घोड़े को भी देखा होगा जिसको, घोड़े को, कोड़े को भी नहीं रखना पड़ता जिसके साथ, क्योंकि वह उसका अपमान हो जायेगा। उसे तो कोड़े की छाया भी काफी है। दूर की छाया भी पर्याप्त है। ऐसा ही यह आदमी था—यह जो घोड़ा था। उसे कोड़े की छाया काफी थी।

आदमी-आदमी अलग-अलग ढंग से सुनते हैं। दरिया ने बड़े डूबकर सुना

होगा। एक शब्द तोड़ गया सारी कारा, सारा अंधकार। एक किरण जगा गयी भीतर की रोशनी को।

जैसे सतगुरु तुम करी, मुझसे कछू न होय
विष-भांडे विष काढ़कर दिया अमीरस मोय

और दरिया कहते हैं: गजब किया! खूब किया! चमत्कार किया! कैसे तुमने किया? —'जैसे सतगुरु तुम करी, मुझसे कुछ न होय'। क्योंकि मैं जानता हूं कि यह मेरे किये नहीं हुआ है। यह मेरे किये तो होता ही नहीं था, मैं तो कर कर हार गया था। मैं तो थक रहा था। नहीं, मुझे तो हताशा घेरने लगी थी। मेरे किये तो कुछ नहीं हो रहा था।

जैसे सतगुरु तुम करी, मुझसे कछू न होय

अब मुझे पक्का पता है कि यह प्रसाद से हुआ है।

खयाल रखना, ध्यान के मार्ग पर प्रयास, और प्रेम के मार्ग पर प्रसाद, प्रभुकृपा। प्रभु-कृपा की पहली किरण—गुरु-कृपा।

विष-भांडे विष काढ़कर··· । चमत्कार तुमने किया कि मैं तो विष से भरा हुआ घड़ा था, तुमने विष भी निकाल दिया और कब मुझे अमृत से भर दिया मुझे पता भी न चला!

सतगुरु एकहि शब्द से, दिया अमीरस मोय

एक शब्द मात्र से! इशारे मात्र से! आंख में आंख डाल दी और सब कर दिया!

विष-भांडे विष काढ़कर···

कठिन था काम यह, मगर पलक मारते हो गया।

परमात्मा पलक मारते हो जाता है। यह काम कठिन है अगर तुम करना चाहो; अगर तुम होने दो तो यह काम कठिन नहीं है, बहुत सरल, बहुत सहज है। तुम बाधा न डालो बस।

तो फर्क समझना। ध्यान के मार्ग पर श्रम। इसलिए ध्यान का मार्ग अथक परिश्रम का मार्ग है। इसलिए तो बुद्ध और महावीर की संस्कृति 'श्रमण संस्कृति' कहलाती है···श्रम। वहां भक्ति का कोई उपाय नहीं है, कोई व्यवस्था नहीं है। वहां ध्यान ही एक मात्र मार्ग है। इसलिए बुद्ध और महावीर दोनों के मार्ग पर स्त्री थोड़ी परेशान रही है, क्योंकि भक्ति का वहां कोई उपाय नहीं है। महावीर के माननेवाले तो कहते हैं कि स्त्री-पर्याय से तो मोक्ष नहीं हो सकता।

स्त्री-पर्याय का क्या अर्थ होता है? स्त्री-पर्याय का अर्थ होता है—प्रेम की पर्याय। बुद्ध ने वर्षों तक स्त्रियों को दीक्षा नहीं दी, इनकार करते रहे। और जब दी भी तो बड़े संकोच से दी और देने के बाद कहा कि आनंद

तुम मानते नहीं तो देता हूं; लेकिन ध्यान रखना, मेरा धर्म जो पांच हजार साल चलता, अब पांच सौ साल से ज्यादा नहीं चलेगा।

यह बात क्या है ? ऐसा क्या कारण है ! धर्म से इनका कोई संबंध नहीं है—एक विशिष्ट दृष्टि से। ध्यान पुरुषगत है—श्रम, अथक श्रम, प्रयास, संकल्प, साधना। प्रेम स्त्रीगत है—प्रसाद, स्वीकार-भाव, अहोभाव प्रतीक्षा, प्रार्थना। स्त्री ग्रहण करती है; पुरुष खोजता है। पुरुष यात्रा पर निकलता है; स्त्री बाट जोहती है।

और ऐसा मत समझना कि सभी पुरुष पुरुष हैं और सभी स्त्रियां स्त्रियां हैं। ऐसा मत समझना। कुछ स्त्रियां हैं जो ध्यान से उपलब्ध होंगी। और बहुत पुरुष हैं जो प्रेम से उपलब्ध होंगे। इसलिए स्त्री-पुरुष का विभाजन शरीरगत नहीं है सिर्फ, जैविक नहीं है; बहुत गहरा है। जैसे चैतन्य है; अगर चैतन्य को आध्यात्मिक दृष्टि से सोचना हो तो स्त्री कहना पड़ेगा, पुरुष नहीं। क्योंकि पाया भक्ति से। ठीक मीरा जैसे व्यक्ति हैं; जरा भी भेद नहीं। शरीर के भेद से क्या फर्क पड़ता है ? थोड़े हार्मोन कम या ज्यादा इधर-उधर, इससे कुछ अंतर नहीं पड़ता। वह भेद तो शरीर का है। चैतन्य की जो चेतना है वह ठीक मीरा जैसी है।

काश्मीर में एक महिला हुई, लल्ला। वह महावीर जैसी है। वह नग्न रही। पुरुष का नग्न रहना इतना कठिन नहीं मालूम पड़ता, स्त्री का नग्न रहना बहुत कठिन मालूम पड़ता है। मगर लल्ला रही, जीवनभर नग्न रही। महावीर की भी हिम्मत नहीं पड़ी की अपनी दीक्षित संन्यासिनियों को कहें कि तुम नग्न हो जाओ। पुरुष तो नग्न हुए, लेकिन स्त्रियों को रोक दिया। शायद इसी कारण कहा कि एक दफा फिर तुमको जन्म लेना पड़ेगा; पुरुष बनकर जब तुम सब तरह से छोड़कर दिगंबर हो जाओगी तभी पाओगी। मगर इस जनम में तो कैसे होगा ?

लेकिन लल्ला काश्मीर की नग्न रही। लल्ला को स्त्री कहना ठीक नहीं। लल्ला ठीक वैसी ही है जैसे महावीर।

तो उस भेद को ऐसा मत मान लेना कि यह शरीरगत ही है; यह ज्यादा आत्मगत है।

जैसे सतगुरु तुम करी···

दरिया के पास स्त्री का दिल है। सभी भक्तों के पास स्त्री का दिल है।

मुझसे कछू न होय···

तुमने किया, हो गया। मेरे किये कुछ भी न होता।

सब्द गहा सुख ऊपजा, गया अंदेसा मोहि
सदगुरु ने किरपा करी, खिडकी दीन्ही खोहि

सब्द गहा सुख ऊपजा···। शब्द के गहते ही—शब्द को लेते ही भीतर, सुख ऊपजा। इधर तुमने शब्द दिया, इधर सुख उपजा। तुम्हारे शब्द से सुख की वर्षा हो गई।

सब्द गहा सुख ऊपजा, गया अंदेसा मोहि
— सारा भय मिट गया।

समझो। आमतौर से तुम सोचते हो कि प्रेम और घृणा विपरीत है। यह बात सच नहीं है। प्रेम और भय विपरीत हैं। प्रेम और घृणा विपरीत नहीं हैं—प्रेम के साथ घृणा चल सकती है। इसीलिए विपरीत नहीं कह सकते। तुम जिसको प्रेम करते हो उसी को कई बार घृणा करते हो। सच तो यह है उसी को घृणा करोगे, और किसको घृणा करोगे ? पति पत्नी को, पत्नी पति को—जिससे तुम प्रेम करते हो उसी से तो झगड़ोगे! उसी पर नाराज भी होओगे, उसी को घृणा भी करोगे। जिसके लिए जीते हो, कभी-कभी सोचने लगते हो मिट ही जाये, मर ही जाये ! जिसके जीने के लिए जान दे सकते हो, कभी उसकी जान लेने का विचार भी मन में आ जाता है।

प्रेम के साथ घृणा चल सकती है, कुछ अड़चन नहीं है। लेकिन प्रेम के साथ भय कभी नहीं चलता; इसलिए असली विरोध तो प्रेम और भय में है। जहां प्रेम आया, भय गया। जहां भय आया वहां प्रेम गया।

मैंने सुना है, एक जापानी कथा है : एक युवक विवाह करके···एक योद्धा विवाह करके अपने घर लौट रहा है—अपनी नववधू को लेकर। नाव पर दोनों सवार हैं। तूफान आ गया है। नाव डांवाडोल हो रही है—अब गयी, तब गयी ! लेकिन वह युवक निश्चिंत बैठा है। वह पत्नी उसकी घबड़ाने लगी। वह कंपने लगी। उसने उससे कहा, तुम इस तरह निश्चिंत बैठे हो जैसे कुछ भी नहीं हो रहा है ! देखते नहीं कि नाव डूबी, अब बचना मुश्किल है। अभी हम विवाहित ही हुए थे, अभी विवाह का सुख भी न जाना था—और ये कैसे दुर्दिन आ गये ! यह कैसी दुर्घटना हुई जा रही है। तुम बैठे क्यों हो ? तुम ऐसे निश्चिंत बैठे हो जैसे घर में बैठे हो, जैसे कुछ भी नहीं हो रहा !

उस युवक ने अपने म्यान से तलवार निकाल ली—और तलवार उस युवती के, अपनी पत्नी के गले के पास ले गया। ठीक बिलकुल पास ले गया कि जरा बाल भर का फासला रह गया—जरा-सी चोट की कि गरदन अलग हो जाये। वह युवती हंसने लगी। उस युवक ने कहा, तू हंसती है ? घबराती नहीं ? तलवार तेरे गरदन पर है—नंगी तलवार; जरा-सा इशारा

और तू गयी। घबड़ाती नहीं ?

उसने कहा, क्या घबड़ाना ? तलवार जब तुम्हारे हाथ में है···।

उस युवक ने कहा, यही मेरा उत्तर है। जब तूफान परमात्मा के हाथ में है तो क्या घबड़ाना ?

तलवार उसने वापिस म्यान में रख ली। इधर वह तलवार म्यान में वापिस रख रहा था कि उधर तूफान भी म्यान में वापिस रख लिया गया।

प्रेम जहां है वहां भय नहीं। इसलिए भक्त से ज्यादा निर्भय कोई भी नहीं होता। जिसको तुम ध्यानी कहते हो, वह भी डरा रहता है—बहुत बार डरा रहता है कि कहीं यह न चूक जाये, कहीं यह भूल न हो जाये, कहीं यह पाप न हो जाये, कहीं यह नियम उल्लंघन न हो जाये !

बुद्ध के भिक्षु के लिये तेंतीस हजार नियम ! सोचो, चिंता तो रहती होगी—तेंतीस हजार नियम ! याद ही रखना मुश्किल है; कुछ न कुछ तो भूल होने ही वाली है। नरक निश्चित ही है। तेंतीस हजार नियम हों तो नरक से बचोगे कैसे ?

लेकिन प्रेमी को कोई भय नहीं। वह कहता है, तुम जानो। अगर भूल करवानी हो भूल करवा लेना; अगर न करवानी हो मत करवाना।

भक्त का अभय पूरा है; समग्र है।

सब्द गहा सुख ऊपजा···। तुम्हारे शब्द को गहा ही नहीं कि सुख उपज गया।

यह गहा शब्द भी खयाल रखना—जैसे स्त्री ग्रहण करती है। जब एक नया जीवन जन्मता है जगत में तो पुरुष देता है, स्त्री ग्रहण करती है। सिर्फ गहती है। ग्रहण करते ही उसके गर्भ में अंकुरण हो जाता है। जैसे पृथ्वी बीज को ग्रहण करती है, ग्रहण करते ही बीज में अंकुरण पैदा हो जाता है। जन्म शुरू हुआ, जीवन की यात्रा हुई, उत्सव का प्रारंभ हुआ।

कहते हैं दरिया, सब्द गहा सुख ऊपजा। इधर मैंने तुम्हारा शब्द अपने भीतर लिया कि उधर मैंने पाया कि सुख की वर्षा हो गयी; सुख ही सुख के फूल खिल गये।

गया अंदेशा मोहि। और बड़े चकित होने की बात है कि उस क्षण मैंने पाया कि सब भय मेरे विर्सजित हो गये। कोई भय नहीं बचा। प्रेम में भय कहां ! जैसे रोशनी में अंधेरा नहीं, ऐसे प्रेम में भय नहीं। लाये दिया कि रोशनी आयी नहीं कि अंधेरा गया नहीं। ऐसे ही जला दिया प्रेम का, कि भय समाप्त हो जाता है। और जिसके जीवन में भय न रहा, उसके जीवन में ही आनंद हो सकता है।

भक्त के जीवन में भय नहीं, क्योंकि यह जगत दुर्घटना नहीं है, यह

जगत परमात्मा के हाथों में है। यह तूफान उसके हाथ में है। यह तलवार उसकी है।

भक्त मौत के सामने भी भयभीत नहीं होता, क्योंकि वह मौत भी उसकी ही सेविका है, उसके ही इशारे पर आई है। भक्त मौत को भी आलिंगन कर सकता है। करता है। मौत में भी मित्रता बांध लेता है। क्योंकि जो भी उसने भेजा है, सभी उसका है।

मैंने सुना है, महमूद गजनवी का एक दास था, जिससे उसका बड़ा लगाव था। लगाव के लायक था भी आदमी। कहते हैं कि महमूद अपनी पत्नियों को भी··· बहुत उसकी पत्नियां थीं···उनको भी अपने कमरे में रात नहीं सोने देता था, डरा रहता था—कोई मार डाले, कोई दुश्मन से मिल जाये; कोई झगड़ा झंझट, कोई जहर पिला दे! लेकिन यह दास उसके कमरे में सोता था। इसमें उसे कोई भय ही नहीं था। एक दिन दोनों जंगल में खो गये। शिकार करने गये थे, रास्ता भटक गये; साथी बिछुड़ गये। सिर्फ यह दास ही उसके साथ था। भूखे-प्यासे एक बगीचे में पहुंचे। एक वृक्ष में सिर्फ एक ही फल लगा है। पता नहीं किस जाति का फल है, कैसा फल है, कभी देखा भी नहीं! महमूद ने उसे तोड़ा। जैसी उसकी सदा की आदत थी, उसने चाकू निकाला, फल को काटा। वह पहली कली हमेशा अपने दास को देता था, उसने दास को दी। उसने कली ली। बड़ा प्रसन्न हुआ दास। उसने कहा, 'एक और। ऐसा सुस्वादु फल कभी चखा नहीं।' तो महमूद ने एक कली और दे दी। अब आधा ही फल बचा। और दास बोला कि एक और। तो महमूद ने एक और दे दी—अब एक ही पंखुरी बची; चौथाई हिस्सा बचा। और दास कहने लगा, यह भी मुझे दे दो। महमूद ने कहा, यह जरा ज्यादती है। मैं भी भूखा हूं और एक ही फल है इस वृक्ष पर; तीन हिस्से तूने ले लिये, एक मुझे भी लेने दे। लेकिन यह दास बोला कि नहीं मालिक, दे दो मुझे। हाथ से छीनने लगा। महमूद ने कहा कि ठहर, यह जरा सीमा के बाहर बात हो गयी। लेकिन दास कहता रहा कि मुझे दे दो, दे दो। कहते-कहते भी महमूद ने वह कली चख ली। वह कड़वा जहर थी। थूक दी, कली फेंक दी। कहा कि पागल, तूने कहा क्यों नहीं कि यह जहर है? और इसको भी तू मांग रहा था। और तीन टुकड़े तू इस तरह खा गया जैसे अमृत है!

उस दास ने कहा कि जिन हाथों से बहुत-सी सुस्वादु चीजें मिली हों उनसे कभी एकाध अगर कड़वी भी चीज मिल जाये तो इसमें शिकायत की बात नहीं है। जिन हाथों ने इतना सुख दिया है, उन हाथों से अगर थोड़ा दुख भी मिल जाये तो वह भी सौभाग्य है। वह उन्हीं हाथों से आ रहा है।

आपके हाथों ने छुआ, इतना ही काफी था।

महमूद ने अपने संस्मरणों में यह बात लिखी है। भक्त की यह दृष्टि है जगत के प्रति। इतना आनंद परमात्मा देता है कि अगर कभी एकाध कांटा कहीं रास्ते पर चुभ जाता है तो कोई शिकायत की बात है ? छिपाकर जल्दी से निकाल लेना कि उसको पता न चल जाये, कि कहीं अनजाने शिकायत न हो जाये, कि कहीं आह न निकल जाये ! जिससे इतना मिलता हो उसके लिए हम जरा भी धन्यवाद नहीं देते; लेकिन जरा-सी अड़चन, आ जाए—जरा सी अड़चन, जरा सिरदर्द हो जाये, कि आदमी नास्तिक हो जाना है। काफी है सिरदर्द नास्तिक होने के लिए। सब आस्तिकता इत्यादि एक क्षण में खतम हो जाती है। लड़के को नौकरी न मिले और नास्तिकता सिर उठाने लगती है। बेटा मर जाये और तुम मूर्ति इत्यादि फेंक देते हो घर से निकालकर कि हो गया बहुत।

तुम्हारा भगवान दो कौड़ी का है। तुम्हारी भगवान से कोई पहचान नहीं है। तुमने कोई संबंध जोड़ा नहीं है।

सब्द गहा सुख ऊपजा, गया अंदेसा मोहि

कहते हैं दरिया : सब भय मिट गया, अंदेशा मिट गया। कैसा तुमने गजब किया ! कैसा तुमने चमत्कार किया ! और मैंने कुछ किया नहीं—सिर्फ शब्द गहा! मेरी तरफ से कुछ करा-किया-धरा नहीं। मेरी तरफ से तो सिर्फ ग्रहण हुआ। सिर्फ मैंने, तुमने जो दिया, वह ले लिया। मैं तो भूमि बन गया, तुम्हारा शब्द बीज बन गया। मैं तो स्त्री बन गया, तुम्हारा शब्द मेरे भीतर आकर गर्भ बन गया, अंकुरित होने लगा।

सतगुरु ने किरपा करी, खिड़की दीन्ही खोहि।

और तुम्हारी कृपा, कि खोल दिया द्वार जिसकी मैं तलाश कर रहा था—प्रेम का द्वार। क्योंकि प्रेम के द्वार से ही जाना जाता है परमात्मा। ध्यान के द्वार से जानी जाती है आत्मा। प्रेम के द्वार से जाना जाता है परमात्मा आत्मा भी परमात्मा है, परमात्मा भी आत्मा है। लेकिन इसलिए ध्यानी आत्मा की बात करते हैं, परमात्मा की नहीं। महावीर परमात्मा की बात नहीं करते —आत्मा की।

ध्यान से खिड़की खुलती है अपने भीतर की; अंतर्मुखता पैदा होती है। और प्रेम से खिड़की खुलती है समस्त की; सब तरफ वही दिखाई पड़ने लगता है। और प्रेमी पहले दिखाई पड़ता है सब तरफ वही और तब पता चलता है कि मैं भी वही। ज्ञानी को पहले दिखाई पड़ता है मैं वही और तब दिखाई पड़ता है सब वही। इतना फर्क होता है। अंतिम परिणाम एक है।.

लेकिन प्रेम का मार्ग बड़ा रसपूर्ण है। रसो वै सः। बड़ा रसभरा है!

सतगुरु ने किरपा करी, खिड़की दीन्ही खोहि

और तुमने द्वार खोल दिए, तुम्हारी कृपा हो गई।

पान बेल से बीछुड़ै परदेसां रस देत
जन दरिया हरिया रहै, उस हरि बेल के हेत

और अब तो मैं तुमसे ही जुड़ा रहूंगा; जैसे पान का पत्ता बेल से जुड़ा रहे तो हरा रहता है।

जन दरिया हरिया रहै, उस हरि बेल के हेत

अब तो मैं तुमसे जुड़ गया, तुमसे एक हो गया; अब मुझे कोई अलग न कर सकेगा।

गुरु से शिष्य को फिर अलग नहीं किया जा सकता। एक दफा घटना भर घट जाये, फिर यह गांठ खुलती नहीं। और सब तरह के प्रेम बनते हैं, मिट जाते हैं; यह प्रेम सिर्फ बनता है, मिटता नहीं। न बने और बात; बन जाये फिर मिटता नहीं।

पान बेल से बीछुड़ै, परदेसां रस देत

पान का पत्ता होता है, बेल से टूट जाता है तो दूसरों को सुख देता फिरता है; किसी के मुंह में पड़ेगा, रस देगा; किसी के मुंह को लाली करेगा।

दरिया कहते हैं, अब मेरी कोई इच्छा नहीं कि कहीं जाऊं, परदेशों में भटकूं, किसी को रस दूं, किसी को प्रभावित करूं, किसी का मुंह रंगूं-- इस सबकी मुझे कुछ इच्छा नहीं है। अब तो एक ही इच्छा है: जन दरिया हरिया रहै, उस हरि बेल के हेत। कि तुमसे जो लग गया लगाव वह लगा रहे और वह पत्ता हरा बना रहे।

मगर ऐसा होता ही है। एक बार जुड़ गया जो सद्गुरु से, वह जुड़ गया। क्योंकि सद्गुरु से जुड़ने का आत्यंतिक अर्थ इतना ही होता है कि वह परमात्मा से जुड़ गया है। सद्गुरु तो कोई है ही नहीं। सद्गुरु तो शून्य मात्र है। सद्गुरु तो एक खिड़की है आकाश की। खिड़की खुल गयी तुम्हारा संबंध आकाश से हो गया। बलिहारी गुरु आपने गोविंद दियो बताय! अब इस खिड़की से छूटने का उपाय भी क्या है! जब तुम आकाश से ही छूटना चाहो तभी इस खिड़की से छूट सकोगे। और आकाश से कौन छूटना चाहता है! कौन होना चाहता है क्षुद्र! कौन नहीं विराट होना चाहता! कौन सीमा में बंधना चाहता है! जिसको असीम के दर्शन हुए वह क्यों सीमा में लौटना चाहे!

हमारी सारी खोज एक ही है कि कैसे असीम हो जायें, कैसे अनंत हो

जायें, कैसे विराट और विभु हो जायें।

'सद्गुरु' शब्द पर थोड़ी-सी बातें। सद्गुरु का अर्थ होता है जिसने जाना; जिसने अनुभव किया; जिसकी ज्योति जली। अब अगर तुम्हारी ज्योति बुझी है तो किसी जले हुए दिये के पास जाओ। और कोई उपाय नहीं है। निकट आओ किसी जले हुए दिये के। आते जाओ निकट। निकटता की ही एक सीमा है, जब अचानक तुम पाओगे जले दिये की लपट बुझे दिये पर छलांग लगा गयी। एक क्षण में क्रांति घट जाती है। जले दिये का कुछ नुकसान नहीं होता। जला दिया अब भी वैसा ही जलता है। बुझे दिये को मिल जाता है, जले दिये का कुछ खोता नहीं है। एक दिये से हजार दिये जला लो, तो भी जलता दिया जल ही रहा है, वैसा ही जल रहा है जैसा जलता था। उसने जरा भी नहीं खोया।

गुरु का कुछ खोता नहीं, शिष्य को बहुत कुछ मिल जाता है, अनंत मिल जाता है। ऐसा अपूर्व यह व्यवसाय है। यहां खोया कुछ जाता ही नहीं। तो गुरु यह भी नहीं सोचता एक क्षण को भी कि उसने तुम पर कोई कृपा की। सच तो यह है, गुरु तुम्हारा धन्यवादी होता है कि तुम करीब आये, तुमने इतनी हिम्मत की क्योंकि गुरु की ज्योति जितने-जितने दियों में फैलने लगती है उतना ही गुरु का आनंद गहन होने लगता है। जैसे माली को देखकर आनंद होता है जब उसके वृक्षों पर फूल खिल जाते हैं, ऐसे गुरु को परम आनंद होता है जब उसके शिष्य खिल जाते हैं। गुरु अनुगृहीत होता है कि तुम इतने करीब आये, कि तुमने थोड़ा-सा उसका बोझ बंटा लिया।

आनंद भी बंटना चाहता है। आनंद भी घनीभूत हो जाता है। जैसे बादल जब भर जाते हैं जल से तो बरसना चाहते हैं। तो तुम यह मत सोचना कि जब प्यासी धरती पर बादल बरसते हैं तो सिर्फ धरती ही धन्यवाद करती है। बादल भी धन्यवाद करते हैं। चूंकि बादल खाली हो गये, बोझ से मुक्त हो गये, धरती ने उन्हें मुक्त कर दिया बोझ से।

जब फूल सुगंध से भर जाता है तो खिलता है—खिलता ही है, खिलना ही पड़ता है। और हजार-हजार मार्गों से बिखरता है, अपनी सुगंध को बिखेरता है। रंग में और गंध में यात्रा करता है दूर-दूर हवाओं की, कि पहुंच जाये उन नासापुटों तक जो प्रफुल्लित होंगे और आनंदित होंगे।

यह अकारण ही तो नहीं है कि बुद्धपुरुष भटकते हैं गांव-गांव, द्वार-द्वार, आदमी-आदमी को खोजते हैं, दस्तक देते फिरते हैं। शिष्य जैसे गुरु को खोजते हैं वैसे ही गुरु शिष्य को भी खोजता है। और जब कभी किसी सद्गुरु का सद्शिष्य से मिलना हो जाता है तो सारा जगत आनंद से भरता है। क्योंकि वही घटना इस जगत में परम घटना है।

जन दरिया हरिभक्ति की, गुरां बताई बाट
भूला ऊजड़ जाय था, नरक पड़न के घाट

दरिया के इन वचनों में डूबना। दरिया को तीर्थ बनाना। दरिया से कुछ सीखो। दरिया से मिटने की कला सीखो।

और मिटना आ गया तो सब आ गया।

आज इतना ही।

प्रश्न सार

- गैर-पढ़े-लिखे लोगों के मन पर शास्त्रों की धूल कैसे जमती है ?
- गुरु के निकट अपना हृदय खोलना इतना कठिन क्यों मालूम पड़ता है ?
- राम सदा कहत जायी, राम सदा बहत जायी ।
- क्या दादू की तरह आप भी सौ साल बाद की भविष्य-वाणी करेंगे ?

# 2. रंजी सास्तर ग्यान की

**12 अगस्त, 1977; श्री रजनीश आश्रम, पूना**

पहला प्रश्न : दरिया साहब पंडित नहीं थे, पढ़े-लिखे भी नहीं थे फिर उनपर शास्त्रों की धूल कैसी जमी, कि गुरु को उसे उड़ाना पड़ा? पहली बात, यह जन्म ही तुम्हारी सारी कथा नहीं है। इस जन्म के पीछे बहुत जन्मों की धूल है। दरिया पढ़े-लिखे नहीं थे यह इस जन्म की बात हुई। लेकिन जन्मों-जन्मों में न मालूम कितने कितने शास्त्र जाने होंगे, न मालूम कितने शब्द सुने होंगे। तो एक तो, जब भी हम एक जन्म की बात कर रहे हैं तो भूल मत जाना कि इस जन्म के पीछे कतार है, पंक्तिबद्ध जन्म खड़े हैं; पर्त पर पर्त संस्कारों की है।

तो छोटा सा बच्चा भी पूरा-पूरा निर्दोष थोड़े ही होता है! सब तरह के दोष भीतर इकट्ठे पड़े हैं। समय पाकर प्रगट होंगे। अभी बीजरूप हैं, तो दिखाई नहीं पड़ते। जब अंकुरित होंगे, और शाखायें और पत्ते फैलेंगे तब दिखाई पड़ेंगे। छोटे से छोटा बच्चा भी, जिसकी आंख में अभी कोई धूल नहीं दिखाई पड़ती वह भी बड़ी आंधियां लिए बैठा है। बड़ी आंधियां भीतर तैयार हो रही हैं। अभी आंख खाली मालूम पड़ती है। अभी पर्दा खाली मालूम पड़ता है। तैयार हो रहा है। जल्दी हमले शुरू हो जायेंगे। उसके भीतर छिपे हुए संस्कारों की भीड़ प्रगट होगी। जैसे-जैसे बच्चा बड़ा होगा वैसे-वैसे भीड़ उमगेगी, आंधियां उठेंगी, अंधड़ घेरेगा। इसलिए निर्दोष तो छोटा बच्चा भी नहीं है। लगता है।

निर्दोष तो केवल संत ही होता है, जिसने सारे जन्मों की धूल पोंछ डाली। जिसने धूल मात्र पोंछ डाली। जिसका कुछ पीछा न रहा और जिसका कुछ आगा भी न रहा। जिस दिन पीछा नहीं रह जाता उसी दिन आगा भी नहीं रह जाता। क्योंकि पीछे से ही आगा पैदा होता है। अतीत ही भविष्य का निर्मात्रा है, निर्माता है। अतीत ही भविष्य की कुंजी है।

तुम जो रहे हो पहले और तुमने जो संग्रहीत कर लिया है वही तुम्हारे भविष्य को भी प्रभावित करता रहेगा। जिस दिन अतीत से पूरा छुटकारा हो जाता है उसी दिन व्यक्ति भविष्य से भी छूट गया। जिस दिन पुराने

सारे संस्कारों की धूल विदा हो गयी उस दिन करने को कुछ भी न बचा; दर्पण खाली हो गया।

इसको भी हम ठीक-ठीक बचपन कहते हैं। संत ही बालक होता है। बालक बालक नहीं है, बालक तो केवल बड़े होने की तैयारियां हैं। बालक तो प्रतीक्षा कर रहा है कि कब तैयार हो जाए, कब कूद पड़े संसार में। बालक तो संसार के किनारे खड़ा प्रशिक्षण ले रहा है संसार का।

जो संसार में उतर चुका, बहुत बार उतर चुका, ऊब चुका, हार चुका, हताश हो चुका, जिसने देख लिया संसार सब कोनों से; सब तरफ से पहचान लिया और पाया कि व्यर्थ है, कूड़ा-करकट। सोना इसमें है ही नहीं। हीरे यहां पाये ही नहीं जाते। जिसने असफलता को परिपूर्णता से पहचान लिया, जिसकी हार आखरी हो गई, वह आदमी संसार की आंधियों के बाहर निकल आता है। तब सच्चे अर्थों में बच्चा हुआ।

इसको ही हम द्विज कहते हैं क्योंकि यह दूसरा जन्म हुआ। एक जन्म मां-बाप से मिला था; मन तो पुराना ही रहा था। बोतल बदल गयी थी, शराब तो पुरानी ही रही थी। पुरानी शराब को भी नयी बोतल में रखो तो भ्रम पैदा होता है कि शराब नयी है, बच्चे की देह नयी है, बच्चे का संस्कार थोड़े ही नया है! बच्चे के प्राण तो बड़े प्राचीन हैं। उतने ही प्राचीन हैं जितना यह संसार प्राचीन है। हम सदा से चल रहे हैं इस संसार में। हमने न मालूम कितनी यात्रायें की हैं। हमने न मालूम कितने-कितने मार्गों पर भीख मांगी है। और हमने न मालूम कितने-कितने दुख झेले हैं, कितने विषाद पाये हैं, कितनी चिंताओं से गुजरे हैं। और हमने बहुत बार शास्त्र भी पढ़े हैं। अगर खुद भी न पढ़े हों तो सुने हैं।

और शास्त्र तो हवा में तैर रहे हैं। कोई पढ़ा-लिखा होना थोड़े ही जरूरी है! शास्त्रों की धूल तो हवा में उड़ रही है। शब्द तो हवा में तैर रहे हैं। संस्कार को पकड़ने के लिए पढ़ना-लिखना थोड़ी आवश्यक है। संस्कार से मुक्त होने के लिए दूसरे से मुक्त होना जरूरी है, सिर्फ शास्त्र से मुक्त होने से न चलेगा। लोगों की बात तो सुनते हो!

बच्चा बड़ा होगा तो मां-बाप की बात सुनेगा, परिवार की बात तो सुनेगा, आस-पास की बात, खबरें तो सुनेगा, मंदिर का घंटानाद तो सुनेगा। मन्दिर में होती पूजा तो देखेगा। पंडित दोहरायेगा शास्त्र, तोते गुनगुनायेंगे शास्त्र, बच्चा सुनेगा। संस्कार पड़ने लगे। पढ़ने से थोड़े ही संस्कार पड़ते हैं! अगर पढ़ने से ही संस्कार पड़ते होते तो गैर पढ़े-लिखे तो सभी मुक्त हो जाते।

गैर पढ़ा-लिखा ही संस्कार इकट्ठे करता है। उसके संस्कार इकट्ठे

करने के ढंग जरा पुराने ढंग के हैं। वह नये ढंग से इकट्ठा नहीं करता; निजी ढंग से शास्त्रों में नहीं जाता। कोई दूसरा शास्त्र में गया है, उसकी सुन लेता है।

तो पहली तो बात : एक जन्म के पीछे अनंत जीवन कतारबद्ध है।

दूसरी बात। अगर न भी पढ़े-लिखे हो, कुछ भेद नहीं पड़ता। शास्त्र तो सब तरफ तैर रहे हैं। उनकी गूंज हो रही है। मस्जिद के पास से निकलोगे तो अल्लाह का नाम सुनाई पड़ जायेगा। मन्दिर के पास से निकलोगे तो राम का नाम सुनाई पड़ जायेगा। सुन लिया कि संस्कार बना। मां को पूजा करते देखोगे, पिता को पूजा करते देखोगे, झुकते देखोगे कहीं मन्दिर में।

संस्कार बहुत-बहुत रूपों में चारों तरफ से आते हैं। असंस्कारित रह जाना असंभव है। कोई उपाय नहीं है। किसी न किसी तरह का संस्कार तो पड़ेगा ही। असंस्कारित होने का तो एक ही उपाय है कि किसी दिन जाग कर तुम सारे संस्कारों को, संस्कारों में हुए तादात्म्यों को तोड़ दो। किसी दिन जागकर पोंछ डाली सब धूल।

सोये-सोये तो धूल इकट्ठी होती ही है। ऐसा मत सोचना कि हम सोये थे तो कैसे धूल इकट्ठी होगी? सपनों में धूल उड़ती रहेगी। रात तुम सो जाओ तो भी हवा में धूल है, तुम्हारे कपड़ों पर जमती रहेगी। सुबह तुम पाओगे, कपड़े थोड़े गंदे हो गये। तुम तो सोये ही रहे थे, तुमने कुछ भी न किया था। धूल तो चल ही रही है।

और जितने तुम सोये हुए हो उतनी जल्दी धूल जम जाती है। क्योंकि झाड़नेवाला तो मौजूद नहीं है। जागो तो झाड़नेवाला तैयार होता है। प्रतिपल पड़ती धूल को झाड़ता जाता है, इकट्ठी नहीं होने देता। बहुत पर्तें इकट्ठी नहीं होने देता।

वह जो दरिया ने कहा कि शास्त्रों की जो धूल मुझ पर जमी थी गुरु ने एक फूंक मार दी, एक शब्द से सब उड़ गई। क्या अर्थ होगा इसका? इतने संस्कारों की पुरानी और एक शब्द से उड़ गयी! जंचती नहीं बात। गणित की नहीं मालूम होती, बेबूझ लगती है। लेकिन जरा भी बेबूझ नहीं है; गणित की है।

जैसे कि किसी कमरे में हजार साल से अंधेरा हो और तुम एक दिया ले आओ तो क्या तुम सोचते हो कि अंधेरा कहेगा, मैं हजार साल पुराना हूं, इतनी आसानी से हटूंगा नहीं। हजार साल पुराना हो कि करोड़ साल पुराना हो, इससे क्या फर्क पड़ता है? आया दिया, कि गया अंधेरा। आते ही गया। एक क्षण भी झिझक नहीं सकता। एक क्षण भी यह नहीं कह सकता कि मैं कोई नया वासी नहीं हूं इस कमरे का। कोई ऐसा नहीं कि

कल ही रात आकर ठहर गया हूं। यह कोई धर्मशाला नहीं है, यह मेरा घर है। यहां मैं हजारों-करोड़ों साल से रहा हूं। और ऐसे तुम आ जाओ और मुझे अलग कर दो, यह नहीं चलेगा। नहीं, अंधेरा कुछ भी नहीं कर सकता। अंधेरा नपुंसक है। बल ही नहीं है अंधेरे में। अंधेरे का कोई अस्तित्व नहीं है। जरा सी किरण, दिये की जरा सी लपट, और बड़े पुराने अंधेरे को तोड़ देती है।

ऐसा ही होता है गुरु के पास। वह सत्य की जो छोटी सी किरण है, पर्याप्त है, सारे शास्त्रों की धूल को झाड़ देने के लिए। क्यों पर्याप्त है? क्योंकि जो तुमने शब्द से पकड़ा है, सुन कर पकड़ा है वह तुम्हारा तो नहीं है। जो तुम्हारा नहीं है वह झूठ है।

मुझे इसे दोहराने दो। इसे तुम गांठ बांध लेना : जो तुम्हारा नहीं है वह झूठ है। झूठ का और कोई अर्थ नहीं होता। झूठ का यह अर्थ नहीं होता कि तुम जो कह रहे हो वह झूठ है। वह हो सकता कि झूठ न हो, क्योंकि वही किसी संत ने कहा हो। लेकिन जब संत ने कहा था तो सच था, जब तुमने दोहराया तो झूठ हो गया। तुम्हारा दोहराना तो तोता-रटन्त है। तोता-रटन्त में कैसे सच हो सकता है?

दरिया ने कुछ कहा—सच। कह दिया, अब तो शब्द तुम्हें मालूम है, तुम याद कर लो, दरिया के पद कंठस्थ कर लो। और हो सकता है तुम्हारा कंठ दरिया से बेहतर हो। और हो सकता है तुम दरिया से ज्यादा शुद्ध भाषा का उच्चार कर सको। हो सकता है दरिया भी तुम्हारे सामने शब्द दोहराये तो तुम्हारा शब्द ज्यादा बलशाली मालूम पड़े।

अंधों की इस दुनिया में बड़ी अड़चन है। यहां कभी-कभी तो झूठ बड़ा बलशाली मालूम पड़ता है क्योंकि झूठ हजार तर्क जुड़ा लेता है। कभी-कभी सच यहां बिलकुल ही शक्तिहीन मालूम पड़ता है। क्योंकि सच तर्क तो जुटाता नहीं। सच कोई प्रमाण तो इकट्ठे नहीं करता। सच तो बड़ा नग्न होता है। आभूषण भी नहीं होते, वस्त्र भी नहीं होते, सजावट भी नहीं होती। और तुम आभूषण, वस्त्रों और सजावट में इतने उलझ गये हो, कि जब कोई सत्य नग्न खड़ा हो जाए तो तुम पहचान ही न सकोगे।

मैंने सुना, दो छोटे बच्चे एक न्यूडिस्ट कम्प के पास से निकल रहे थे। नंगों की बस्ती थी। दीवाल से झांककर दीवाल में छेद थे—नाली का छेद—उसमें से दोनों ने भीतर देखा, वहां सभी लोग नग्न थे। स्त्रियां भी नग्न थीं, पुरुष भी नग्न थे। दोनों छोटे-छोटे बच्चे होंगे छह-सात साल के, अपना बस्तर लटकाये स्कूल से लौटते थे। दोनों बड़े विचार में पड़ गए कि कौन स्त्री है, कौन पुरुष? क्योंकि उन्होंने कभी नंगी स्त्री, और नंगे पुरुष

देखे नहीं थे वे तो एक ही फर्क जानते थे कि साड़ी पहने हो तो स्त्री, और साड़ी न पहने तो पुरुष। आज बड़ी मुश्किल में पड़ गए। घर लौटकर आये तो उन्होंने अपने मां-बाप को कहा कि हम नंगों की बस्ती से गुजरते थे, हमने देखा झांककर। तो मां ने पूछा कि कौन थे वहां, आदमी था कि औरतें? उन्होंने कहा, अब हम कैसे बतायें? वस्त्र तो पहने ही नहीं थे।

उन बच्चों की बात समझे? बच्चों की पहचान तो वस्त्रों की पहचान है। मगर तुम्हारी पहचान भी वस्त्रों से ज्यादा कहां है? सत्य अगर नग्न खड़ा होगा, तुम न पहचान सकोगे। तुम तो सत्य के वस्त्र पहचानते हो। अगर हिन्दू के वस्त्र पहने खड़ा है और तुम हिन्दू के घर में पैदा हुए हो तो, पहचान लोगे कि हां ठीक है। यही तो लिखा है रामायण में; यही तो गीता कहती है। और अगर तुम इस्लाम के परिवार में पैदा हुए हो तो शायद न पहचान पाओ क्योंकि यह वस्त्र अपरिचित है। तुम तो कुरान की आयत होगी तो पहचान पाओगे।

मगर सत्य क्या कुरान से बंधा है कि गीता से बंधा है? सत्य के क्या कोई वस्त्र हैं? सत्य तो निर्वस्त्र है। वस्त्र तो हमने ओढ़ा दिये। वस्त्र तो हमने लगा दिये। वस्त्र तो हमारा दान है सत्य को।

तो खयाल रहे, कभी-कभी तुम ठीक वे ही शब्द उपयोग करते हो जो संतों ने किये, फिर भी तुम्हारे शब्द झूठे होते हैं और संतों के सच। सच का शब्दों से कुछ नाता नहीं है, अनुभव से नाता है। तुम्हारे अनुभव से जो आये, सत्य; उधार जो हो, बासा जो हो, झूठ। यही कसौटी है।

तो शास्त्रों से जो सुना था वह झूठा था। खयाल रखना, फिर दोहरा दूं। ऐसा मत समझ लेना कि शास्त्रों में जो लिखा है, वह झूठ है। शास्त्रों को दोहराओगे तो झूठ हो जाएगा। शास्त्रों में जो लिखा है, अगर तुम्हारा भी अनुभव हो जाये तो सच हो जायेगा।

तो दरिया कहते हैं कि धूल बहुत जमी थी शास्त्रों की, गुरु ने एक फूंक मार दी और उड़ गयी। सत्य की एक किरण आयी और जन्मों-जन्मों का अंधेरा, झूठ का अंधेरा टूट गया। झूठ अंधेरे जैसा है, सत्य प्रकाश जैसा। फिर एक ही किरण काफी है कोई पूरे सूरज को थोड़े ही घर में लाना पड़ता है! एक छोटा सा दिया काफी है। इसलिए कहा, एक शब्द से।

सच तो यह है कि शब्द की भी शायद जरूरत न पड़ी होगी। यह सब कहने की बात है। गुरु की मौजूदगी काफी हो गयी होगी। वह मौजूदगी का संस्पर्श, वह मौजूदगी की चोट, वह गुरु की उपस्थिति, वह आघात तोड़ गया होगा अंधेरे को। शास्त्रों की धूल झड़ गयी।

जिस दिन शास्त्रों की धूल झड़ जाती है उसी दिन तुम्हें अपने भीतर का शास्त्र उपलब्ध होता है। उसी दिन फिर तुम बासे नहीं रह जाते। अब तुम स्वयं जानते हो। अब ये बातें तुम्हारी मान्यता की नहीं हैं, अब यह तुम्हारा अपना अनुभव, अपनी प्रतीति, अपना साक्षात्कार, अब तुम स्वयं गवाह हो। अब तुम यह न कहोगे, गीता कहती है इसलिए सच। अब तुम कहोगे मैं कहता हूं। अब तुम इसलिए नहीं कहोगे सच, कि कुरान में लिखा है। अब तुम कहोगे कि वह कुरान सच है क्योंकि मेरे अनुभव में आ गया है। पहले तुम कहते थे मेरी मान्यता ठीक है क्योंकि कुरान में लिखी है। कुरान प्रथम था, तुम द्वितीय थे। अब तुम प्रथम हुए, कुरान द्वितीय हुआ।

जिस दिन शास्त्र नम्बर दो हो जाता है, जिस दिन तुम प्रथम हो जाते हो, जिस दिन तुम अपनी छाती पर हाथ रखकर कह सकते हो यह मेरा अनुभव, जिस दिन तुम कह सकते हो कि मैंने भी जाना जो शास्त्र में लिखा है, उस दिन शास्त्र को पकड़े रहने की कोई जरूरत नहीं रह जाती। क्या जरूरत रही ? जिसके पास अपनी अनुभूति की संपदा है वह शास्त्र को भूल जाये।

और मजा यह है कि जो शास्त्र को भूल सकता है वही शास्त्र का सबसे बड़ा व्याख्याकार है। यह विरोधाभास है। जो शास्त्र की धूल से मुक्त हो गया, वही शास्त्रज्ञ है। उसने ही जाना, उसने ही पहचाना। वही जो कहेगा, फिर शास्त्र बन जायेगा। दरिया की वाणी शास्त्र बन गयी। धूल झाड़ दी गुरु ने दरिया की, और दरिया की वाणी शास्त्र बन गयी। समझने की बात इतनी ही है, शास्त्रों में जो लिखा है, जिन्होंने लिखा था सच ही जानकर लिखा था; लेकिन लिखे हुए को जब तुम मान लेते हो तो तुम्हारे पास आकर सब झूठ हो जाता है।

मैंने प्रेम किया, मैंने प्रेम जाना, मैंने तुमसे प्रेम की बात कही। तुमने न कभी प्रेम किया, न कभी प्रेम जाना, बात सुनी, पकड़ ली, दोहराने लगे। तुम्हारे लिये बात सब झूठी-झूठी है; थोथी, उथली-उथली है। तुम स्वयं उसके गवाह नहीं हो। आंख देखी नहीं है, कानों सुनी है : कानों सुनी सो झूठ सब। अपनी देखी हो।

इसीलिए तो हम द्रष्टा को मूल्य देते हैं, श्रोता को नहीं क्यों द्रष्टा को मूल्य देते हैं ? आंख से देखी हो। परमात्मा आंख के सामने देखा गया हो। कान से सुना गया हो, फिर किसी की कही हुई बात अफवाह है। कौन जाने ठीक हो। कौन जाने न ठीक हो। भरोसे की बात है। जब तुम किसी पर भरोसा करते हो तो यह कभी पूर्ण श्रद्धा तो हो ही नहीं सकती। पूर्ण

श्रद्धा तो सिर्फ अपने ही अनुभव पर होती है, निज अनुभव पर होती है। दूसरे पर तो थोड़ा-न-बहुत शक बना ही रहता है, कि कौन जाने। आदमी तो भला है, भरोसे योग्य है। न चोरी की कभी, न किसी को धोखा दिया है, न बेईमानी की है, तो ठीक ही कहता होगा मगर कौन जाने! यह भी तो हो सकता है कि खुद ही भ्रम में पड़ गया हो। झूठ भी कहता हो मगर खुद ही भ्रम में पड़ गया हो, खुद ही धोखा खा गया हो। यह भी तो हो सकता है क्योंकि मृग-मरीचिकायें भी तो होती हैं।

रेगिस्तान से एक आदमी आये—सत् चरित्र, सब तरह से परखा जोखा, और कहे कि मैंने एक मरुद्यान देखा। दूर मैंने एक मरुद्यान देखा। इसकी बात झूठ नहीं होगी क्योंकि यह झूठ बोलने का आदी नहीं है। तुम मान ले सकते हो ठीक कहता है लेकिन दूर देखा मरुद्यान, हो सकता है मृग-मरीचिका रही हो। मरीचिका भी होती है।

फिर जो आदमी आज तक झूठ नहीं बोला वह आज झूठ बोल सकता है। ऐसी अड़चन क्या है? जो आज तक झूठ बोलता रहा वह आज सच बोल सकता है। एक क्षण में रूपांतर हो सकते हैं। कहावत है, हर संत का अतीत है, और हर पापी का भविष्य। अगर जो आदमी आज तक झूठ बोला है, कभी सच बोल ही न सके, फिर तो कोई आशा ही न रही; फिर तो कोई संभावना ही न रही। जो आदमी आज तक पाप ही करता रहा है, हत्यारा है, झूठा है, चोर है, बेईमान है वह भी तो किसी दिन वाल्या भील की तरह वाल्मीकि बन जाता है।

तो कौन जाने, जो आदमी बिल्कुल झूठ बोलता रहा हो वह आज सच बोल रहा हो। और कौन जाने, क्योंकि संत भी भ्रष्ट हो जाते हैं, पतित हो जाते हैं। योगभ्रष्ट शब्द है हमारे पास। गिर जाते हैं ऊंचाइयों से। सच तो यह है, जो ऊंचाइयों पर होता है वही गिर सकता है। जो नीचाइयों पर होता है वह गिरेगा कैसे? इसलिए भोगभ्रष्ट शब्द हमारे पास नहीं है, योगभ्रष्ट। भोगी तो कैसे भ्रष्ट होगा? कहां भ्रष्ट होगा? अब गिरने को और जगह कहां है? गिरा ही हुआ है। आखरी जगह तो पहले से ही है। अब इसके पार और कहां गिरेगा? स्वर्ग से लोग गिरते हैं, नर्क से नहीं गिरते। नर्क से कहां गिरेंगे? नर्क से गिरे तो सौभाग्य। क्योंकि नर्क से गिरेंगे तो कहीं न कहीं ऊपर ही गिरेंगे, नीचे तो और बचा नहीं कुछ।

तो जो आदमी आज तक सच्चा था, ईमानदार था, सब तरह से ठीक था, वह आज झूठा हो सकता है। भरोसा कैसे करोगे दूसरे पर?

और फिर शास्त्र जिसने लिखा हो वह कब हुआ इसका भी पता नहीं,

कौन था इसका भी पता नहीं। किसी जाननेवाले ने लिखा कि दूसरों के उधार, उच्छिष्ट को इकट्ठा करके लिख दिया! सभी किताबें अनुभव से तो नहीं लिखी जातीं। सौ में से एकाध किताब कभी अनुभव से लिखी जाती है। निन्यानबे किताबें तो सब उधार और बासी होती हैं।

तो कैसे भरोसा करोगे? इसलिए संदेह तो बना ही रहेगा। अनुभव से ही जाता है संदेह—समग्रीभूत। और जब तुम्हें अपने पर अनुभव आ जाता है, अपने पर भरोसा आ जाता है, अपनी में प्रतीति हो जाती है, उस दिन तुम्हारे सारे शास्त्रों में—ध्यान रखना सारे शास्त्रों में; फिर ऐसा नहीं होता कि हिंदू शास्त्र ठीक हो गए और जैन शास्त्र गलत हो गये और मुसलमान शास्त्र गलत हो गये। नहीं, जिस दिन तुम्हें अपना अनुभव होता है, उस दिन तुम पाते हो कि अल्लाह के नाम से जिसको पुकारा गया है वह यही है। और राम के नाम से जिसको पुकारा गया है वह भी यही है। उस दिन सारे शास्त्र, सारे पृथ्वी के शास्त्र सत्य हो जाते हैं। तुम्हारा एक छोटा-सा अनुभव सारे जगत के मनीषियों के लिए गवाही बन जाता है। तुम प्रमाण हो जाते हो। और कोई प्रमाण नहीं है। परमात्मा का और कोई प्रमाण नहीं है। जब तक तुम ही प्रमाण न हो जाओ तब तक कोई प्रमाण नहीं है।

रामकृष्ण से किसी ने पूछा है कि आप ईश्वर का कोई प्रमाण दें। रामकृष्ण ने कहा, मैं मौजूद हूं। तुम देखो मेरी आंखों में। तुम पकड़ो मेरा हाथ। तुम नाचो मेरे साथ। तुम बैठो प्रार्थना में मेरे निकट, मैं मौजूद हूं। वह आदमी थोड़ा तिलमिला गया। उसने कहा कि यह तो ठीक है, आप मौजूद हैं वह मुझे पता है। मैं प्रमाण मांगता हूं परमात्मा का। अब और क्या प्रमाण हो सकता है? रामकृष्ण कहते हैं, झांकों मेरी आंखों में, पकड़ो मेरा हाथ, चलो मेरे साथ, उठो-बैठो मेरे पास, डूबो। मैं प्रमाण हूं। लेकिन वह आदमी तो राजी नहीं होता। वह कहता है, हम प्रमाण मांगने आये हैं, आपको थोड़े ही मांगते हैं। आपसे क्या होता है?

यह अंधा आदमी है। रामकृष्ण का जवाब एकमात्र जवाब है; और जवाब हो भी नहीं सकता। तुम प्रमाण हो सकते हो, तुम प्रमाण दे नहीं सकते।

जिस दिन शास्त्रों की धूल झड़ गई होगी दरिया की, उस दिन दरिया स्वयं शास्त्र बने। उस दिन उनकी वाणी वेद हो गयी। उस दिन उनकी वाणी में उपनिषद का सार आ गया। उस दिन उनकी वाणी में कुरान का गीत आ गया। थे मुसलमान; लेकिन उस दिन से फिर न मुसलमान रहे न हिंदू रहे। उस दिन से तो बस धार्मिक हो गए। धार्मिक आदमी न

हिंदू होता है, न मुसलमान, न ईसाई। धार्मिक आदमी तो बस धार्मिक होता है। और सारे जगत की संपदा उसकी अपनी होती है।

दूसरा प्रश्न: शिष्य गुरु के निकट हो और अपना हृदय खोले, इसका क्या तात्पर्य है ? कृपया अच्छी तरह से समझायें। और आखिर यह इतना मुश्किल क्यों है और भय क्यों होता है ?

तात्पर्य में गये तो भटके। बात सीधी-साफ है, उलझाओ मत। शिष्य गुरु के निकट हो। निकट होने का अर्थ होता है शिष्य अपनी रक्षा न करे।

तुम सदा अपनी रक्षा कर रहे हो। तुम अगर गुरु के पास भी जाते हो तो बस एक सीमा तक जाते हो—जहां तक तुम्हें लगता है खतरे के बाहर हो। तुम गुरु से भी अपनी रक्षा करते हो। तुम बड़े भयभीत हो। तुम डरे रहते हो कि कहीं कुछ ऐसा न गुरु कर दे, जो मेरे खिलाफ है। क्योंकि तुम झूठ हो, इसलिए गुरु को ऐसा तो करना ही पड़ेगा जो तुम्हारे खिलाफ जायेगा। तुम जैसे हो इसे तो मिटाना ही होगा; तुम जैसे हो ऐसे तो तुम्हें मारना ही होगा; तो ही तुम्हारा नया जन्म होगा।

शिष्य का निकट होने का एक ही अर्थ होता है, वह अपने शस्त्र रख दे। वह कह दे कि अब मैं निरस्त्र हुआ। यह मैंने छोड़ दी मेरी तलवारें और कवच, और ढाल और तीर-कमान, ये सब मैंने छोड़ दिये। अब मैं तुमसे लड़ूंगा नहीं। अब तुम्हें मुझे मारना हो तो मार डालो, बचाना हो तो बचा लो। अब तुम्हें जो करना हो, जैसी तुम्हारी मर्जी।

निकट होने का अर्थ है, आज मैं अपनी मर्जी से छोड़ता हूं। यही संन्यास का अर्थ है, यही शिष्य का अर्थ है, यही दीक्षा का अर्थ है कि आज से मैं अपनी मर्जी छोड़ता हूं। अपनी मर्जी से रहकर मैंने देख लिया। भटका, दुख पाया, कहीं पहुंचा नहीं। अपनी मर्जी के सब आयोजन कर लिये, सब तरफ विफलता हाथ लगी, अपने से जो मैंने किया, गलत गया।

अहंकार के साथ लम्बी यात्रा कर-करके आये हो तुम। गौर से देख लो अपनी अहंकार की यात्रा को। कहां पहुंचे हो ? अगर कहीं पहुंच रहे हो तब तो कोई जरूरत नहीं है गुरु की। अगर तुम्हें लग रहा है कि यात्रा बिलकुल ठीक चल रही है, तुम मार्ग पर हो, चित्त में सुगंध बढ़ रही है, शांति बढ़ रही है, आनन्द की वर्षा हो रही है, मेघ घिर रहे हैं, और भी वर्षा होगी। ऐसी तुम्हें प्रतीति होती है तो गुरु की कोई जरूरत नहीं है, दीक्षा की कोई जरूरत नहीं है। तुम ठीक रास्ते पर हो। तुम चले जाओ, चलते जाओ। फिर न कोई समर्पण चाहिये, न किसी के निकट होने की कोई आवश्यकता है।

लेकिन अगर ऐसा मालूम न पड़ता हो, लगता हो कि हाथ खाली के खाली हैं। और जिन चीजों को संपदा समझा आखिर में पाया कि वह सब ठीकरे सिद्ध हुए। स्वर्ण समझ कर गये थे लेकिन केवल पीतल को चमकता हुआ पाया। हीरे-जवाहरात समझकर जिसे इकट्ठा किया था वे केवल कांच के टुकड़े थे। अगर हर जगह विफलता हाथ लगती हो, और हर जगह हार हाथ लगती हो, और ऐसा लगता हो कि जीवन विषाद से विषादमय होता जा रहा है, और तुम नरक की यात्रा पर हो तो फिर जरूरत है कि तुम किसी का हाथ गहो; तुम किसी के चरणों में गिरो और तुम कह दो कि अब आपकी मर्जी मेरी मर्जी होगी।

निकट होने का अर्थ है, तुमने अपना संकल्प छोड़ा। संकल्प का त्याग है निकटता। अगर कहीं भीतर तुम अपने संकल्प को अभी बचाये हुए हो, अगर तुमने गुरु के पास दीक्षा भी ली है, संन्यस्त भी हुए हो, और यह भी तुम्हारा ही संकल्प है, तो तुम चूकोगे; तो तुम दूर रहोगे। तुमने कहा कि यह मेरा निर्णय है कि मैं संन्यास लेता हूं। संन्यास भी ले लोगे और चूक भी जाओगे, क्योंकि तुम्हारा निर्णय? तो फिर तुम्हारी अभी पुरानी मर्जी कायम है। अभी पुरानी अकड़ कायम है। रस्सी जल गयी, अकड़ नहीं गयी। अब तुम आखरी अवस्था में भी अपनी अकड़ को बचाने की कोशिश कर रहे हो। तुम कहते हो, मैंने संन्यास लिया। मैंने दीक्षा ली। अभी मैं बचा है, अभी भी मैं बचा है, अभी भी मैं बोल रहा है। अभी भी मैं काफी मुखर है—तो चूक गये। तो तुम चरण पकड़-कर भी बैठ जाओ तो तुम हजारों कोस दूर हो।

और अगर तुमने 'मैंने लिया है' ऐसे भाव से नहीं, वरन् इस अनुभव से कि मैं तो हार चुका—हारे को हरिनाम; मैं तो हार चुका, अब मैं क्या लूंगा? अब तो अपनी हार में इन चरणों में गिर जाता हूं। तब तुम्हारी प्रतीति बड़ी भिन्न होगी। तुम्हारी प्रतीति ऐसी होगी, गुरु ने दीक्षा दी। तुमने ली ऐसा नहीं, गुरु ने दीक्षा दी; तुम्हें प्रसाद दिया। और उसी घड़ी से तुम पास होने लगे। फिर तुम हजार कोस दूर भी रहो गुरु से तो कुछ भेद नहीं पड़ता। तुम निकट हो।

निकट का अर्थ भौतिक निकटता नहीं। निकट का अर्थ शारीरिक निकटता नहीं। निकट का अर्थ है, आत्मिक निकटता। और आत्मिक निकटता तभी होती है जब तुम्हारा अहंकार, संकल्प, तुम्हारी पुरानी अकड़ खो जाए। तुम एक ढेर की तरह होकर गिर जाओ चरणों में।

'शिष्य गुरु के निकट हो और अपना हृदय खोले इसका क्या तात्पर्य?'

और हृदय खोलने का अर्थ होता है, तुम कुछ छिपाओ मत। तुमने सब से छिपाया है। तुमने अपने प्रेमी से भी छिपाया है। तुमने अपने राज कायम रखे हैं। तुमने अपनी पत्नी से भी पूरी बात न कही है। तुमने अपने पति से भी पूरा राज नहीं कहा है। तुमने कुछ बातें छिपा रखी हैं। तुम रोज छिपाते हो। तुमने कभी भी कहीं अपने हृदय को पूरा नहीं खोला है। खोल भी नहीं सकते थे। तुम्हें मैं दोष भी नहीं देता, क्योंकि जिनके भी सामने तुम पूरा हृदय खोलते वे ही तुम्हारे खिलाफ हो जाते।

तो तुम्हारा डर नैसर्गिक है। अगर तुम अपनी पत्नी से आकर कह देते कि आज रास्ते पर एक सुन्दर स्त्री को गुजरते देखकर मेरा मन ऐसा हो आया कि काश मैं इससे विवाह कर लूं, तो अड़चन ही खड़ी होगी। इसकी बहुत कम संभावना है की तुम्हारी पत्नी समझे। पत्नी सिर पीटने लगेगी, हाथ-पैर मारने लगेगी, रोने लगेगी, धुंवा-उपद्रव मचा देगी, पास-पड़ोस के लोगों को इकट्ठा कर देगी। और तुम्हें कभी क्षमा नहीं कर पाएगी। और उस दिन से तुम पर ज्यादा पाबंदी और ज्यादा इन्तजाम शुरू हो जायेंगे। तुम्हें कहीं अकेला भी न जाने देगी। किसी स्त्री की तरफ आंख उठाकर देखोगे तो तुम्हें अपराध के भाव से भर देगी।

तो कह भी नहीं सकते हो। इसे तो सरकाकर रख देना होगा। इसे छिपाना होगा। इसे प्रगट नहीं किया जा सकता। हृदय को खोला नहीं जा सकता। क्योंकि तुम्हारे चारों तरफ लोग हैं, जो चाहते हैं तुम्हें, एक खास ढंग का जीवन तुम बिताओ। चुनाव करते हैं जो। कहते हैं, ऐसे होना तो स्वीकार हो; अगर ऐसे हुए तो अस्वीकार हो जाओगे। तुमने अगर अपनी कमजोरियां प्रगट कीं तो तुम निंदित हो जाओगे। तुमने अपने हृदय को खोलकर अगर वैसा ही रख दिया जैसा तुम्हारे भीतर है—कच्चा बिना रंग-रोगन लगाये, बिना टचअप के जैसा है कच्चा; सुन्दर तो सुन्दर कुरूप तो कुरूप, अनगढ़, बेबना—ऐसा का ऐसा रख दिया तो तुम्हें कोई भी सम्मान न देगा। सम्मान तो तुम्हारे पाखंड को मिलता है। तो जितना बड़ा पाखंडी उतना सम्मानित हो जाता है।

तो तुम्हें दिखाना पड़ता है—चाहे तुम महात्मा हो या न हो—तुम्हें दिखाना पड़ता है कि महात्मा तुम हो। तुम आखिरी दम तक दिखाने की कोशिश करते हो कुछ, जो तुम नहीं हो। और छिपाने की कोशिश करते हो वह, जो तुम हो।

यह तुम्हारे जीवन की प्रक्रिया है। इसी प्रक्रिया को गुरु के पास ही रखोगे जारी तो तुम्हें गुरु मिला ही नहीं। और फिर जिस गुरु से डरना पड़े तुम्हें वैसा ही, जैसे तुम पत्नी से डरते हो, पति से डरते हो, पिता से,

मां से डरते हो, मित्र से डरते हो, ग्राहक से डरते हो, मालिक से डरते हो, नौकर से डरते हो अगर ऐसा ही तुम्हें गुरु से भी डरना पड़े तो यह गुरु भी सांसारिक है। समझना : गुरु तभी सांसारिक नहीं है, जिसके सामने तुम सब खोल कर रख दो और उसकी आंख में जरा सा भी निंदा का भाव न उठे। निंदा का भाव जिसकी आंख में उठ आये, वह गुरु नहीं है।

इसलिए तुम्हारे सौ गुरुओं में से निन्यानबे तथाकथित हैं, सांसारिक हैं। तुम्हें डराये हुए हैं वे। उतना ही डराये हुए हैं जितना कोई और डराये हुए है। सच तो यह है कि तुम अपने तथाकथित महात्माओं के पास और भी ज्यादा डर जाते हो, जितना तुम और कहीं डरते हो। अपने महात्मा से तुम यह भी नहीं कह सकते कि मैं चाय पीता हूं। क्योंकि चाय यानी पाप। तुम अपने महात्मा से यह भी नहीं कह सकते कि मुझे जरा धूम्रपान की आदत है। धूम्रपान यानी नर्क जाने का सुनिश्चित उपाय। छोटी-छोटी बातें, उनको भी तुम खोल नहीं सकते। क्योंकि वह जो आदमी वहां बैठा है, तत्क्षण तुम्हारी गरदन पकड़ लेगा कि तुम और ऐसा करते हो? त्याग करो इसका इसी वक्त। और तुम सदा के लिए अप्रतिष्ठित हो जाओगे उसकी आंखों में। पाखंड की प्रतिष्ठा है। जब तक कोई व्यक्ति तुमसे अपेक्षायें कर रहा है कि तुम्हें ऐसा होना ही चाहिये तब तक तुम कैसे अपने हृदय को खोलोगे? इसलिए संसार में चलता निन्यानबे गुरु, गुरु नहीं हैं।

गुरु कि परिभाषा यही है, सदगुरु की परिभाषा यही है, कि जिसके पास जाकर तुम सब खोल सको। जो तुम्हें ऐसी सुगमता दे, जो तुम्हें ऐसा अवसर दे कि तुम बिना निंदा-स्तुति के, बिना डरे अपने हृदय को खोलकर रख सको। तुम कह सको कि मैं ऐसा हूं। क्योंकि जब तक गुरु तुम्हें वैसा ही न जान ले जैसे तुम हो, तो काम ही शुरू न होगा।

गुरु से छिपाना तो ऐसे ही है जैसे डॉक्टर के पास गये और बीमारी छिपा रहे हो। मरे जा रहे हो, मगर बीमारी डॉक्टर से छिपा रहे हो। और गये हो डॉक्टर के पास। किसलिए गये हो? इलाज के लिए गये हो, निदान के लिए गये हो, की डॉक्टर पकड़ ले कि बीमारी क्या है? तो निदान कर दे।

डॉक्टर के पास तुम अपनी बीमारी नहीं छिपाते न? तुम डरते तो नहीं कि डॉक्टर को कह देंगे कि मुझे खांसी आती है, और खांसी में कभी-कभी खून भी आ जाता है तो डॉक्टर एकदम मेरे खिलाफ हो जायेगा और कहेगा कि अरे पापी! कि कहीं नौकरी से निकलवा दे, कि सबको पता हो जाये। सब ठीक ठाक चल रहा है, चुनाव में खड़े हुए हैं, पता चल जाये

वोटरों को कि खांसी आती है, और खून भी गिरता हो तो कौन वोट देगा ?

तो नेतागण अपनी बीमारी की खबर अखबारों में नहीं छपने देते। अखबारों पर बड़े नाराज हो जाते हैं अगर उनकी बीमारी की कोई खबर छाप दे। मरते दम तक नेता दुनिया को यही दिखलाता रहता है कि मैं परम स्वस्थ हूं। क्यों ? क्योंकि नहीं तो वोट कौन देगा ? मुरदों को तो कोई वोट नहीं देता। मरते दम तक नेता यही कहता रहता है कि कोई मुझे खराबी नहीं, सब तरह से ठीक हूं। यह उसे दिखाना ही पड़ता है। तो नेता अपने डॉक्टर को भी छिपाकर रखता है।

यह तो बहुत बाद में पता चला कि स्टेलिन बहुत बीमार था। यह तो बहुत बाद में पता चला हिटलर के हार जाने के बाद कि हिटलर बहुत बीमारियों से रुग्ण था। लेकिन यह कभी पता नहीं चला जब हिटलर ताकत में था। किसी को कभी पता नहीं चला। बहुत बीमारियों से परेशान था। मिरगी की भी बीमारी थी। और भी तरह के रोग थे, जो खतरनाक थे। अगर पता चल जाता तो हिटलर एक दिन सत्ता में नहीं रह सकता था। इन सबको छिपाकर रखना पड़ता है। जनता के सामने एक चेहरा बताना पड़ता है।

स्टेलिन के फोटो बिना सरकारी आज्ञा के छपते नहीं थे क्योंकि उसके मुंह पर चेचक के दाग थे। सिर्फ एक फोटो में भूल से पकड़े गये हैं, बाकी किसी फोटो में नहीं पकड़े जा सके। चेचक के दाग से भी इतना बचना पड़ता है। नेता को ऐसा होना चाहिए कि सर्वांग-सुन्दर। चेचक के दाग और नेता में जरा जंचते नहीं। तो किसी चित्र में छपने नहीं दिए गये हैं। सब चित्र टच अप किये गये हैं। पहले टच अप हो जायेंगे तब छपेंगे। माओ के हाथ-पैर कांपते थे लेकिन यह बात अखबारों तक नहीं पहुंच पाती थी। बोलता था तो ठीक से बोल नहीं सकता था, जबान लड़खड़ाती थी। उम्र हो गयी थी। लेकिन यह बात जब तक माओ मर नहीं गया तब तक जाहिर नहीं हो सकी।

तो हो सकता है, तुम चुनाव में खड़े हो, हो सकता है कि तुम कहीं नौकरी के लिए आवेदन किये हो, और पता चल जाये। हो सकता है कि तुम किसी स्त्री से विवाह का निवेदन किये हो और पता चल जाये कि खांसी आती है और खून के कतरे भी गिरते हैं; तो डर से तुम डॉक्टर को न बताओ तो फिर इलाज कैसे होगा ? फिर गये ही किसलिए ? डॉक्टर के पास तो तुम खोल देते हो। यह तो डॉक्टर की नीति का हिस्सा है कि अपने मरीज की बीमारी किसी को न बताये। अपने मरीज के संबंध में एक

शब्द भी कहीं न कहे, यह डॉक्टर की नीति का हिस्सा है। यह मॉरल कोड है। इसलिए तुम डॉक्टर के पास जाकर बता भी देते हो और फिर बीमारी से तुम छूटना चाहते हो।

गुरु के पास जब तुम आते हो तुम और भी बड़ी बीमारियां लेकर आये हो। वह क्षय रोग का मामला नहीं है, और न कैंसर का मामला है। जन्मों-जन्मों की आध्यात्मिक बीमारियां हैं। तुम इन्हें छिपाओगे? तुम गुरु से छिपाओगे? तब तो फिर ऐसा ही हो गया, तुम अपने को औषधि से ही बचा रहे हो। गुरु तो वैद्य है; उससे छिपाया नहीं जा सकता। उसके सामने तो सब खोलकर रख देना होगा। पाप का, पुण्य का कच्चा चिट्ठा खोलकर रख देना होगा। सब बुरा-भला खोलकर रख देना होगा। और तुम एक उपद्रव हो भीतर, जहां हर तरह के पाप दबे पड़े हैं। जहां हर तरह की बुराई दबी पड़ी है। निःसंकोच छोड़ देना होगा अपने को। इसलिए मैंने कहा, हृदय खोलकर गुरु के सामने रखना होता है।

हृदय खोलने का अर्थ है, तुम गुरु के सामने अपनी किसी भी तरह की प्रतिमा बचाने की कोशिश मत करना। तुम कहना, जैसा मैं हूं, यह हूं—बुरा-भला। और सद्गुरु वही है कि तुम जब अपने प्राणों की सारा का सारा मवाद भी खोलकर उसके सामने रख दो, तब भी तुम्हारे बुद्धत्व में उसे जरा भी शक पैदा न हो। तुम्हारे परमात्म-स्वरूप में उसे जरा भी शंका न आये; वही तो सद्गुरु है। यह सारी बीमारियां ठीक हैं, इन सब के बावजूद भी तुम हो तो परमात्मा। इससे कुछ भेद नहीं पड़ता। तुमने हजारों पाप किये हों तब भी तुम्हारा परमात्म-स्वरूप नष्ट नहीं होता। तुम कितने ही अंधेरे में भटके हो तो भी तुम्हारा स्वभाव चिन्मय है। सद्गुरु तो वही है, जिसने अपने चिन्मय को देख लिया, वह तुम्हारे चिन्मय को भी देख रहा है। वह तुमसे कहेगा ठीक है, यह कबाड़खाना ठीक है, मगर यह तुम नहीं हो। फिक्र मत करो। मगर यह अवस्था—वह तुम्हें सजग कर सके कि यह तुम नहीं हो—तभी बनेगी जब तुम खोल दो अपना हृदय पूरी तरह।

और आखिर यह इतना मुश्किल क्यों है और भय क्यों होता है?

मुश्किल है क्योंकि जब भी कहीं हृदय खोला तभी घाव लगा। इसलिए मुश्किल है। अनुभव के कारण मुश्किल है। जब भी कहीं सच्ची बात कही तभी नुकसान हुआ है। लोग कहते हैं कि सत्यमेव जयते। अनुभव उलटा ही है: जहां सच बोले वहीं हारे। कभी-कभी झूठ तो जीता, सच कभी जीतता हुआ अनुभव में नहीं आया। जहां ईमानदारी बरती, वहीं नुकसान हुआ। जहां बेईमानी की, कभी-कभी लाभ भी हुआ। बेईमानी से

कभी नुकसान नहीं हुआ, पकड़ी गयी तो नुकसान हुआ। इसलिए तुम्हारे समस्त जीवनों का अनुभव यह है कि बेईमानी से नुकसान नहीं होता, पकड़े जाने से नुकसान होता है। पकड़े भर मत जाओ, और फिर करो बेईमानी जितनी करनी है, लाभ ही लाभ है।

सत्य नहीं हारता, न सत्य जीतता—तुम्हारा अनुभव यह है। तुम अगर झूठ को भी सत्य की तरह सिद्ध कर सको तो जीत हो जाती है। पकड़े भर न जाओ। तो तुम संत हो, अगर पकड़े न जाओ। पकड़े गये तो पापी।

तो असली सवाल पकड़े न जाने का है। तो कैसे हृदय खोलो? हृदय खोला तो अपने ही हाथ से पकड़े गये। यह तो अपने ही हाथ से जाकर और समर्पण कर दिया। इसलिए सारे जीवन तुम्हारा अनुभव यह है कि कहो मत, सचाई क्या है। जितना बन सके, झुठलाओ। और फिर जिससे भी तुमने कहा उसी से हानि हुई। अगर मित्र को कह दी सच्ची बात तो मित्र शत्रु हो गया।

फ्रायड ने कहा है, अगर सभी मित्र एक दूसरे के संबंध में सच बातें कह दें तो दुनिया में तीन मित्रतायें भी न बचें। तुम जो मित्र के संबंध में सच-सच सोचते हो अगर वही कह दो तो मित्रता बचनी बहुत मुश्किल है। लोग झूठ में जी रहे हैं। लोग झूठ में पगे हैं।

राह पर कोई मिल जाता है, तुम कहते हो, बड़ी दुआ-सलाम कहते हो, गले मिलते हो, कहते हो बड़ा सौभाग्य, दर्शन हो गये। शुभ मुहूर्त में घर से निकलते ही दर्शन हो गये। बड़े दिनों बाद दर्शन हुए। और भीतर सोच रहे हो कि दुष्ट का चेहरा कहां से दिखाई पड़ गया। अब पता नहीं दिन कैसा जाये! भीतर तुम यह सोच रहे हो, कि यह महाराज कहां से मिल गये। शुभ काम करने निकले थे और यह सज्जन बीच में ही मिल गये। मगर इनसे तुम यही कह रहे हो कि बड़ी कृपा की।

घर में मेहमान आते हैं, तुम कहते हो आओ। पलक-पांवड़े बिछाये हैं। और भीतर रो रहे हो कि फिर आ गये! अब पता नहीं कब जायेंगे। पता नहीं कितनी देर पेरेंगे, परेशान करेंगे। ऊपर से कह रहे हो, अतिथि देवता है और भीतर से तुम जानते हो, कि अतिथि से ज्यादा शैतान और कोई भी नहीं।

तो तुम दो तल पर जीते हो। यह दो तल पर जीना इतना तुम्हें रास आ गया है, इतना सघन हो गया है, इसलिए कठिनाई है। इसलिए गुरु के पास भी आते हो तो पुरानी आदतें एकदम कैसे छूट जायें? कुछ का कुछ दिखलाने लगते हो, कुछ का कुछ कहने लगते हो।

मैं रोज अनुभव करता हूं। लोग कुछ प्रश्न पूछने आते हैं और कुछ पूछने लगते हैं। मैं देख रहा हूं कि उनका प्रश्न कुछ और है। मुझे उन्हें लाना पड़ता है फुसला-फुसलाकर असली प्रश्न पर। मगर जब प्रश्न पूछते है लोग, तब भी झूठ कर जाते हैं। क्यों? क्योंकि प्रश्न भी ऊंचा पूछना चाहिए। उसका प्रभाव पड़ता है। हो सकता है उसकी समस्या हो काम-वासना की लेकिन प्रश्न उठायेंगे राम का। काम का होगा प्रश्न और उठायेंगे राम की बात। कहेंगे कि परमात्मा से कैसे मिलें? अब मैं उनको देख रहा हूं कि यह परमात्मा की कोई चाह ही कहीं दिखायी नहीं पड़ती उनके··उनकी ऊर्जा में, उनको आभा में, कहीं परमात्मा से कोई मतलब नहीं दिखायी पड़ता। पूछते हैं परमात्मा कैसे मिले? मुझे उन्हें फुसलाना पड़ता है, समझाना पड़ता है कि आओ, असली पर आओ। धीरे-धीरे-धीरे बामुश्किल वे असली पर आते हैं; वह भी बड़ी बेचैनी से आते हैं। और असली को ही सुधारा जा सकता है, नकली को तो कुछ किया नहीं जा सकता।

अगर तुमने प्रश्न ही झूठा पूछा तो मेरे उत्तर का क्या होगा? क्या करोगे उस उत्तर का? मैं जो तुम्हें दवा बता दूंगा वह किस काम आयेगी? वह बीमारी ही तुम्हारी नहीं। अपनी बीमारी छिपा गये, किसी और की बात बता दी।

एक सज्जन आये, वे कहने लगे कि मेरे एक मित्र हैं, बड़े कामी हैं। उनका मन बस कामवासना ही से भरा रहता है। उनके लिये कुछ उपाय बतायें। मैंने कहा, मित्र को ही भेज देते और मुझसे कह देते कि मेरे एक मित्र हैं। इतनी काहे को झंझट की। तब वे थोड़े चौंके। चौंककर चारों तरफ देखा कि···। लेकिन आदमी हिम्मतवर थे, कहा कि आपने पकड़ लिया। बात तो यही है। यह उपद्रव तो मेरा ही है। लेकिन मैंने यह सोचा कि सीधा यह पूछता कि मैं बहुत कामी हूं···मैंने सोचा, एक मित्र के बहाने पूछ लूं। जो आप बतायेंगे वह मैं कर लूंगा।

मगर मित्र का प्रश्न मित्र का प्रश्न है। कभी-कभी बीमारी भी एक जैसी हो तब भी दो आदमियों को दो तरह की दवाएं लगती हैं। ऐसा मत सोचना कि तुम्हारी बीमारी भी तुम्हारे मित्र जैसी बीमारी है तो एक ही दवा दोनों को काम कर जायेगी। तुम्हारा मित्र अनंत जन्मों से अलग तरह की यात्रा कर रहा है। उसके सारे व्यक्तित्व की संरचना भिन्न है, तुम्हारी संरचना भिन्न है। एक ही औषधि काम न पड़ेगी। मित्र के लिये जो औषधि बताई जायेगी वह तुम लेकर और झंझट में पड़ जाओगे। बीमारी तो बनी ही रहेगी, औषधि शायद और नयी बीमारियां ले आये। तो

अनेक बार तुम्हारी औषधियों ने तुम्हें और बीमार बनाया है।

इसलिए कहता हूं, हृदय को खोलना। कठिनाई है। तुमने जब भी हृदय खोला तभी हानि हुई। कहते हैं न, दूध का जला छाछ भी फूंक-फूंकर पीने लगता है। ऐसी तुम्हारी अवस्था है। तुम इतनी बार जल गये हो। किसी से भी सच कहा कि मुश्किल हुई। किसी से भी सच कहा कि मुश्किल हुई। यह सारा संसार झूठ का संसार है। यहां सच बोलने से चलता ही नहीं। यहां झूठ ही यात्रा का पाथेय है, वही कलेवा है। उसी के सहारे सब चलता है। यहां हम झूठ से बंधे हैं एक-दूसरे से।

तुम्हें पत्नी से रोज-रोज कहना ही पड़ता है, मैं खूब प्रेम करता हूं तुम्हें। तुम्हारे बिना एक क्षण न रह सकूंगा। तुम न होओगी तो मेरा क्या होगा? मैं रह न सकूंगा एक दिन। और तुम भलीभांति जानते हो कि पत्नी न रह जायेगी तो ऊपर तुम कितना ही रोओ, भीतर तुम प्रसन्न होओगे कि चलो झंझट मिटी, उपद्रव मिटा। चलो फिर स्वतंत्र हुए। चलो फिर कोई स्त्री खोज लें।

मुल्ला नसरुद्दीन की पत्नी मर रही थी। वह बैठा है खाट के पास। जैसा उदास पतियों को बैठना पड़ता है वैसे ही। गुण-तारे तो और बिठा रहा है भीतर, वह बात अलग। वह तो किसी से कहनी ही नहीं है। पत्नी भी मरते वक्त···पत्नियां भी खूब हैं, मरते दम तक ऐसे सवाल उठा देती हैं। पत्नी ने मरते-मरते आंखें खोलीं, और कहा कि एक बात पूछनी मुल्ला। मैं मर जाऊंगी, तो फिर तुम क्या करोगे? मुल्ला ने कहा, क्या करूंगा? मर जाऊंगा! क्या करूंगा! एक क्षण जी न सकूंगा, क्या करूंगा! तेरे बिना सोच ही नहीं सकता। पत्नी ने कहा, छोड़ो जी! ये सब बातें छोड़ो। किससे बातें कर रहे हो, ये बातें छोड़ो। यह मुझे बताओ, विवाह तो तुम करोगे ही। कभी नहीं, मुल्ला ने कहा, कभी नहीं। कसम खाता हूं कभी नहीं। तेरी कसम खाता हूं।

पत्नी ने कहा, मेरी कसम मत खाओ, क्योंकि मैं तो मरी ही जा रही हूं। एक ही मेरी प्रार्थना है—वह मुझे पता है, इधर मैं मरी नहीं, इधर मेरा जनाजा उठा नहीं, कि उधर तुम विवाह का इंतजाम कर लोगे। एक ही मेरी प्रार्थना है कि विवाह तो तुम करके लाओगे ही, इतना ही खयाल रखना कि जिस स्त्री को तुम लेकर आओ, वह मेरे कपड़े न पहने, मेरे जेवर न पहने। इससे मेरी आत्मा को बड़ा कष्ट होगा। मुल्ला ने कहा, तू उसकी फिक्र ही मत कर, गुलाबो को तेरे कपड़े आयेंगे ही नहीं—गुलाबो से चल ही रहा है!—उसकी तू फिक्र ही मत कर।

समझदार आदमी पहले ही से इंतजाम बना लेता है। ऐसा थोड़ी है

कि पत्नी मरेगी, फिर इंतजाम करेंगे। अब पत्नी तो मर ही रही है···।

एक जगत है हमारा, जहां झूठ ही हमारी व्यवस्था है। जहां झूठ ही हमारे संबंधों का सारा सार सूत्र है। गुरु के साथ भी ऐसा ही सबंध बनाओगे क्या ? तो फिर गुरु भी तुम्हें इस संसार के बाहर न ले जा सकेगा। गुरु का अर्थ है, जो तुम्हें इस झूठ के जाल के बाहर ले जाये। तो उसके पास तो तुम्हें ये पुराने अनुभव सब छोड़ देने पड़ेंगे और जिसके पास तुम छोड़ सको निःसंकोच, वही तुम्हारा गुरु है। नहीं तो तुम्हारा गुरु नहीं। फिर तुम खोजो, अभी और गुरु खोजो। कहीं न कहीं कोई आदमी तुम खोज पाओगे, जिसके पास तुम सब निःसंकोच छोड़ दोगे। कहीं तो कोई आदमी तुम्हें मिल जायेगा जिसकी आंखों में तुम्हारी निंदा न होगी। और जिससे सच कहकर भी तुम हारोगे नहीं बाजी। जिससे सच कहकर ही जीतोगे।

सद्गुरु का यही अर्थ होता है। सद्गुरु में निंदा तो होती नहीं। तुमने क्या किया है इसके प्रति अपरम्पार करुणा होती है। तुमने पाप किया है उसके प्रति भी करुणा होती है, ध्यान रखना। तुम्हारे पाप को भी वह समझता है कि मनुष्य की कमजोरियां है, क्योंकि वह खुद भी उन्हीं कमजोरियों से गुजरा है। खुद भी उन्हीं गड्ढों में गिरा है, खुद भी उन्हीं कंटकाकीर्ण मार्गों से निकला है, खुद भी उसने···वे कांटे चुभे हैं उसे, वह जानता है, भलीभांति जानता है। सदगुरु का अर्थ है कि जो कल तक तुम्हारे ही जैसा था। आज भूल नहीं गई है बात। अब तो और भी ठीक से समझ में आती है।

सद्गुरु के मन में अपरम्पार करुणा होती है। तुमने कितना ही गहन पाप किया हो तुम सद्गुरु के पास सिवाय क्षमा के और कुछ भी न पाओगे और अगर कुछ और मिले तो समझ लेना कि यह सद्गुरु नहीं है। तुम बचो। यह तुम्हारे झूठे जंजाल का ही हिस्सा है। यह होगा पंडित होगा, पुजारी होगा, तथाकथित महात्मा होगा, लेकिन अभी इसे खुद भी नहीं मिला है।

एक बात समझना—बहुत मनोवैज्ञानिक—अगर तुम किसी गुरु के पास जाकर कहो कि मैं बहुत क्रोधी हूं और वह तुम से तब कहने लगे कि क्रोध पाप है, और नरक में सड़ोगे, और ऐसा-वैसा तुम्हें डराने लगे, धमकाने लगे। तुम कहो कि मैं कामी हूं और वह एकदम क्रुद्ध हो जाये, कि कामी हो तो यहां किस लिये आये ? ब्रह्मचर्य का पालन करो नहीं तो सड़ोगे नर्क में, कीड़े काटेंगे और कड़ाहों में जलाये जाओगे और एकदम आग बबूला होने लगे तो एक बात पक्की है कि वह अभी कामवासना से

मुक्त नहीं हुआ, अभी क्रोध से मुक्त नहीं हुआ।

इसे तुम समझो। तुम नाराज उसी बात पर हो जाते हो जो बात तुम्हें अभी भी सताती है। नहीं तो नाराजगी क्या है? एक समझ होती है, शांत, शीतल। नाराजगी की बात क्या है?

संत राबिया के पास एक फकीर हसन ठहरा। दोनों बैठे थे; एक आदमी आया, इस आदमी ने हसन के चरणों में अशर्फियां रखीं—सोने की अशर्फियां रखीं, हसन तो एकदम नाराज हो गया। उसने कहा, तू यह—सोना लेकर यहां क्यों आया? सोना मिट्टी है, धूल है। हटा यहां से सोने को।

राबिया हंसी। हसन ने पूछा, क्यों हंसती हो? राबिया ने कहा, हसन, तो तुम्हारा सोने से मोह अभी तक गया नहीं? सोने से मोह! हसन ने कहा, मोह नहीं है इसलिए तो मैं इतना चिल्लाया कि हटा यहां से।

राबिया ने कहा, मोह न होता तो चिल्लाते ही क्यों? अगर मिट्टी ही है सोना, तो मिट्टी तो बहुत पड़ी है तुम्हारे आसपास, तुम नहीं चिल्ला रहे हो। यह आदमी थोडी मिट्टी और ले आया, क्या चिल्लाना है? इतने आगबबूला क्यों हो गये? इतने उत्तेजित क्यों हो आये? यह उत्तेजना बताती है कि अभी भीतर डर है। यह उत्तेजना बताती है कि दबा लिया है सोने के मोह को, मिटा नहीं है। नहीं तो क्या इसमें उत्तेजित होने की बात है? इस आदमी को तो देखो। इस आदमी को तो देखो। यह बेचारा गरीब है, इसके पास सोने के सिवाय कुछ भी नहीं है। यह बहुत गरीब है। इस गरीब को ऐसे मत दुतकारो। यह इतना गरीब है और कुछ देना चाहता है। इसका तुमसे लगाव है, और सोने के अलावा इसके पास कुछ भी नहीं है।

ऐसा हुआ, मैं जयपुर में था और एक बहुत अपूर्व आदमी थे। सोहनलाल दुगड़। जुआरी थे ऐसे तो वे, सटोरिया थे, भारत के सबसे बड़े सटोरिया थे। मगर बड़े हिम्मत के आदमी थे। सटोरिया थे, हिम्मत के होने ही चाहिए। एक झोले में भरकर बहुत से नोट ले आये। पहली दफा मुझे सुना था, दूसरे दिन आये और पूरा झोला नोट से भरा हुआ मेरे पैरों पर उलटा दिया। मैंने उनसे कहा कि इनको संभालकर रख लें, जब मुझे जरूरत होगी, मैं खबर करूंगा। अभी जरूरत नहीं है। जरूरत जरूर कभी हो सकती है। तो यह मेरी तरफ से रख लें अमानत आपके पास।

वे रोने लगे। मैंने सोचा नहीं था कि कोई आदमी रोने लगेगा। वे रोने लगे। उन्होंने कहा कि नहीं, मैं सटोरिया हूं। आज है, कल नहीं है।

यह झंझट मुझे मत दें। आपकी झंझट आप जानो, मैं नहीं रखूंगा। मैं जुआरी आदमी ! कभी मेरे पास लाखों होते हैं, कभी करोड़ों भी होते हैं, और कभी मेरे पास कौड़ी नहीं होती। तो यह मैं नहीं रख सकता। आप किसी और को दे दो। तो मैंने कहा, कोई फिकर न करें। नहीं होंगे उस समय तो कोई मैं मुकदमा नहीं चलाऊंगा। मैं भी सटोरिया हूं। गये तो गये। तुम रखो।

वे तो रोने लगे। वे कहने लगे कि नहीं, मैं वापिस न ले जा सकूंगा। मैं बहुत गरीब आदमी हूं क्योंकि मेरे पास सिवाय रुपयों के और कुछ भी नहीं है। और मैं कुछ देना चाहता हूं और मैं क्या दूं ? मेरे पास और कुछ है ही नहीं। प्रेम मैं जानता नहीं, समर्पण का मुझे कुछ पता नहीं है, आत्मा मैंने देखी नहीं है। ये सब बातें हैं, मैंने सुनी हैं, लेकिन मेरे पास सिवाय रुपयों के और कुछ भी नहीं है। मैं बहुत गरीब आदमी हूं।

सुनते हो उनकी परिभाषा गरीब आदमी की ? कि मेरे पास सिवाय रुपयों के और कुछ भी नहीं है। मैं बहुत गरीब आदमी हूं। मैं बहुत गरीब आदमी हूं। मैं कुछ देना चाहता हूं। अगर रुपया आप न लेंगे तो मेरे हृदय को बड़ी चोट पहुंचेगी। मुझे लगेगा कि मैं इतना दीन कि कुछ भी न दे सका।

राबिया ने हसन से कहा कि उस गरीब को देख, वह किस भाव से लेकर आया है। और हसन ने कहा कि राबिया तूने मुझे खूब चेताया। बात मेरे समझ में आ गयी। मैंने यह कांचन का जो मोह है, दबा लिया है, यह मिटा नहीं।

सद्‌गुरु वही है, जो सच में जाग गया है। जो जाग गया है, तुमने क्या किया है इससे कोई निंदा उसके मन में पैदा नहीं होगी। और न ही तुम्हारे लिए नर्क भेज देगा, न तुम्हें डरायेगा। क्योंकि सद्‌गुरु तुम्हें देखता है, तुम्हारे, कृत्यों को नहीं। कृत्यों का कोई मूल्य नहीं है। कृत्य तो माया है। तुमने जो किया, उसका कोई मूल्य नहीं है, तुम जो हो वही मूल्यवान है। और तुम जो हो वह तो साक्षात परमात्मा है। जिसने अपने भीतर के परमात्मा को देख लिया उसने सारे जगत में छिपे परमात्मा को देख लिया। फिर तुम लाख छिपाओ परमात्मा को चोर के भीतर, तो भी सद्‌गुरु देखता है। पापी के भीतर, तो भी देखता है; हत्यारे के भीतर, तो भी देखता है। तुम सद्‌गुरु से छिपा नहीं सकते अपने परमात्मा को।

तो जब तुम अपने सारे पाप खोलकर रख देते हो—अच्छा बुरा जो भी है, जैसा भी है—सद्‌गुरु के पास खोलकर रखने में ही तुम्हें पहली दफा कर्मों से छुटकारा मिलता है। यह कर्म-मुक्ति का उपाय है। जब तक तुम

दबाते हो, बंधे रहते हो; छिपाते हो, अटके रहते हो। कहीं तो कोई जगह होनी चाहिए, जहां तुम सब खोलकर रख दो। उसको खोलकर रखते ही तुम्हें एक बात दिखाई पड़ती है कि मैं तो पृथक् हूं—साक्षी मात्र; मैं तो द्रष्टा मात्र हूं। न तो कृत्य का कोई मूल्य है, न विचार का कोई मूल्य है। ये सब सपने की बातें हैं। कुछ सपने आंख बंद करके देखते हैं हम, कुछ सपने आंख खोलकर देखते हैं हम। लेकिन तुम्हारी अड़चन मैं जानता हूं। तुमने जब भी हिम्मत की, तभी अड़चन आई।

बादलों के पास आना नहीं
दे नयन में नयन मुस्काना नहीं
है अंधेरी रात, मैं भटकी हुई
और सिर से पांव तक अटकी हुई
भाल पर की रेख सी अंधी हुई
पायलों सा और तड़पाना नहीं
दे नयन में नयन मुस्काना नहीं
फिर मुझे इस बार भी भ्रम हो गया
यूं छला जाना सहज क्रम हो गया
जिंदगी का व्यर्थ सब श्रम हो गया
आस के उस गांव से आना नहीं,
दे नयन में नयन मुस्काना नहीं

कभी तुमने इतने-इतने आंखों में आंखें डालीं, सदा दुख पाया। तुम इतने डर जाते हो कि परमात्मा से भी कहते हो कि :

आस के उस गांव से आना नहीं
दे नयन में नयन मुस्काना नहीं
बादलों के पास से आना नहीं
दे नयन में नयन मुस्काना नहीं
है अंधेरी रात, मैं भटकी हुई
और सिर से पांव तक अटकी हुई
भाल पर की रेख सी अंधी हुई
पायलों सा और तड़पाना नहीं
दे नयन में नयन मुस्काना नहीं

जब भी तुमने किसी की आंख में आंखें डालीं और अपनी सचाई को खोला, तभी तुमने कष्ट पाया, तभी चोट पाई, तभी कांटा चुभा, तभी घाव बना। वे घाव बढ़ते चले गये। वे घाव भरे नहीं। वे घाव सब हरे हैं। तो तुम डरते हो, परमात्मा तक से डरते हो कि कहीं वह फिर तुम्हें किसी नये

प्रेम में न उलझा दे, फिर कहीं आंख में आंख डालकर तुम्हें किसी और झंझट में डाल दे।

आस के उस गांव से आना नहीं
दे नयन मे नयन मुस्काना नहीं
फिर मुझे इस बार भी भ्रम हो गया
यूं छला जाना समझ क्रम हो गया
जिंदगी का व्यर्थ सब श्रम हो गया

हर बार जब भी तुमने किसी की आंख में आंख डाली तभी भ्रम हुआ, तभी छल हुआ। तो तुम गुरु के पास भी जाकर आंख में आंख डालकर नहीं देखते हो। इधर उधर देखते हो। आस पास देखते हो। तुमने प्रेम से इतने धोखे खाये हैं कि तुम गुरु के प्रेम में भी पूरे नहीं उतरते हो। वहां भी तुम सुरक्षा रखते हो। वहां भी तुम आयोजन रखते हो कि अगर जरूरत पड़े तो अपनी रक्षा कर सको। वहां भी तुम अरक्षित नहीं छोड़ते अपने को। वहां भी समर्पण पूरा नहीं होता।

तुम्हारी अड़चन मैं समझता हूं। तुम्हारे प्राचीन अनुभव, सनातन के अनुभव इसी बात के लिये तुम्हें तैयार किये हैं। लेकिन अगर तुम इसी में उलझे रहे, तो तुम चूक जाओगे। कभी तो हिम्मत करो। क्या होगा? ज्यादा से ज्यादा एक धोखा और होगा, यही न! इतने धोखे खाये, एक धोखा और सही। खोने को क्या है तुम्हारे पास? लुट तो गये हो। लुटे खड़े हो, सर्व हारा हो। चलो, यह आदमी और थोड़ा लूट लेगा, और क्या होगा? तुम्हारी लुटाई इतनी हुई है कि अब और थोड़े लुट गये तो क्या फर्क पड़ जायेगा? इसलिए हिम्मत करो।

इसलिए अगर कभी किसी के प्रेम में उतर रहे हो, कभी किसी की पुकार तुम्हें सुनाई पड़ती हो और कभी किसी के आस पास परमात्मा की किरण दिखाई पड़ती हो तो चूक मत जाना अवसर। खोने को क्या है? भ्रम और होगा इतना ही ना! चलो ठीक, एक भ्रम और सही। करोड़ों भ्रम में एक भ्रम जुड़ जायेगा तो क्या अड़चन होने वाली है? इतने कांटे गड़े, एक कांटा और गड़ जायेगा। इतने लोगों ने धोखा दिया, एक आदमी और धोखा दे जायेगा।

इसको मैं साहस कहता हूं। साहस का अर्थ है, एक बार और प्रयोग करें। साहस का अर्थ है, अतीत के अनुभव को ही सब कुछ न मान लें। संभव है, कुछ और हो, नया हो सकता है, इस बात का भरोसा ही श्रद्धा है। जो अब तक हुआ है वही सदा होता रहेगा ऐसा मान लेना तो फिर विषाद में घिर जाना है, निराश हो जाना है। सच, बहुत मार्गों पर तुम

गये, कोई मार्ग कहीं नहीं ले गया इससे कुछ घबड़ाने की बात नहीं है।

मैंने सुना है, अमरीका का प्रसिद्ध वैज्ञानिक एडीसन एक प्रयोग कर रहा था। सात सौ बार हार गया। रोज प्रयोग चलता सुबह से सांझ तक, और रोज हार होती। वह प्रयोग सफल होता न मालूम होता। सात सौ बार काफी होता है। कोई तीन साल बीत गये। चौथा साल बीतने लगा। उसके सहयोगी तो थक मरे। आखिर उसके सहयोगियों ने एक दिन इकट्ठा होकर कहा कि बहुत हो गया। कुछ और करना है कि जिंदगी भर इसी को करते रहना है? और यह कुछ होता दिखाई पड़ता नहीं। और आप से हम घबड़ा गये हैं क्योंकि आप रोज सुबह आ जाते हैं फिर उत्साह से भरे, फिर उमंग से भरे, फिर शुरू कर देते हैं। आप थकते ही नहीं। क्या जिंदगी भर यही करना है?

एडीसन ने कहा, अब रुकने की जरूरत है? सात सौ रास्ते हम देख चुके, गलत सिद्ध हो गये, अब ठीक रास्ता करीब ही आता होगा। आखिर कितने गलत होंगे? समझो कि हजार रास्ते हैं अगर कुल मिलाकर, तो सात सौ तो हमने जांच लिये, अब तीन तो ही बचे। जीत रोज करीब आ रही है पागलो, किसने तुमसे कहा कि हार हो रही है? जीत रोज आ रही है। हर हार जीत की तरफ एक कदम है। और यह तो ठीक ही है, एडीसन ने कहा कि ठीक रास्ता एक ही होगा। गलत नौ सौ निन्यानवें हो सकते हैं। ठीक तो एक ही होगा। तो नौ सौ निन्यानवे से गुजरना तो होगा ही। उसके बिना कोई उपाय नहीं है उस एक तक पहुंचने का।

हिम्मतवर आदमी का यह लक्षण है। उसकी आशा नहीं टूटती। उसका भरोसा नहीं खोता। वह कहता है इतने धोखे खा लिये, इतने आदमी जांच लिये, इतने प्रेम परख लिये, इतने संबंध टटोल लिये अब तो ठीक संबंध करीब आता ही होगा। अब कब तक दूरी रहेगी? अब घड़ी करीब आती ही होगी। इतने-इतने जन्मों तक भटके, अब और कब तक भटकना होगा? इसलिए अब ठीक के करीब आते हैं और हिम्मत करें, और साहस करें और उमंग और उत्साह।

खयाल रखना, इस संसार में और सब तो तुम्हारे विरोध में हैं, इसलिए उनके साथ अगर तुम सच खोलोगे तो अड़चन में पड़ोगे। वे तुम्हारा सब शोषण करेंगे। इस जगत में सब तुम्हारे प्रतिस्पर्धी हैं, सब तुम्हारे प्रतियोगी हैं। उन्हें तो तुम्हें कुछ का कुछ बताना पड़ेगा।

मैंने सुना है कि दो दलाल—शेयर मार्केट बंबई के दो दलाल—ट्रेन में मिले। पहले ने दूसरे से पूछा, कहां जा रहे हो? दूसरे ने कहा, पूना जा रहा हूं। पहले ने कहा, बनो मत। तुम मुझसे झूठ मत बोलो। मुझे पक्का

पता है कि तुम पूना जा रहे हो, तुम मुझसे झूठ मत बोलो। वह पहला बहुत हैरान हुआ। उसने कहा कि मैं ही तो कह रहा हूं कि पूना जा रहा हूं। वह दूसरा बोला, तुम मुझसे झूठ मत बोलो, मुझे पक्का पता है। मैं तुम्हारे ऑफिस से पता लगाकर आ रहा हूं कि तुम पूना ही जा रहे हो।

मतलब समझे आप ? वह यह कह रहा है। कि दलाल तो ऐसा झूठ बोलते हैं। 'पूना जा रहा हूं' मतलब तुम कहीं और जा रहे हो; तुम्हारा प्रयोजन यह है। पूना की कह रहे हो तो कहीं और जा रहे हो इतना पक्का। इगतपुरी जा रहे, कि कल्याण जा रहे, कि उल्हासनगर; मगर पूना नहीं जा रहे इतना तो पक्का है। इसलिए वह दूसरा कहता है कि तुम मुझसे झूठ मत बोलो कि पूना जा रहे हो, तुम पूना ही जा रहे हो।

ऐसी दुनिया है। यहां सब ऐसा ही चल रहा है। यहां बड़ी प्रतिस्पर्धा है।

मुल्ला नसरुद्दीन अपने एक मित्र को शिकार के किस्से बता रहा था। तब उसके मित्र ने पूछा, बड़े मियां, अगर आप जंगल में निहत्थे हो और शेर आपका पीछा करना शुरू कर दे तो आप क्या करेंगे ? मुल्ला ने उत्तर दिया, अगर वहीं कोई नदी पास में होगी तो उसमें कूद जाऊंगा। मित्र बोला, अगर शेर भी नदी में कूद जाये तो ? मुल्ला ने कहा, मैं नदी पार कर जाऊंगा। मित्र ने कहा, अगर शेर भी नदी पार कर जाये तो ? तब मैं पेड़ पर चढ़ जाऊंगा, मुल्ला ने कहा। मित्र ने फिर कहा, शेर भी अगर पेड़ पर चढ़ जाये तो ? अब की बार मुल्ला झुंझला गया और बोला कि यार, पहले यह तो बता दो कि तुम मेरी तरफ हो कि शेर की तरफ।

यही अड़चन है । यहां संसार में कोई तुम्हारी तरफ तो है नहीं। इसलिए सच बोलना खतरे से खाली भी नहीं है।

लेकिन सद्‌गुरु का तो अर्थ ही होता है कि यह आदमी तुम्हारी तरफ है। इससे तुम्हारा क्या विरोध हो सकता है ! यह तुम्हें किस भांति की हानि पहुंचा सकता है ? इससे तुम्हारी किसी भी तरह की प्रतिस्पर्धा की संभावना कहां है ? तुम्हारे पास जो हैं उसमें इसकी उत्सुकता नहीं है। तुम्हारी जो आकांक्षायें हैं वे इसकी आकांक्षायें नहीं हैं। अगर तुम धन पाने में लगे हो, यह ध्यान पाने में लगा है। अगर तुम पद पाने में लगे हो, यह परमात्मा पाने में लगा है।

और एक मजा कि अगर धन पाने में दो आदमी लगे हों तो दुश्मन हो ही जायेंगे, क्योंकि धन सीमित है। और अगर ध्यान पाने में दो आदमी नहीं, दो करोड़ आदमी लगे हों तो भी कोई दुश्मनी का कारण नहीं है।

क्योंकि ध्यान असीम है। अगर मुझे ध्यान उपलब्ध हो गया तो इसका यह अर्थ थोड़े ही है कि अब तुम्हारे लिये कुछ कम बचा दुनिया में। अब तुम क्या करोगे ? अगर कोई दो आदमी पद पाने लगे हों तो एक ही पा सकेगा, दोनों न पा सकेंगे। लेकिन कोई अगर परमात्मा को पाने में लगा हो किसी से कोई स्पर्धा ही नहीं है।

मैं परमात्मा को पा लूं इससे मैं तुम्हारा दुश्मन थोड़े ही हूं ! इससे कुछ परमात्मा तुम्हारे लिये कम थोड़े ही बचा ! कि अब तुम पाओगे तो थोड़ा तो पहले ही कोई ले जा चुका है, अब तुम को अधूरा ही मिलेगा। आश्चर्य की बात तो यही है कि अगर किसी एक व्यक्ति ने परमात्मा को पा लिया तो तुम्हारे पाने की संभावना बढ़ गयी। घटी नहीं, बढ़ गयी। और अगर किसी एक व्यक्ति ने पद पा लिया तो तुम्हारे पाने की संभावना समाप्त हो गयी। अब या तो मोरारजी बैठ जायें या इंदिरा बैठ जाये। एक ही बैठ सकते हैं। दूसरा या तो जेल में होगा या जेल के बाहर, जेल से भी बदतर हालत में होगा। जहां पद का संघर्ष है, वहां तो स्पर्धा है; वहां तो दुश्मनी है, वहां मैत्री कैसी ?

तो राजनीतिज्ञ मित्र हो ही नहीं सकते। मित्र जो दिखाई पड़ते हैं, वे भी मित्र नहीं होते। जो एक ही पार्टी में होते हैं, वे भी मित्र नहीं होते। कैसे हो सकते हैं ? मित्रता सब दिखावा, ऊपर-ऊपर है, धोखा है। मित्रता सब औपचारिक है। भीतर दुश्मनी चल रही है। भीतर एक-दूसरे को काटने के सब उपाय चल रहे हैं।

राजनीति में मित्रता होती ही नहीं, धर्म में शत्रुता नहीं होती। हो कैसे सकती है ? अगर मुझे कुछ मिल गया है, तो इससे तुम्हारे मिलने की संभावना कम नहीं हुई, बढ़ गयी। अगर आदमी को मिल सकता है, तो तुम्हें भी मिल सकता है यह भरोसा आ सकता है। अगर तुम जैसे ही हड्डी-मांस-मज्जा के आदमी को मिल सकता है तो तुम्हें क्यों नहीं मिल सकता ? तुम्हारी हिम्मत जगेगी। तुम अपने खोये उत्साह को पुन: पा लोगे। तुम्हारा आत्म-विश्वास पैदा होगा।

सद्गुरु का अर्थ है, उसने कुछ ऐसे जगत में पाया है जहां प्रतिस्पर्धा होती ही नहीं। उसने ध्यान पाया, समाधि पायी, परमात्मा पाया, धर्म पाया। एक तो तुम्हारी आकांक्षा नहीं है इन बातों की, अगर तुम्हारी आकांक्षा है तो भी कोई स्पर्धा नहीं है। तुम सद्गुरु के सामने सब खोलकर रख सकते हो। तुम्हें अपने ताश के पत्ते छिपाने की जरूरत नहीं है; ट्रम्प कार्ड भी छिपाने की जरूरत नहीं है। तुम सारे पत्ते खोलकर रख सकते हो। अच्छा यही होगा कि तुम सारे पत्ते खोल दो तो सद्गुरु तुम्हें ठीक-ठीक से

रास्ते पर ले चले। तुम्हारा हाथ पकड़ ले। तुम्हारे सारे पत्ते खोलकर रख देने में ही तुमने अपना हाथ सद्‌गुरु के हाथ में रख दिया। उसके पहले तुम रखोगे नहीं। उसके पहले तुम मुट्ठी बांधे हुए हो। कुछ छिपाये हुए हो। बचाना है, ज्यादा करीब न आओगे, जरा दूर-दूर रहोगे, दीवाल रखोगे, ओट रखोगे, परदा रखोगे, क्योंकि कहीं सब बात खुल न जाये। सब बात खोल ही दो, ताकि बचाने को कुछ न रहे। जब बचाने को कुछ न रहेगा। कुछ राज़ न रहेगा, कुछ रहस्य न रहेगा, तो फिर किस लिए ओट करोगे? फिर किस लिये परदे डालोगे? फिर सब ओट मिट जायेगी। और जहां ओट मिटती है वहीं क्रांति घटती है।

तीसरा प्रश्न : राम राम करत काही राम ऐसे मिलत नाहीं,
राम सदा कहत जायी, राम सदा बहत जायी,
कहत पकड़ो राम नाहीं, चलत पकड़ो राम नाहीं,
राम सदा विराजत मांही सब दिशत राम सही,

सुंदर वचन हैं। लेकिन इनको प्रश्न क्यों बनाया? इनमें उत्तर है। सीधे सरल वचन हैं। इनकी व्याख्या की भी जरूरत नहीं है। इससे सीधा, सरल और क्या होगा?

राम-राम कहत काही? राम-राम किस लिये कहते हो? कहने की बात नहीं है राम। हृदय में संभालने की बात है राम। कहना किसको है? पुकारना किसको है? चीखना-चिल्लाना किसको है। राम कहीं दूर थोड़े ही है!

कबीर कहते हैं, क्या बहरा हुआ खुदा? क्या तेरा खुदा इतना बहरा हो गया है, जो इतने ऊंचे मीनार पर चढ़कर चिल्ला रहा है? राम शब्द को भी दोहराने की क्या जरूरत है? भाव को गहो। भाव को संभालो हृदय में। जैसे गर्भिणी स्त्री अपने बच्चों को संभालती है गर्भ में, ऐसे राम के भाव को संभालो।

राम राम कहत काही, राम ऐसे मिलत नाहीं

ऐसे बोलने से, राम-राम दोहराने से, राम-राम की चदरिया ओढ़ने से राम मिलते होते तो बड़ा सस्ता हो जाता। फिर तो तोतों को भी मिल जाते।

राम सदा कहत जायी…सुंदर वचन हैं कि तुमने कहा राम कि गये राम, हाथ से चूके। कहे कि चूके। यह शब्द की बात नहीं है, निःशब्द में संभालना है। शून्य में, मौन में पकड़ना है। शब्द बना कि तुम राम से दूर हो गये। शब्द बना कि मन बन गया। जहां मन आया, राम दूर हो गये।

जहां मन नहीं होता वहां राम विराजमान है। राम कोई नाम थोड़े ही है ! यह तो प्रतीक है नाम। भाव की बात है।

इसीलिए तो कहते हैं वाल्मीकि मरा-मरा जपते-जपते भी राम को पा गया। भाव की बात है। गंवार थे पढ़े-लिखे न थे। गुरु तो कह गया कि राम-राम जपना; भूल गये। सीधे-सादे आदमी थे। इसलिए कभी-कभी गंवार पहुंच जाते हैं मगर पंडित कभी पहुंचे हों ऐसा सुना नहीं। पंडित बिलकुल शुद्धोच्चारण करता है। व्याकरण, भाषा, सबका आयोजन रखता है। मगर यह कोई शुद्धोच्चारण की बात थोड़े ही है ! यह कोई भाषा की बात थोड़े ही है, भाव की बात है।

भूल गये। राम-राम कहते-कहते-कहते— जल्दी-जल्दी दोहरा रहे होगे —'राम-राम-राम-राम, वह मरा-मरा हो गया। तो वे उसी को दोहराते रहे। उसी को दोहराते दोहराते पा गये। जब गुरु वापिस आया और देखा कि वाल्या तो वाल्मीकि हो गया है, अपूर्व शांति में विराजा है। आनंद झर रहा है, अमृत बरस रहा है। तो गुरु ने पूछा, मिल गया ? राम-राम जपते-जपते मिला ? तब कहीं वाल्या को याद आया। उसने कहा, अरे बड़ी भूल हो गयी। राम-राम कहा था। मैं तो मरा-मरा जपता रहा। मगर मिल गया।

तो न तो राम जपने की बात है, न राम शब्द से कुछ लेने-देने की बात है।

यहां पुष्पा बैठी हैं। वह यहां नाद का प्रयोग करती है। एक छोटा सा संन्यासियों का समुदाय उनके पास बैठकर नाद का प्रयोग करता है, नाद में डूबता है। पुष्पा होलेन्ड से आयी है, संस्कृत जानती नहीं। तो कुछ संस्कृत की भूल-चूक हो जाती होगी।

फिर यहां तो संस्कृत जाननेवाले भी आ जाते हैं। आना तो नहीं चाहिये मगर आ जाते हैं। तो किसी संस्कृत जाननेवाले ने ऐतराज उठाया होगा, पुष्पा को समझाया-बुझाया कि इस तरह नहीं, ठीक-ठीक उच्चारण होना चाहिये। नाद का ठीक स्वर होना चाहिये, ठीक व्याकरण होना चाहिये। तो बेचारी पुष्पा बात में पड़ गयी।

जब यह हमेशा अपने समूह को लेकर आती थी तो परम आनंद की घटना घटती थी। वे खूब गहरे डूबते थे। इस बार जब आई मेरे पास और उनके समूह ने जब नाद का उच्चारण किया तो उच्चारण तो सही था, बाकी सब खो गया। व्याकरण बिलकुल ठीक हो गयी, मगर न भाव था, न रस था, न डुबकी थी। डर दूसरा लगा था। डर यह लगा था कि कहीं

कोई भाषा की भूल-चूक न हो जाये ! तो गौण तो पकड़ में आ गया, मूल खो गया।

मैंने उससे बुलाकर पूछा कि तू जरूर किसी संस्कृत जानने वाले के चक्कर में आ गयी। उसने कहा कि हां, कुछ गलती हुई ? मैंने कहा, सब गड़बड़ हो गया, गलती नहीं हुई। यह ऐसे ही हुआ, जैसे कि वाल्या मरा-मरा जप रहा था, वह तोसं योग की बात है, प्रभु ने बड़ी कृपा की कि कोई पंडित नहीं भेजा इस वक्त, नहीं तो वाल्मीकि अभी तक भटकते। पहुंचते ही नहीं। कोई पंडित आकर ठीक कर देता कि यह क्या कर रहे हो— मरा-मरा ? राम-राम कहो। और याद रखना, इस तरह की भूल-चूक न हो। तो फिर डर पैदा हो जाता है। और डर में कहां प्रेम ! जहां भय आया, संकोच आ गया सिकुड़ गया आदमी ! फिर वह पूरे वक्त खयाल रखते हैं कि कहीं मरा तो नहीं हो रहा है। फिर तो नहीं हो रहा है मरा। बस चूक जाते। फिर लीनता ही न बनती, फिर तल्लीनता ही न तो पैदा होती।

तो मैंने उनसे कहा, भूल सब भाषा-व्याकरण। यहां कोई मैं भाषा-व्याकरण थोड़े ही सिखाने बैठा हूं। यहां असली की बात चल रही है, नकली की बात मत कर। भूल सब। कोई भी शब्द काम देगा। अपना ही नाम अगर दोहरा लो, तो भी हो जायेगा। यह प्रश्न ही शब्दों का नहीं है।

इसलिए कहते हैं, 'राम सदा कहत जायी' कहा कि चूके, कहा कि गया।

राम सदा बहत जायी।

और राम तो प्रवाह है। तुमने पकड़ने की कोशिश की कि चूका। मुट्ठी बांधी कि गया। राम के साथ बहो। यह प्रवाह है, जीवंत प्रवाह है। यह कोई मुर्दा चीज नहीं है कि बांध ली गांठ और रख ली संभालकर पोटली में। यह कोई हीरा नहीं है, यह नदी है, बहती हुई है, यह सरित्-प्रवाह है।

···राम सदा बहत जायी<br>
कहत पकड़ो राम नाहीं

और तुमने कहकर पकड़ लिया राम—चूके। राम बह रहा है, तुम भी उसके साथ बहो। बहो धारा के साथ। यही समर्पण का अर्थ है।

चलत पकड़ो राम नाहीं, राम सदा बिराजत माहीं

और राम तुम्हारे भीतर बैठा है, बुला किस को रहे हो ? बुला कौन रहा है ? जो बुला रहा है वही राम है। अब राम से ही राम-राम कहलवा रहे हो। काहे को कष्ट दे रहे हो ? राम से राम-राम कहलवा के क्या सार होगा ? जो भीतर पुकार रहा है उसमें ही डुबकी ले लो।

सब दिशत राम सही

जब भीतर राम दिखने लगेगा तो तुम पाओगे, सब दिशाओं में राम है।

चौथा प्रश्न : आपने कल महमंद गझनी और उसके गुलाम के प्रेम की कहानी कही, लेकिन मुझे एक सत्य घटना मालूम है, जिसमें गुरु ने शिष्य के प्रति ऐसा भाव प्रगट किया। आप अपनी अमृतसर की एक यात्रा में लगातार तीन दिनों तक कड़ुवा रस पीते रहे और शिष्य को इसकी खबर नहीं होने दी। इसे समझाने की अनुकम्पा करें।

पूछा है चमनलाल भारती ने। उन्हीं के घर की बात है, इसलिए वे ठीक ही कहते हैं। सब ही है बात। लेकिन इतने प्रेम से पिला रहे थे'''। मैं बहुत घरों में रुका हूं। पत्नियां तो मुझे बहुत अनेक घरों में मिलीं जिन्होंने बड़े प्रेम से सेवा की, लेकिन जहां तक पतियों का संबंध है, चमनलाल अनूठे हैं। खुद ही सारी देखभाल करते। रात बारह बजे मुझे विदा करके फिर सुबह का इन्तजाम करने में लग जाते। चार बजे उठकर फिर सुबह का इन्तजाम। रस भी खुद लाते, पानी भी खुद लाते, भोजन भी खुद लाते।

इतने प्रेम से सेवा कर रहे थे कि कड़ुवे रस की बात उठानी ठीक नहीं थी। और उनका क्या कसूर था? कुछ कड़ुवे फल आ गये होंगे। इतना प्रेम डाला था कुछ कड़ुवे फल आ गये होंगे। इतना प्रेम डाला था उसमें कि वह कड़ूवाहट कड़ुवाहट नहीं रही थी। जीभ तो जानती थी कि कड़ुवा रस है, लेकिन मैं तो कुछ और भी देख रहा था जो उसके साथ बह रहा है। वह इतना ज्यादा था कि उसने उस कड़ुवेपन को ढांक दिया था। कभी-कभी तो बेमन से कोई मीठा रस भी पिला दे तो कड़ुवा हो जाता है। और कभी कोई पूरे हृदय से कड़ुवा रस भी पिला दे मीठा हो जाता है। एक और भी मिठास है—प्रेम की।

आखिरी प्रश्न : संत दादू ने अपने शिष्यों की पीड़ा समझकर भविष्य-वाणी की थी कि सौ साल बाद एक संत प्रगट होगा। वही पीड़ा मेरे समेत आपके सभी शिष्यों में मौजूद है। लगता है कि आपकी अनुपस्थिति हमें अनाथ बना देगी। हमारे अन्दर भी यही गहरी आकांक्षा जगती है कि हमें कोई सौ साल बाद संभालने वाला हो। कृपा कर प्रकाश डालें।

पहली तो बात, मेरे रहते तुम सनाथ क्यों नहीं हो जाते हो? तुम्हारे इरादे अनाथ रहने के ही हैं? मैं तैयार हूं तुम्हें सनाथ करने को, और तुम

कह रहे हो कि जब आप चले जायेंगे। अगर तुम एक बार सनाथ हो गये तो सनाथ हो गये; फिर अनाथ नहीं होते। अनाथ वे ही हो जायेंगे मेरे जाने के बाद, जो मेरे होते हुए भी अनाथ थे। इसे खूब खयाल में ले लेना।

अगर मुझसे संबंध जुड़ गया तो परम से संबंध जुड़ गया। वही नाथ है। उसके बिना तो अनाथ ही रहोगे। और अगर मुझे चूक गये तो सौ साल बाद अगर कोई आ भी जाये तो उसको भी चूक जाओगे। सौ साल में चूकने की आदत और मजबूत हो जायेगी। सौ साल अभ्यास कर लोगे न चूकने का! सौ साल के बाद की फिकर कर रहे हो। मैं अभी मौजूद हूं, दरवाजा अभी खुला है। तुम कहते हो, जब दरवाजा बन्द हो जायेगा, सौ साल बाद कोई दरवाजा खुलेगा कि नहीं? अभी दरवाजा खुला है। तुम्हें सौ साल के बाद ही प्रवेश करना है? सौ साल और संसार में रहना है? अभी थके नहीं? अभी ऊबे नहीं?

जो अभी हो सकता है उसे कल पर मत टालो। और अगर अभी न कर सके तो कल कैसे कर सकोगे? करना है तो इस क्षण हो सकता है।

इसलिए मैं सौ साल के बाद की कोई भविष्यवाणी न करूंगा। मैं भविष्य की तरफ तुम्हें उन्मुख ही नहीं करना चाहता। वर्तमान मेरे लिए सब कुछ है, यही क्षण सब कुछ है। कल न तो आता है, न कभी आयेगा, न कभी आया है। कल की आशा ही ससार है। आज में प्रवेश कर जाना ही धर्म है। धर्म बिलकुल नगद बात है। उधारी की बातें करो।

मैंने सुना, मुल्ला नसरुद्दीन एक दुकान पर गया। देखा कि दुकानदार एक तख्ती लगा रहा है। तो मुल्ला ने पूछा कि बडी प्यारी तख्ती है। उसने कहा, पढ़ो भी तो क्या लिखा है! वह मुल्ला जैसे आदमियों के लिए ही तख्ती लगा रहा था, तख्ती पर लिखा था 'आज नगद कल उधार'। मुल्ला थोड़ी देर चुप बैठा रहा, फिर बोला, अच्छा भाई चलते हैं। तो दुकानदार ने कहा, कैसे आये, कैसे चले? उसने कहा कि अब जैसे आये थे···यह तख्ती देखकर जा रहे हैं। अब कल आयेंगे। 'आज नगद कल उधार'—तो जिस हिसाब से आये थे, अब वह तो आज चलेगा नहीं। कल आयेंगे। उधार लेने आये थे।

मगर कल फिर आज की तरह आयेगा न! कल जब आओगे, फिर तख्ती पर लिखा होगा : आज नगद कल उधार।

ऐसी जिंदगी तख्ती है, जिस पर लगा है : आज नगद कल उधार। तुम कल के लिए प्रतीक्षा कर रहे हो, कल कभी आता है? आज ही आता है। जो आता है वह आज है। द्वार खुला है। हिम्मत हो, प्रवेश कर जाओ। क्या हिसाब रख रहे हो? सौ साल बाद जब जो होगा, होगा। अगर

हिम्मत होगी तो उस दिन भी दरवाजे मिल जायेंगे। हिम्मतवर को सदा दरवाजा है। अगर हिम्मत न होगी, तो कायर को कभी भी दरवाजा नहीं है। दरवाजे कभी समाप्त नहीं होते। कहीं न कहीं दरवाजा बन्द होता है, कहीं न कहीं दरवाजा खुल जाता है। ऐसा तो कभी नहीं होता कि परमात्मा तक पहुंचने का कोई उपाय न हो। सदा उपाय है। परमात्मा किसी न किसी रूप में, किसी न द्वार से तुम्हें पुकारता ही रहता है। तुममें भर हिम्मत होनी चाहिए।

अब तुम कह रहे हो कि सौ साल बाद आपकी अनुपस्थिति हमें अनाथ बना देगी। मेरी उपस्थिति तुम्हें सनाथ बना रही है ? अगर मेरी उपस्थिति तुम्हें सनाथ बना रही है तो अनाथ होने का फिर कोई उपाय नहीं रहा। बात ही खतम हो गई फिर तुम अनाथ कभी नहीं हो सकोगे। यह नाता कोई दिन-दो दिन का नहीं है। यह नाता चिर शाश्वत है। जो तुम्हें चाहिए वह मैं तुम्हें देने को तैयार हूं, तुम भर लेने को तैयार हो जाओ। तुम भर अपना हृदय खोला।

मैथिली में एक लोककथा है। गोनू झा का नाम बिहार में खूब प्रचलित है। मुल्ला नसरुद्दीन जैसा आदमी रहा होगा गोनू झा। गोनू झा मेले से सुन्दर बछड़ा लेकर अपने गांव लौट रहे थे। अभी वे गांव की सीमा में प्रवेश ही कर रहे थे। कि एक चरवाहे ने पूछा कि पंडित जी, बछड़ा तो बहुत सुन्दर है, कितने में मोल लिया ? 'पचहत्तर रुपये में', गोनू झा ने उत्साह से उत्तर दिया और आगे बढ़े। वे गांव में प्रवेश कर चुके थे कि पाठशाला में जाता हुआ एक छात्र पूछ बैठा 'बाबा, बछड़ा तो बहुत सुन्दर है, कितने में मोल लिया ?' 'पचहत्तर रुपये में', गोनू झा ने झल्लाकर कहा। आगे गांव का कुआं था जिस पर एक पनिहारिन पानी भर रही थी। पनिहारिन भी पूछ बैठी, 'पंडित जी, महाराज, बछड़ा तो बहुत सुन्दर है ...' और अभी वह इतना ही कह पायी थी कि गोनू झा बछड़े को वहीं छोड़कर झप से कुएं में कूद पड़े।

पनिहारिन के शोर मचाते ही बात की बात में समूचा गांव इकट्ठा हो गया और एक रस्सी डालकर गोनू झा को किसी तरह निकाला गया। बाहर निकालते ही गोनू झा जोर से चिल्लाये, 'पचहत्तर रुपये।'

'क्यों गोनू, दिमाग तो ठिकाने है ?' एक अत्यन्त वृद्ध व्यक्ति ने पूछा।

'बिलकुल होश में हूं।'

'तो यह क्या बक रहे हो ? पचहत्तर रुपये और कुएं में कूदने से क्या लेना-देना ? और कुएं में कूदे ही क्यों थे ?'

'ताकि सभी गांव वालों के प्रश्न का एक ही बार में उत्तर देकर छुट्टी

पा लूं अब एक-एक आदमी को अलग-अलग उत्तर देते फिरना, और गांव भर पूछेगा कि बाबा, बछड़ा बड़ा सुन्दर है। 'पचहत्तर रुपये पचहत्तर रुपये' तो गोनू झा ने ठीक उपाय किया, कूद पड़े कुएं में। सारा गांव अपने आप इकट्ठा हो गया, एक दफा पचहत्तर रुपया छुटकारा पा लिया।

जो प्रश्न तुमने पूछा है, वह प्रश्न औरों के मन में भी हो सकता है। वह प्रश्न किसी एक का नहीं है। वह मैं बहुतों की आंखों में देखता हूं। अलग-अलग उत्तर देने की जरूरत नहीं है। मैं इकट्ठा ही कह देता हूं: पचहत्तर रुपये!

दरवाजा खुला है। आज नगद है और कल उधार हो जायेगा। नगद को स्वीकार कर लो। हिम्मत करो। चुनौती लो। अपने को खोओगे तो ही सनाथ हो सकोगे।

स्वयं मिटे बिना कोई सनाथ नहीं होता। क्योंकि जब अहंकार मिटता है तब परमात्मा प्रवेश करता है।

आज इतना ही।

पंडित ग्यानी बहु मिले बेद ग्यान परबीन।
दरिया ऐसा न मिला रामनाम लवलीन।।
वक्ता श्रोता बहु मिले करते खैंचातान।
दरिया ऐसा न मिला जो सन्मुख झेले बान।।
दरिया सांचा सूरमा सहै सब्द की चोट।
लागत ही भाजै भरम निकस जाय सब खोट।।
सबहि कटक सूरा नहीं कटक माँहि कोई सूर।
दरिया पड़े पतंग ज्यों जब बाजे रन तूर।।
भया उजाला गैब का दौड़े देख पतंग।
दरिया आपा मेटकर मिले अगिन के रंग।।
दरिया प्रेमी आत्मा रामनाम धन पाया।
निर्धन था धनवंत हुआ भूला घर आया।।
सूर न जाने कायरी सूरातन से हेत।।
पुरजा-पुरजा हो पड़े तऊ न छांड़े खेत।।
दरिया सो सूरा नहीं जिन देह करी चकचूर।
मन को जीत खड़ा रहे मैं बलिहारी सूर।।

# 3. सूर न जाने कायरी

13 अगस्त 1977; श्री रजनीश आश्रम, पूना

ज्ञान और ज्ञान में बड़ा भेद है—आकाश-पाताल का। एक ज्ञान है जो स्वयं का है, एक ज्ञान है जो स्वयं का नहीं है। जो स्वयं का नहीं है जो स्वयं का नहीं है वह केवल अज्ञान को ढांकने का उपाय है। जो स्वयं का है उससे ही मिटता है भीतर का अंधियारा।

उधार ज्ञान बुझा हुआ दिया है। शायद बुझा दिया भी नहीं, दिये की तस्वीर है। दिये की तस्वीर से अंधेरा नहीं मिटता; सत्य की तस्वीर से भी नहीं मिटता है। उधार ज्ञान मात्र स्मृति है, बोध नहीं। तुम जागे नहीं, नींद में पड़े हो। स्वप्न में ही तुमने दूसरों की आवाजें सुन लीं और संग्रहीत कर ली हैं। किसी ने कहा ईश्वर है, और तुमने मान लिया। ईश्वर है इसलिए नहीं, किसी भय के कारण, किसी प्रलोभन के कारण।

दुनिया में तीन तरह के धार्मिक लोग हैं। एक वे जो भय के कारण धार्मिक हैं। डरे हैं। कहीं कुछ भूल-चूक न हो जाये। कहीं नर्क में न पड़ना पड़े। कहीं कोई पाप न हो जाये।

एक वे, जो लोभ के कारण धार्मिक हैं—स्वर्ग मिले, सुख मिले, भविष्य सुन्दर हो। यहां तो बहुत पीड़ा उठा ली है, आगे न उठानी पड़े।

मगर ये दोनों ही धार्मिक नहीं हैं। धार्मिक व्यक्ति लोभी होगा, भयभीत होगा तो धार्मिक कैसे होगा? धार्मिक होने की तो अनिवार्य शर्त है कि लोभ और भय विदा हो जाये।

मैंने सुना है, राजा भोज के दरबार में बड़े पंडित थे, बड़े ज्ञानी थे। और कभी-कभी राजा भोज उनकी परीक्षा लिया करता था। एक दिन वह अपना तोता राजमहल से ले आया दरबार में। बस तोता एक ही रट लगाता था, एक ही बात दोहराता था बार-बार: 'बस एक ही भूल है, बस एक ही भूल है, बस एक ही भूल है।' राजा ने अपने दरबारियों से पूछा, यह कौन सी भूल की बात कर रहा है तोता? पंडित बड़े थे, मुश्किल में पड़ गये। और राजा ने कहा, अगर ठीक जवाब न दिया तो फांसी। ठीक जवाब दिया तो लाखों का पुरस्कार और सम्मान। अटकलबाजी भी नहीं

चल सकती थी, खतरनाक मामला था। ठीक जवाब क्या हो? तोते से पूछा भी नहीं जा सकता। तोता कुछ और जानता भी नहीं। तोता इतना ही कहता है— तुम लाख पूछो, वह इतना ही कहता है : बस एक ही भूल है।

सोच-विचार में पड़ गये पंडित। उन्होंने मोहलत मांगी, खोज-बीन में निकल गये। जो राजा का सब से बड़ा पंडित था दरबार में, वह भी घूमने लगा कि कहीं कोई ज्ञानी मिल जाये। अब तो ज्ञानी से पूछे बिना न चलेगा। शास्त्रों में देखने से अब कुछ अर्थ नहीं है। अनुमान से भी अब काम नहीं होगा। जहां जीवन खतरे में पड़ा हो, वहां अनुमान से काम नहीं चलता। तर्क इत्यादि भी काम नहीं देंगे। तोते से कुछ राज निकलवाया नहीं जा सकता। तो पुराने जितने हथकंडे थे, सब फिजूल हो गये। वह अनेकों के पास गया लेकिन कहीं कोई जवाब न दे सका कि तोते के प्रश्न का उत्तर क्या होगा।

बड़ा उदास लौटता था राजमहल की तरफ, कि एक चरवाहा मिल गया। उसने पूछा पंडित जी, बहुत उदास हैं? जैसे पहाड़ टूट पड़ा आपके ऊपर, कि मौत आने वाली हो, इतने उदास! बात क्या है? तो उसने अपनी अड़चन कही, दुविधा कही। उस चरवाहे ने कहा फिकर न करें, मैं हल कर दूंगा। मुझे पता है। लेकिन एक ही उलझन है। मैं चल तो सकता हूं लेकिन मैं बहुत दुर्बल हूं। और मेरा यह जो कुत्ता है इसको मैं अपने कंधे पर रखकर नहीं ले जा सकता। और इसको पीछे भी नहीं छोड़ सकता हूं। इससे मेरा बड़ा लगाव है। पंडित ने कहा तुम फिकर छोड़ो। मैं इसे कंधे पर रख लेता हूं।

उन ब्राह्मण महाराज ने कुत्ते को कंधे पर रख लिया। दोनों राजमहल में पहुंचे। तोते ने वही रट लगाई—एक ही भूल है, बस एक ही भूल है। चरवाहा हंसा उसने कहा महाराज, देखें भूल यह खड़ी है। वह पंडित कुत्ते को कंधे पर लिए खड़ा था। भूल यह खड़ी है। राजा ने कहा, मैं समझा नहीं। उसने कहा कि शास्त्रों में लिखा है कि कुत्ते को पंडित छुए तो स्नान करे। और आपका महापंडित कुत्ते को कंधे पर लिए खड़ा है। लोभ जो न करवाये सो थोड़ा है। बस, एक ही भूल है—लोभ।

और भय लोभ का ही दूसरा हिस्सा है, नकारात्मक हिस्सा। यह एक ही सिक्के के दो पहलू हैं—एक तरफ भय, एक तरफ लोभ।

ये दोनों बहुत अलग-अलग नहीं हैं। इसलिए जो भय से धार्मिक है, डरा है दण्ड से, वह धार्मिक नहीं है। और जो लोभ से धार्मिक है, जो लोलुप हो रहा है, वासनाग्रस्त है स्वर्ग से, वह धार्मिक नहीं है।

फिर धार्मिक कौन है ? धार्मिक वही है जिसके पास न लोभ है, न भय । जिसे कोई चीज लुभाती नहीं और कोई चीज डरायेगी भी नहीं । जो भय और प्रलोभन के पार उठा है वही सत्य को देखने में समर्थ हो पाता है ।

सत्य को देखने के लिए लोभ और भय से मुक्ति चाहिए । सत्य की पहली शर्त है अभय । क्योंकि जहां तक भय तुम्हें डांवाडोल कर रहा है वहां तक तुम्हारा चित्त ठहरेगा ही नहीं । भय कंपाता है, भय के कारण कंपन होता है । तुम्हारी भीतर की ज्योति कंपती रहती है । तुम्हारे भीतर हजार तरंगें उठती हैं लोभ की, भय की ।

चीन में एक सम्राट हुआ । वह अपने महल के ऊपर ऊपर खड़ा है छत पर; और उसने देखा सागर में बहुत सी नौकायें चल रही हैं, हजारों नौकायें । उसने अपने बूढ़े वजीर से कहा देखते हैं, हजारों नौकायें चल रही हैं । उस बूढ़ें वजीर ने कहा मालिक, हजारों नहीं हैं, नौकायें तो दो ही हैं । उस सम्राट ने कहा, दो ? तो क्या मैं अन्धा हूं ? मुझे इतनी हजारों नौकायें दिखाई पड़ती हैं, तुम्हें दो ही दिखाई पड़ती हैं ?

उस वजीर ने कहा, आपकी आंखें मुझसे बेहतर, लेकिन आपकी दृष्टि मुझसे बेहतर नहीं है । आप जवान हैं, आप दूर तक देख सकते हैं । मैं बूढ़ा आदमी मुझे साफ-साफ दिखाई भी नहीं पड़ता । लेकिन जिंदगी भर के अनुभव से कहता हूं कि दुनिया में दो नौकायें हैं । कुछ लोग भय की नौका में सवार हैं, कुछ लोभ की नौका में सवार हैं । और तो सब बातें हैं ।

उस बूढ़े ने बड़े काम की बात कह दी । लेकिन जो भय की नौका में सवार है या लोभ की नौका में सवार है, ये दोनों ही धर्म के तट तक नहीं पहुंचेंगे । ये तो बहुत सांसारिक वृत्तियां हैं । इनसे ज्यादा तो और कोई सांसारिक वृत्ति होती नहीं । फिर सारे उपद्रव तो इन्हीं से पैदा होते हैं । लोभ अगर है तो काम भी रहेगा । लोभ अगर है तो क्रोध भी रहेगा । क्योंकि जहां लोभ में बाधा पड़ेगी वहीं क्रोध उठ आयेगा । और जहां लोभ है वहां काम कैसे जायेगा । इसलिए जिन्होंने स्वर्ग की कल्पनायें की हैं, वहां भी कामवासना का खूब इन्तजाम कर रखा है । शराब के चश्मे बह रहे हैं, सुन्दर अप्सरायें नाच रही हैं । सब तरह का आयोजन कर रखा है । वही लोभ, वही काम, जो यहां टटोलता था अंधेरे में, वही स्वर्ग को भी बना रहा है ।

जहां भय है वहां कभी प्रेम का जन्म नहीं होता । भय से तो घृणा पैदा होती है । भय से तो शत्रुता पैदा होती है; मैत्री पैदा नहीं होती । तो जो आदमी भयभीत होकर परमात्मा की तरफ आंखें उठा रहा है, हृदय में तो

दुश्मन रहेगा। उसकी परमात्मा से मैत्री नहीं हो सकती। तुम उसको कैसे प्रेम करोगे जिससे तुम भयभीत हो ? तुम उससे घृणा कर सकते हो। घृणा ही कर सकते हो। हां, ऊपर से चाहो तो प्रेम दिखा सकते हो क्योंकि वह बलशाली है। नौकर मालिक के आसपास जो पूंछ हिलाता है, वह कुछ आत्मा से नहीं हिलती। आत्मा तो सिर्फ एक ही मांग करता है कि मौका मिल जाये तो गरदन काट दें।

मैंने सुना है, एक सिपाही बढ़ते-बढ़ते कप्तान हो गया। जब वह कप्तान हो गया तो दो सिपाही उसके आसपास चलते थे। लेकिन वह दोनों सिपाही बड़े हैरान थे। जब भी कोई दूसरा सिपाही और सैकड़ों सिपाहियों से मिलना होता दिनभर के आवागमन में—जब भी कोई सिपाही खड़े होकर सलामी मारता, जोर से बूट की ठोकर करता, सलाम करता, तो सलाम तो करता था वह कप्तान, लेकिन धीरे से यह भी कहता : "वही तुम्हारे 'लिए भी'। वे सिपाही बड़े हैरान थे कि यह क्यों कहता है बार-बार— "वही तुम्हारे लिए भी"।

एक दिन उन्होंने पूछा कि मालिक और तो सब ठीक है लेकिन जब भी कोई आपको सलाम करता है, तो आप भीतर से यह क्यों कहते हैं धीरे से कि वही तुम्हारे लिए भी ?

उसने कहा, इसके पीछे राज़ है। मैं कभी सिपाही था। मुझे पता है कि जब सिपाही कप्तान को सलाम करता है तो भीतर गाली देता है। मैं जानता हूं। मैं सिपाही था। जब भीतर से—बाहर से सलाम करता है—भीतर से, अच्छी गालियां देता है। तो ऊपर से तो सलाम कर लेता हूं। भीतर से मुझे पता है कि भीतर असली में वह क्या कह रहा है। तो उसके भीतर के लिए मैं जवाब देता हूं कि वही तुम्हारे लिए भी। जो तुम मेरे लिए कह रहे हो भीतर से, वही मैं भी तुम्हारे लिए कह रहा हूं। वह उसके लिए उत्तर है। मुझे भीतरी बात का पता है।

यह आदमी ठीक कह रहा है। तुम जानते हो भली-भांति, जिनको तुमने भय के कारण नमस्कार किया है उसके लिए तुम्हारे हृदय में गालियों के अतिरिक्त और कुछ भी न होगा। और लोग कहते हैं, धार्मिक आदमी ईश्वर-भीरू होता है। यह बात असंभव है। दुनिया की सभी भाषाओं में इस तरह के शब्द हैं, ईश्वर-भीरू, गॉड फियरींग। ये बिलकुल अधार्मिक शब्द हैं। भीरू, भयभीत तो कैसे ईश्वर को प्रेम करेगा ? जिसका ईश्वर से प्रेम है वह ईश्वर से भयभीत नहीं है। ईश्वर से भयभीत हो अगर तो फिर अभय कहां होगा ? ईश्वर तक से भयभीत हो तो फिर इस जगत में कहां शरण पाओगे ? फिर कहां तुम्हारी प्रार्थना उठेगी ? फिर तो गालियां

ईश्वर के पास भी उठ रही हैं ।

महात्मा गांधी कहते थे, किसी से मत डरना लेकिन ईश्वर से डरना । और मैं कहता हूं सबसे डरना लेकिन ईश्वर से मत डरना । ईश्वर से अगर डरे तो फिर और कहां··· फिर निर्भय की वीणा कहां बजेगी ? फिर अभय के स्वर कहां उठेंगे ? फिर अभय की अर्चना कहां होगी ? फिर अभय की थाली कहां सजेगी ? फिर अभय की दीपमाला कहां जलेगी ?

ईश्वर के साथ भी अगर भय रहा तो फिर तो इस संसार में अभय कहीं भी नहीं हो सकता । ईश्वर कोई सांप-बिच्छु नहीं है कि तुम उससे भयभीत होओ । ईश्वर तुम्हारा अंतरतम है, तुम्हारे प्राणों का प्राण है । ईश्वर तुम्हारा शुद्धतम रूप है । उससे तुम आये हो, उसमें तुम हो, उसमें ही तुम जाओगे । जैसे लहर सागर से डरे, ऐसा पागलपन ही है ईश्वर से डरना । लहर और सागर से डरे ?

लेकिन जिनको हम पंडित कहते हैं, जिनको हम धार्मिक कहते हैं, तपस्वी कहते हैं, महात्मा कहते हैं, जांच कर लेना, दो नावों में सवार मिलेंगे—या तो भय की नाव, और या लोभ की नाव ।

फर्क भी साफ है कि भय की नाव में वे लोग सवार होते हैं, जो लोग जीवन में बुरा कर रहे हैं; क्योंकि वे घबड़ाए होते हैं । तो बुरे लोगों को तुम भय की नाव में सवार पाओगे । और जिनको तुम भले लोग कहते हो, जो पुण्य करते हैं, दान करते हैं, तप करते हैं, व्रत करते हैं, त्याग करते हैं, उपवास करते हैं, पूजा-प्रार्थना करते हैं, इनको तुम लोभ की नाव में सवार पाओगे । जो पाप करते हैं उनको तुम भय से कंपते हुए पाओगे । और जो पुण्य करते हैं उनको तुम लोभ से भरे हुए सराबोर पाओगे । मगर दोनों चूक जायेंगे । परमात्मा तक न तो लोभी पहुंचता है, न भीरू पहुंचता है । परमात्मा तक तो वही पहुंचता है जो लोभ और भय दोनों को छोड़ देता है । छोड़ते ही पहुंच जाता है । छोड़ते ही क्रान्ति घट जाती है ।

एक ज्ञान है, जो लोभ और भय से मुक्त होकर उपलब्ध होता है । एक ज्ञान है, जो केवल लोभ और भय का ही विस्तार है । वह जो दरिया कहते हैं, रंजी सास्तर ग्यान की, अंग रही लिपटाय । वह जो शास्त्र की धूल लगी थी सारे शरीर में, सारे अंग में, वह गुरु ने एक ही शब्द से गिरा दी ।

तुम हिन्दू क्यों हो ? तुम मुसलमान क्यों हो ? तुम ईसाई क्यों हो ? अपने कारण कि संयोगवशात् ? तुमने चुना है ? तुमने निर्णय लिया है ? या कि यह केवल मात्र संयोग की घटना थी कि तुम हिन्दू घर में पैदा हो गये हो तो हिन्दू हो; मुसलमान घर में पैदा हो गये तो मुसलमान हो । जो धूल तुम पर पड़ी उसी से तुम भर गये हो ।

गुरु के पास जाकर न तुम हिन्दू रह जाओगे, न मुसलमान, न ईसाई। रंजी सास्तर ग्यान की—वह सारे शास्त्र की ज्ञान की जो धूल है वह झाड़ देगा। वह तुम्हें नहलायेगा, वह तुम्हें धुलायेगा। वह तुम्हें ताजा करेगा। वह तुम्हें वही करेगा जैसे तुम हो। वह ऊपर की सब खोलें अलग कर देगा। तुम्हारे ऊपर जितने वस्त्र हैं, सब हटा देगा। तुम्हारे ऊपर बाहर के जितने आडम्बर कर रखे हैं, वह सब तोड़ देगा। इसलिए धार्मिक व्यक्ति को बड़ा साहसी होना चाहिए। तो भयभीत व्यक्ति तो कैसे इस यात्रा पर जायेगा? यह तो क्रान्ति की घटना है।

कोई देता है हरे दिल पर मुसलसल आवाज़
और फिर अपनी ही आवाज से घबराता है
अपने बदले हुए अन्दाज का एहसास नहीं
मेरे बहके हुए अन्दाज से घबराता है
साज उठाया है कि मौसम का तकाजा था यही
कांपता हाथ मगर साज से घबराता है
राज को है किसी हमराज की मुद्दत से तलाश
और दिल सोहबते हमराज से घबराता है
शौक यह है कि उड़े वह तो जमीन साथ उड़े
हौसला यह है कि परवाज से घबराता है
तेरी तकदीर में आशायेश अन्जाम नहीं
एक ही शोर से आकाश से घबराता है
कभी आगे, कभी पीछे, कोई रफ्तार है यह ?
हमको रफ्तार का आहंग बदलना होगा
जिहन के वास्ते सांचे तो ढालेगी हयात
जिहन को आप ही हर सांचे में ढलना होगा
यह भी जलना कोई जलना है कि शोला न धुआं
अब जला देंगे जमाने को जो जलना होगा
रास्ते घूम के सब जाते हैं मंजिल की तरफ
हम किसी रुख से चलें, साथ ही चलना होगा

हमारे जीवन की सबसे बड़ी पीड़ा यही है कि हम घबड़ाये हुए हैं। साज उठा लेते हैं तो हाथ कंपते हैं वीणा को छूते वक्त। डरते हैं, पता नहीं कैसा संगीत पैदा होगा। अपनी ही वीणा, अपने ही हाथ, अपना ही जीवन, और घबड़ाये हैं।

साज उठाया है कि मौसम का तकाजा था यही

वसंत आ गया था, फूल खिल गये थे, पक्षियों ने गीत गाये थे, सुबह

उठी थी नई-नई, घास पर शबनम थी और उठा लिया साज।

साज उठाया है कि मौसम का तकाजा था यही

चारों तरफ बसंत ने घेर लिया था तो उठा ली है वीणा हाथ में।

कांपता हाथ मगर मगर साज से घबराता है

लेकिन कांप रहा है हाथ। क्योंकि संगीत जो तुम पैदा करोगे, वह अज्ञात है। पता नहीं क्या पैदा होगा। इस साज को तुमने कभी छेड़ा नहीं। इस साज को तुमने कभी बजाया नहीं। यह तुम्हारी वीणा अनबजी पड़ी है।—तो पता नहीं क्या होगा !

तुम ज्ञात से बंधे हो। भयभीत आदमी ज्ञात से बंधा रहता है। जो उसने किया है उसी को दोहराता रहता है। जो उसने बार-बार किया है उसी में वह कुशल हो जाता है।

कई बार तो ऐसा होता है कि तुम अपने दुख को भी नहीं छोड़ते, क्योंकि उससे बहुत परिचित हो गये हो। छोड़ने में डर लगता है। पता नहीं फिर किससे मिलना हो जाये। यह दुख है, माना कि दुख है, मगर अपना है और पुराना है और जान-पहचान भी हो गई है। अब इससे राजी भी हो गये हैं। किसी तरह समायोजित भी हो गये हैं। नई झंझट कौन ले ?

तुम अपनी जिंदगी को बदलते नहीं। क्योंकि डर लगता है कि बदलकर नये रास्तों पर चलना होगा, नई पगडंडी बनानी होगी, अनजान रास्ते होंगे, जिनका नक्शा भी पास नहीं, जिन पर कभी चले भी नहीं। अंधेरी रातें होंगी। पता नहीं खो न जायें, भटक न जायें। इसलिए घूमते रहो अपनी ही चक्कर में कोल्हू के बैल की तरह।

राज को है किसी हमराज की मुद्दत से तलाश

किसी की तुम खोज कर रहे हो कि कोई हाथ मिल जाये जो तुम अपने हाथ में ले लो।

राज को है किसी हमराज की मुद्दत से तलाश

और दिल सोहबते हमराज से घबड़ाता है

और सत्संग से डर लगता है। क्योंकि सत्संग तुम्हें मिटायेगा। गुरु से मिलने का अर्थ है, अपनी मौत से मिलना—पुराने शास्त्रों ने कहा है, "आचार्यो मृत्युः"। आचार्य तो मृत्यु है। संभलकर जाना, सोचकर जाना, सब तरह से निर्णय लेकर जाना, क्योंकि फिर लौट न सकोगे। गुरु में गये तो गये; फिर लौटना नहीं है।

शौक यह है कि उड़े वह तो जमीन साथ उड़े

शौक तो हमारे बड़े हैं। दिल में तरंगें तो बहुत उठती हैं। सपने तो

हम बहुत लेते हैं। आंखें तो हमारी ख्वाबों से भरी हैं।

शौक यह है उड़े वह तो जमीन साथ उड़े
हौसला यह है कि परवाज से घबड़ाता है

और हौसला बिलकुल नहीं है। हिम्मत बिलकुल पस्त है। पंख खोलने में प्राण घबड़ाते हैं, क्योंकि पंख खोलने का मतलब है, अनंत आकाश। बैठे हैं अपने घोसले में। सब सुरक्षित है, सब सुविधा है। यह खुला आकाश, यह विराट आकाश, इसमें कहीं खो न जाएं। तो सब ने अपने घर बना लिये हैं।

इस घर बनाने की वृत्ति को ही मैं कहता हूं गृहस्थी। गृहस्थ का मतलब मेरे लिये यह नहीं है कि तुम्हारी पत्नी है और बच्चे हैं। पत्नी और बच्चों से क्या कोई घर बनता है? पत्नी और बच्चे से घर नहीं बनता है इसलिए पत्नी-बच्चों को छोड़कर संन्यासी भी नहीं हो सकते। पत्नी-बच्चों से घर ही नहीं बनता तो पत्नी बच्चों को छोड़कर कैसे संन्यासी हो जाओगे? घर बनता है सुरक्षा से, घर बनता है कमजोरी से। घर बनता है भय से। घर बनता है सदा सीमा के भीतर रहने से।

गृहस्थी का अर्थ होता है, जो आदमी कभी अपने घोसले के बाहर नहीं जाता, जो पंख ही नहीं मारता, नये से जो संबंध नहीं बनाता। हिंदू घर में पैदा हुआ तो हिंदू ही मर जायेगा। हिंदू घर में पैदा हो जाना तो अच्छा है लेकिन हिंदू घर में ही मर जाना दुर्भाग्य। मुसलमान पैदा हुआ तो मुसलमान घर में ही मर जायेगा। जैसा पैदा हुआ है उसी सीमा में घूमता कोल्हू के बैल की तरह वहीं समाप्त हो जायेगा। एक दिन वहीं गिर जायेगा। नये आकाश, नये आयाम, नई दिशायें पुकारती रहेंगी और तुम हौसला न करोगे।

शौक यह है कि उड़े वह तो जमीन साथ उड़े
हौसला यह है कि परवाज से घबड़ाता है

पंख खोलने में प्राण अटकते हैं जहां पंख खोलने की बात करो वहीं वह बचने की बात करने लगता है। वह कहता है घर बैठे-बैठे बात चले—राम की हो, कि रहीम की हो, मोक्ष निर्वाण की हो; सब सुनेंगे। सत्य-नारायण की कथा यहीं करवायेंगे। मगर कहीं जायेंगे नहीं। इंच भर बदलेंगे नहीं।

तेरी तकदीर में आशायेश अंजाम नहीं
एक ही शोर से, आकाश से घबड़ाता है,

अगर ऐसी बात है कि क्रांति से इतना डर है, कि क्रांति की आवाज से इतना डर है तो फिर तेरी किस्मत में सुख की कोई संभावना नहीं। फिर तू पक्का समझ ले कि फिर सुख तुझे मिलनेवाला नहीं है। फिर आनंद की

कभी वर्षा न होगी। अमृत कभी तेरे द्वार पर दस्तक़ न देगा। और परमात्मा से कभी तेरा मिलन न होगा।

तेरी तक़दीर में आशायेश अंजाम नहीं
एक ही शोर से आकाश से घबड़ाता है

अगर क्रांति की आवाज से घबड़ाता है, अगर इंकलाब से घबड़ाता है, अगर अपने को बदलने से ऐसा भयभीत है, कि जैसा हूं वैसा ही रहूंगा···।

सोचो, बच्चा मां के पेट में होता है और घबड़ा जाये, और मां के बाहर न आये तो क्या हो ? एक बात तो साफ है कि जब बच्चा नौ महीने के बाद मां के पेट से बाहर आता है तो उसे ऐसा ही लगता होगा कि मर रहा हूं। निश्चित ही लगता होगा कि मर रहा हूं। क्योंकि नौ महीने तक जो जिंदगी जानी, वह तो खतम हो रही है, वह तो समाप्त हो रही है। और नौ महीने तक कैसी मजेदार जिंदगी जानी, कैसे सुख की दुनिया देखी। न कोई चिंता थी, न कोई फिक्र थी, न कोई दायित्व था, न कोई झंझट थी। सोये थे क्षीरसागर में विष्णु बने।

तुम्हें पता है ना। मां से पेट में ठीक समुद्र के जल जैसा जल है। उसी जल में बच्चा तैरता है। मां के शरीर की गर्मी उस जल को गर्म रखती है। जैसे कभी गर्म टब में तुम बैठ जाते हो और सुख से डूब जाते हो, ऐसा बच्चा नौ महीने उस गर्म जल में तैरता है। वह क्षीरसागर है। कोई चिंता नहीं, कोई फिकर नहीं। न रोटी कमानी है, न घर बनाना है। श्वास तक अपनी लेने की फिकर नहीं है। मां ही श्वास लेती है, मां भोजन पचाती है, मां ही खून पहुंचाती है। सारा काम कोई कर रहा है। उसे उसका पता भी नहीं है। धन्यवाद भी देने की झंझट नहीं है। सब हो रहा है, अपने आप हो रहा है। परमात्मा सब कर रहा है। फिर एक दिन अचानक इस अपूर्व घर से उजड़ने की घड़ी आ जाती है। निकलना पड़ता है इस घोंसले के बाहर। तो बच्चा घबड़ाता है—घबड़ाता ही होगा।

मनोवैज्ञानिक कहते हैं कि जीवन की सबसे बड़ी पीड़ा जीवन के पहले दिन घटती है। फिर तो सब पीड़ायें छोटी हैं। उसको ट्रामा कहते हैं मनोवैज्ञानिक। वह इतना बड़ा घाव हो जाता है बच्चे को, अचानक उखड़ना पड़ता है। बस गये थे। और नौ महीने तुम थोड़ा मत समझना। तुम्हें थोड़े लगते हैं नौ महीने, बच्चे के लिये तो नौ महीने अनंत काल है। क्योंकि न तो घड़ी है, न केलेन्डर है। कोई जांच-पड़ताल तो है नहीं।

और एक बात और खयाल रखना, सुख की घड़ियां खूब लंबी होती हैं। अनंत काल मालूम पड़ता है। सुख ही सुख है। कहीं दुख की कोई किरण भी नहीं है। तो नौ महीने जैसे शाश्वत ! कोई शुरू नहीं, कोई अंत नहीं।

एक ही स्वर बजता रहता है । तो बच्चे के लिये नौ महीने नौ महीने नहीं हैं, वह तो अनंतकाल रह लिया ।

अब इस अनंतकाल रहने के बाद अचानक एक दिन उखड़ना पड़ रहा है सब छोड़ना पड़ रहा है । जिसे जीवन जाना था वह छूट रहा है, और कहां जाना होगा इसका कुछ पता नहीं है । तो बच्चा भी रुकने की कोशिश करता है । इसीसे पीड़ा होती है मां को । बच्चा रुकने की कोशिश करता है । बच्चा अपने को वहीं जमाये रखने की चेष्टा करता है, आना नहीं चाहता । जगत का उसे पता भी नहीं है लेकिन अगर न आये तो मरेगा । जिसको वह मृत्यु समझ रहा है वह एक नये जीवन की शुरुआत है । और अगर वह जिद करके वहीं रुक जाये, तो जिसे वह अब जीवन समझ रहा है वह मृत्यु में परिणत हो जायेगा ।

वह कक्षा पार हो गयी, अब उसके आगे जाना है । अब खतरा मोल लेना है । क्योंकि खतरा मोल लिये बिना जीवन में कोई विकास नहीं होता । अब चुनौतियां झेलनी हैं । बच्चा पैदा होगा, रोज-रोज चुनौतियां बढ़ती जायेंगी । रोज-रोज ! जैसे-जैसे बड़ा होगा वैसे-वैसे संसार का दायित्व और संघर्ष, उपद्रव बढ़ते जायेंगे । जैसे-जैसे बड़ा होगा वैसे-वैसे और-और घर भी छोड़ने होंगे ।

पांच-सात साल का हो जायेगा तो स्कूल जाना पड़ेगा । फिर एक झंझट । यह घर की चारदीवारी बड़ी सुखद थी । यहां सब अपने थे, अब परायों में जाना होगा अब पता नहीं वह कैसा व्यवहार करेंगे। निश्चित वह ऐसा ही व्यवहार तो नहीं करेंगे जैसा मां करती थी, पिता करते थे, भाई-बहन करते थे । डरता है बच्चा । तुमने देखा है न ! छोटे बच्चे को स्कूल भेजते वक्त कैसी घबड़ाहट होती है। कैसा लौट-लौटकर घर की तरफ देखता है । वह गृहस्थी का मन है । अनजान में जा रहा है । पता नहीं कौन मिलेंगे । कैसे लोग मिलेंगे । क्या व्यवहार करेंगे । अब तक सुरक्षा में पला है, अब असुरक्षा में उतर रहा है ।

फिर स्कूल है, और कॉलेज है और विश्वविद्यालय है । और फिर विश्वविद्यालय के बाद एक दिन विवाह है, और एक नया घर उसे अपना बनाना होगा । अब सारा दायित्व उसका है । अब उसकी जिम्मेदारियां बढ़ती जाती हैं । अब उसके बच्चे होंगे उनकी भी जिम्मेदारी उस पर होगी । अब संघर्ष में उतर गया पूरे संसार के; बाजार में खड़ा होगा ।

यह आत्मविकास के लिये अनिवार्य है । ऐसी ही अंतर्यात्रा पर भी घड़ियां हैं । ऐसे ही ठीक मील के पत्थर हैं । वहां भी क्रांति के लिये तैयार होना पड़ता है । तुमने जो ज्ञान इकट्ठा कर लिया है शास्त्रों का वह तो

ठीक है, कामचलाऊ है; उसे छोड़ना होगा। तुम्हें स्वयं ही उतरना होगा इस अनंत के आकाश में, पर मारने होंगे।

कभी आगे, कभी पीछे कोई रफतार है यह !
हमको रफतार का आहंग बदलना होगा

हमें रफतार का ढंग बदलना होगा।

जिह्न के वास्ते सांचे तो न ढालेगी हयात

और जिंदगी तुम्हारे ढंग से नहीं चल सकती, याद रखना। तुमने जिंदगी को अपने ढंग से चलाना चाहा कि तुम दुख में पड़े। यही दुख है। सारा संताप यही है। जगत का दुख क्या है ? कि तुम जिंदगी को अपने ढंग से चलाना चाहते हो। तुम कहते हो कि यह जिंदगी का व्यवहार मेरे ढांचे में हो। मैं जैसा चाहूं, वैसा हो। तुम चाहते हो यह नदी मेरे पीछे चले।

यह नदी तुम्हारे पीछे नहीं चलेगी। तुम इसी नदी की छोटी-सी लहर हो। लहर के पीछे नदी कैसे चल सकती है ? लहर को ही नदी के साथ चलना होगा। अंग को विराट के साथ चलना होगा। विराट अंग के साथ नहीं चल सकता। हम तो छोटे-छोटे हिस्से हैं। मगर जिंदगी भर हम यही तो कोशिश करते हैं।

यही तो अहंकार की घोषणा है; कि मैं सिद्ध कर दूंगा कि जिंदगी मेरे पीछे चलती है; कि अस्तित्व मेरे पीछे चलता है; कि परमात्मा साये की तरह मेरे पीछे आता है यही दुख है। अहंकार दुख का मूल है।

जिह्न के वास्ते सांचे तो न ढालेगी हयात

तुम याद रखो, जिंदगी तुम्हारे लिए तुम्हारे बनाये सांचों में नहीं ढलेगी।

जिह्न को आप ही हर सांचे में ढलना होगा।

तुम्हीं को जिंदगी के सांचों में ढलना होगा। इसका नाम समर्पण है। जिस दिन यह समझ आ जाती है कि नदी के साथ मुझ ही को बहना होगा, जिस दिन तुम अपने अहंकार को उतारकर रख देते हो और तुम कहते हो, अब मैं तैरूंगा भी नहीं; अब तो सिर्फ बहूंगा। ले जाये जहां नदी, गिराये पर्वतों से तो गिरूंगा। डुबाये सागरों में तो डूबूंगा। ले जाये जहां नदी। भाप बनकर उड़ेगी बादलों में तो उडूंगा। ले जाये जहां नदी। अब अपनी इच्छा छोड़ता हूं। यही तो राम के होने का अर्थ है।

तो ज्ञान और ज्ञान में बड़ा भेद है। एक तो ज्ञान मिलता है, पोथी से। पोथी यानी थोथी। पोथी से जो मिले, उस पर भरोसा मत करना। और एक ज्ञान मिलता है साहस करके, जीवन में उतरने से। शूरबीर चाहिये।

आज के इन पदों में उसी शूरवीर की प्रशंसा है। ये अद्भुत पद हैं। एक-एक पद पर ठीक-ठीक ध्यान देना।

पंडित ग्यानी बहु मिले वेद ज्ञान परबीन
दरिया ऐसा ना मिला राम नाम लवलीन

दरिया कहते हैं, खोजते-खोजते थक गया। बहुत लोग मिले, पंडित थे, ज्ञानी थे, वेद-शास्त्र के ज्ञाता थे, कंठस्थ थे वेद, उपनिषद वाणी से झरती थी। तोते थे लेकिन। सब दोहरा रहे थे। अपना जाना कुछ भी न था। निज की संपदा जरा भी न थी। सब बासा, उच्छिष्ट, उधार।

पंडित ग्यानी बहु मिले वेद ग्यान परबीन

बड़ी कुशलतायें थीं उनकी। प्रवीण थे बहुत शब्दों में, तर्कों में, खंडन-मंडन में, शास्त्रार्थ में वाद-विवाद में, अनुमान में, दर्शन में बड़े प्रवीण थे। मगर इस प्रवीणता का क्या करना? भीतर तो दिया जला न था। भीतर तो गहन अंधेरा था।

दरिया ऐसा न मिला राम नाम लवलीन

तलाश दरिया को उसकी थी जो राम में डूबा हो। क्योंकि जो राम में डूब सकता हो वही तुम्हें भी राम में डुबा सकता है। शास्त्र में जो डूबा है वह तुम्हें भी शास्त्र में ही डुबायेगा, और तो कुछ कर नहीं सकता। वेदपाठी के पास जाओगे, वेदपाठी हो जाओगे। व्याकरण सिखायेगा, भाषा सिखायेगा; शब्द की महिमा सिखायेगा लेकिन निःशब्द शून्य का चमत्कार तो उसके पास नहीं। मौन तो उसके पास नहीं पा सकोगे। उसके हृदय में ध्यान तो नहीं। सुरति तो उसकी नहीं जगी। तो उसके पास से तुम भी खूब कूड़ा-करकट इकट्ठा करके लौट आओगे। जान लोगे बहुत और जानोगे कुछ भी नहीं। ज्ञान खूब इकट्ठा हो जायेगा और भीतर का अज्ञान जहां का तहां, जैसा का तैसा।

दरिया ऐसा न मिला राम नाम लवलीन

तलाश थी किसी की जो राम में डूबा हो; जिसने अपने अहंकार को छोड़ा हो; जिसने अनंत को वरा हो। तलाश थी किसी ऐसे की जो अब तैरता न हो—धारा के विपरीत की तो बात ही नहीं, जो तैरता ही न हो। जिसने अब छोड़ दिया हो अपने को परम विश्राम में। परमात्मा जहां ले जाये, उसकी जो मर्जी। जो इसके ही इशारे पर जीता हो। जो बांस की पोंगरी हो। परमात्मा जो गाये, गाता हो, न गाये, चुप रह जाता हो। जिसकी अपनी पकड़ गयी, वही राम का होता है।

बड़े दर्द से कहते हैं, 'दरिया ऐसा न मिला'—ऐसे गुरु की तलाश थी।

वक्ता श्रोता बहु मिले—

मिले बहुत समझानेवाले, मिले बहुत सुननेवाले।

…करते खैंचातान।

और उनके पास खूब तर्क देखा, खूब विवाद देखा, खूब खेंचातान चलती है दुनिया में।

अब गीता पर हजार टीकायें हैं। कृष्ण का तो मतलब एक ही होगा। पागल तो नहीं थे कि हजार मतलब हों। लेकिन खूब खेंचतान चलती है। ज्ञानमार्गी सिद्ध करता है कि गीता का अर्थ ज्ञान। और भक्तिमार्गी सिद्ध करता है कि गीता का अर्थ भक्ति। और कर्ममार्गी सिद्ध करता है कि गीता का अर्थ कर्म। शंकर से पूछो तो ज्ञान। रामानुज से पूछो तो भक्ति। तिलक से पूछो तो कर्म। कृष्ण से किसको लेना-देना है ? खूब खेंचतान चलती है। कृष्ण ने क्या कहा है वह तो कृष्ण होकर ही जाना जा सकता है। कृष्णमय होकर ही कृष्ण की वाणी का अर्थ खुल सकता है, व्याख्याओं से खुलेगा। लेकिन खूब खेंचतान चलती है। देखी होगी दरिया ने।

वक्ता श्रोता बहु मिले करते खेंचातान
दरिया ऐसा न मिला जो सन्मुख झेले बाण

लेकिन खोज थी उसकी, जो परमात्मा के बाण को हृदय खोलकर झेल ले ऐसे हिम्मतवर की, ऐसे हिम्मतवर की, ऐसे दिलवाले की कि जो परमात्मा के बाण को हृदय खोलकर झेल ले; जो कहे कि मुझे मारो ताकि मैं जी सकूं। जो कहे मेरी मृत्यु बनो ताकि तुम मेरे जीवन हो जाओ। जो कहे मुझे मिटा दो, मुझे पोंछ दो, मेरी रूपरेखा न बचे, ताकि तुम ही तुम बचो, मैं न रहूं।

दरिया ऐसा न मिला जो सन्मुख झेले बाण

धार्मिक तो वही हो सकता है जो मरने को तैयार है। इसीलिए तो मैं कहता हूं कि मेरे पास आये तो सोच-समझकर आना। मैं मृत्यु सिखाता हूं। यह पाठ मरने का पाठ है। मैं यहां तुम्हें सजाने के लिए नहीं हूं। कि तुम्हें थोड़ा सजा दूं, तुम्हें थोड़ा सुंदर बना दूं, कि तुम्हें थोड़े और आभूषण दे दूं, कि तुम थोड़े और पंडित और ज्ञानी होकर लौट जाओ, कि तुम थोड़े और अकड़ से भर जाओ; कि तुम दुनिया को समझाने लगो; कि दुनिया में त्यागी और महात्मा बनने लगो। नहीं, यहां आये हो तो मिटने की तैयारी चाहिये। जो सन्मुख झेले बाण !

ध्यान मृत्यु है। शूली अपने कंधे पर लेकर जो चले वही संन्यासी है। जो अहंकार के जगत में मरने को प्रतिपल तैयार रहे वही संन्यासी है। जो मौत का स्वागत करे वही संन्यासी है। जिसे एक बात समझ में आ गयी है कि मेरे रहते तो दुख रहेगा। मैं ही दुख का मूल हूं। मैं हूं तो दुख है। मैं हूं तो नरक है।

तो जो परमात्मा से एक ही प्रार्थना करे कि प्रभु, मुझे मिटाओ। अब

बहुत हो गया यह खेल। अब मुझे डुबाओ। क्योंकि यह कुछ मामला ऐसा है कि यहां जो डूबते हैं वही किनारे लगते हैं। जिन्होंने किनारे लगने की कोशिश की वे तो डूब जाते हैं। यहां जो डूबते हैं वे किनारे लग जाते हैं।

दरिया ऐसा न मिला जो सन्मुख झेले बाण
दरिया सांचा सूरमा सहे सब्द की चोट
लागत ही भाजे भरम, निकस जाय सब खोट

और जो हृदय को खोलकर प्रभु के बाण को लेने को तैयार है। प्रभु तो शिकारी है। तुम्हें शिकार बनना होगा।

इस देश में हमारे पास बड़े प्यारे शब्द हैं। उन प्यारे शब्दों में परमात्मा के नामों में जो सबसे प्यारा है, वह है हरि। हरि का अर्थ होता है, जो तुम्हारे हृदय को चुराकर ले जाये। हरि का अर्थ होता है, चोर। हर ले, झपट ले, लूट ले। अगर तुम अपने हृदय को बचाये-बचाये फिर रहे हो तो हरि से मिलन न होगा। यह तो सौभाग्य है तुम्हारा कि वह तुम्हारे हृदय की तरफ आकर्षित हो जाये और तुम्हें लूट ले। बुलाओ उसे और हृदय को ऐसी जगह रख दो कि जहां उसे अड़चन न हो लूटने में। खोल कर रख दो।

दरिया सांचा सूरमा सहे शब्द की चोट

वही है सच्चा हिम्मतवर, जो सत्य शब्द की चोट सह सके।

बहुत कठिन है। झूठे शब्द बड़े प्यारे लगते हैं। झूठे शब्दों में अहंकार को बड़ी तृप्ति मिलती है। तुम जांचना, अपनी जिन्दगी में जांचना। क्योंकि जो मैं कह रहा हूं वह हर चीज जिन्दगी में जांची जानी चाहिये; वहीं प्रमाण मिलेंगे। तुम जांचना, झूठे शब्द बड़े प्यारे लगते हैं। सच बड़ा अखरता है।

कोई तुमसे कह देता है आप बड़े सुन्दर हैं। कैसे गुदगुदी फैल जाती प्राणों में। कैसे कमल खिल जाते हैं। कोई कह देता है, आप बड़े ज्ञानी। आपकी कहां उपमा! आप तो बस आप ही हो अपनी उपमा। किसी और से तुलना आपकी हो ही नहीं सकती। कैसे हिमालय उठने लगते हैं अहंकार के भीतर। यह आदमी कितना प्यारा लगने लगता है।

नहीं तो खुशामद दुनिया में चलती क्यों? और खुशामद इतनी कारगर क्यों होती? झूठ प्यारा लगता है इसलिए खुशामद कारगर होती है। झूठ खूब प्यारा लगता है। और ऐसा भी नहीं है कि तुम्हें पता नहीं चलता कि यह झूठ है। तुमने अपनी शकल आईने में देखी है। तुम्हें पता है तुम कितने सुन्दर हो। तुम्हें पता है तुम कितने ज्ञानी हो। जीवन की छोटी-मोटी समस्यायें भी तो हल नहीं होतीं। टुच्ची-टुच्ची बातें तो उलझा देती हैं।

टुच्ची-टुच्ची बातें तो रात की नींद खराब कर देती हैं। छोटे-छोटे हानि-लाभ तो ऐसा डांवाडोल कर जाते हैं। कैसा तुम्हारा ज्ञान है? नहीं, लेकिन वह तुम सब भूल जाओगे। जब कोई झूठ बोलेगा तब तुम एकदम भरोसा कर लोगे; तब तुम एकदम मान लोगे। लेकिन अगर कोई सच कह दे तो चोट लगती है। क्योंकि सच का मतलब यह है कि तुमने जो अपनी प्रतिमा बना रखी है अहंकार की, वह खंडित होती है।

अक्सर ऐसा होता है कि जो तुमसे सच बोल देता है उसे तुम कभी माफ नहीं कर पाते। तुम उससे बदला लेते हो, तुमसे अगर कोई सच कह दे, वैसा का वैसा जैसा है—नंगा निर्वस्त्र सत्य कह दे, तो तुम उस आदमी के पास फिर दुबारा नहीं फटकते; फिर तुम भूलकर वहां नहीं जाते। सच से आदमी बचता है क्योंकि सच तुम्हारी असली तस्वीर को प्रगट करता है।

हम सबने एक प्रतिमा बना रखी है अपनी अपने मन में कि हम ऐसे हैं या कम से कम ऐसे होने चाहिये, या कम से कम ऐसे होते। और जब भी कोई उस प्रतिमा को सहारा देता है, हमें प्यारा लगता है। किनको तुम अपने मित्र कहते हो? जिनको तुम अपने मित्र कहते हो अक्सर वे वही लोग हैं जिन्होंने तुम्हारे आसपास झूठ फैला रखा है।

कबीर ने तो कहा है, "निंदक नियरे राखिये आंगन कुटी छवाय।" वह जो तुम्हारी निंदा करता हो उसको तो बुला ही लाना, अपने घर में ही ठहरा लेना कि भैया, तू यहां ही रह। अब कहां जायेगा और? जितना बन सके उतनी निंदा कर। सच तो यह है कि शायद निंदक से तुम्हें जो लाभ मिल जाये वह प्रशंसक से न मिले। लेकिन कौन निंदक को पसन्द करता है! तुम अपनी असली तस्वीर तो देखना ही नहीं चाहते। तुम तो अपनी नकली तस्वीर देखना चाहते हो जैसा तुम सपनों में सजाये बैठे हो। इसलिए कहते हैं दरिया,

दरिया सांचा सूरमा सहे शब्द की चोट

गुरु के पास तो वे ही लोग आ सकते हैं, सतगुरु के पास तो बहुत थोड़े लोग आ सकते हैं— विरले, सूरमा, जो शब्द की चोट सहने को राजी हों। क्योंकि सद्‌गुरु तुमसे कुछ ऐसा नहीं कहेगा जिससे तुम्हारा अहंकार बढ़े। वह तुम्हारा दुश्मन नहीं है। वह तो जो भी कहेगा उससे तुम्हारा अहंकार टूटे, गिरे, खंडित हो, भस्मीभूत हो। वह तो तुम्हें मिटाने चला है। वह तो तुम्हें जलाने चला है। वह तो तुम्हें चिता पर चढ़ाने चला है।

कबीर ने कहा है,

जो घर बारे आपना चले हमारे संग

सब जलाने की तैयारी हो तो आ जाओ।

कबीरा खड़ा बजार में लिये लुकाठी हाथ

लट्ठ लिये हाथ खड़े हैं, कबीर कहते हैं, बाजार में। अब जिसकी हिम्मत हो, आ जाये। खोपड़ी तुड़वानी हो तो कबीर के साथ चलो। मगर जो कबीर के साथ चले हैं वही पहुंचते हैं। मिटते हैं, वे पहुंच जाते हैं।

जीसस ने कहा है, जो अपने को बचायेगा वह मिट जायेगा। और जो अपने को मिटाने को तैयार है उसे फिर कोई भी नहीं मिटा सकता। जो बचायेगा, मिटेगा। जो नहीं बचायेगा अपने को, बचेगा। यह विरोधाभास धर्म की बड़ी आत्यंतिक रहस्य की बात है।

लागत ही भाजे भरम निकस जाय सब खोट

गुरु को अगर मौका दिया चोट करने का, अगर शब्द की चोट सहने की हिम्मत रखी, भाग नहीं गये, छोटी-छोटी क्षुद्र बातों में उलझकर भाग नहीं गये, हिम्मत रखी, सहते गये, तो एक दिन ऐसी घड़ी आती है कि 'लागत ही भाजे भरम।' जिस दिन चोट बैठ जाती है, तीर लग जाता है, उसी दिन सारे भ्रम मिट जाते हैं—'निकस जाये सब खोट।'

मगर खोट यानी तुम। तुम्हारा तो कुछ भी नहीं बचेगा। तुम तो खोट ही खोट हो। जब सारी खोट निकल जायेगी तो जो बचेगा वह परमात्मा है, तुम नहीं हो। तुम्हारा तो परमात्मा से कभी मिलना नहीं होगा। तुम्हारा तो परमात्मा स मिलना हो ही नहीं सकता। झूठ तो कैसे परमात्मा से मिले ?

इसलिए कबीर ने कहा है—बड़ी अद्‌भुत बात—कि जब तक मैं था तुम न थे, अब तुम हो मैं नहीं। यह भी खूब रही। खोजने निकला था, हेरत हेरत हे सखी रह्या कबीर हिरायी। गये थे खोजने, खो गये। जिस दिन खो गये उस दिन परमात्मा सामने खड़ा था। खोये नहीं कि परमात्मा हुआ नहीं। जब तक थे तब तक परमात्मा न मालूम कहां था। पता नहीं चलता था, कहां छिपा है।

तो आदमी का कभी परमात्मा से मिलन नहीं होता। आदमी तो झूठ है, आदमी तो अंधेरा है। अंधेरे का रोशनी से मिलन कैसे होगा ? खोट यानी तुम। यह मत सोचना कि खोट निकल जायेगी तो सब खराब चीजें निकल जायेंगी और अच्छा-अच्छा बच जायेगा। अच्छा तो तुममें कुछ भी नहीं है। यह बड़ी कठिन बात है तय करनी; मान लेना बड़ी कठिन है। इसलिए तो कहते हैं दरिया,

दरिया सांचा सूरमा सहे शब्द की चोट

तुम भी सुन रहे हो मेरी बात, तुम्हारा मन भी कह रहा होगा, सब खोट ही खोट ? कुछ तो ठीक होगा। मान लिया कि कभी-कभी चोरी भी

करते हैं, बेईमानी भी करते हैं लेकिन दान भी तो देते हैं। लेकिन जो दान चोरी से निकलता है वह दान कैसे होगा ? वह तो चोर की ही तरकीब है। लाख रुपये चुरा लेते हैं, हजार रुपये दान कर देते हैं। यह हजार रुपये दान करके तुम सोच रहे हो, वह लाख की जो चोरी की थी उसके पाप को धो डाला। दान का उपयोग तुम साबुन की तरह कर रहे हो। वे जो दाग लग गये थे तुम्हारी चादर पर, उसको धो डाला। लाख रुपये की चोरी थी, हजार के दान से कैसे मिटेगी ? सच तो यह है कि लाख रुपये की चोरी लाख रुपये से ज्यादा दान होगा तो ही मिट सकती है। लाख के दान से भी नहीं मिटेगी क्योंकि लाख का दान तो सिर्फ जो लिया था वह वापस लौटाया। दंड भी कुछ दोगे कि नहीं लेने के बाबत ? लाख चुराये थे, लाख लौटा दिये, चलो ठीक है। हिसाब-किताब ऊपर से तो बराबर हो गया लेकिन लिये थे, लेने चाहे थे, उसके लिए भी कुछ दोगे या नहीं ?

तो तुम कहते हो कि होगा, कुछ-कुछ हममें बुरा भी है, कुछ-कुछ भला भी है। नहीं, बुरा और भला साथ-साथ जीता ही नहीं। जिसको तुम सज्जन कहते हो वह एक तरह का झूठ है, एक तरह का पाखंड है।

संत का अर्थ होता है, जिसके भीतर स्व का होना न रहा—न भला, न बुरा। जिसकी सारी खोट निकल गयी। सज्जन का अर्थ होता है बुरे-बुरे को छिपाये हुए है, भले को ऊपर झलकाता फिरता है लेकिन बुरा भीतर छिपा है। बुरे के बिना भला भी न हो सकेगा।

मेरे पास एक दंपति मिलने आये। पति ने खूब दान किया है। पत्नी उसके पति के सम्बन्ध में प्रशंसा कर रही थी। यही तो हमारा धंधा है। पति पत्नी की प्रशंसा करता है, पत्नी पति की प्रशंसा करती है, ऐसे सब पारस्परिक लेन-देन चलता। पत्नी प्रशंसा कर रही थी कि मेरे पति बड़े धार्मिक। आपको शायद पता भी न हो कि उन्होंने लाख रुपयों का दान किया है। पति ने जल्दी उसको हाथ मारा कि लाख···? एक लाख दस हजार ! वह दस हजार चूक गयी।

मैंने पूछा, यह तो ठीक, एक लाख या एक लाख दस हजार, मगर इसके पीछे चोरी कितनी की है ? वे तो नाराज हो गये। वे तो फिर दुबारा नहीं आये। क्योंकि वे आये थे मुझसे सुनने कि मैं उनको एक प्रमाणपत्र दूं कि आप महादानवीर हैं। वे मेरे पास लाये भी थे अपनी एक किताब, जिसमें उन्होंने और महात्माओं के प्रमाणपत्र इकट्ठे किये हुए थे कि फलां महात्मा ने ऐसा कहा। वे इसके लिए आये भी थे। इतना ही प्रयोजन था उनका कि मैं दो शब्द कह दूं, लिख दूं उनकी किताब पर।

वे सज्जन जैन हैं, और इरादा रखते हैं कि अगले कल्प में पहले

तीर्थंकर होंगे। मुझे चिट्ठी लिखी थी आने के पहले तो उसमें यह लिखा था कि मेरी सारी योजना एक ही है, कि जब अगली सृष्टि होगी तो मैं पहला तीर्थंकर···। उसके लिए मैं सब तरह के तप कर रहा हूं, व्रत कर रहा हूं, दान कर रहा हूं, मैंने इसलिए उनको बुला भी भेजा था कि जरा देख तो लूं पहला तीर्थंकर अगली सृष्टि में कौन होने जा रहा है! वह एक लाख दस हजार दान किये हैं, खूब सस्ते तीर्थंकर होना चाहते हो! मैंने उससे पूछा, चोरी कितनी की थी? ये लाख आये कहां से? यह किस अपराध के कारण दान करना पड़ा? वे तो बेचैन हो गए। वे तो आये थे प्रमाणपत्र लेने। उनको तो पसीना आने लगा। मैंने कहा, उस सम्बन्ध में कुछ कहें कि लाख आये कहां से? लेकर आये थे जब पैदा हुए थे? लाये तो नहीं थे, यहीं किसी से छीने-झपटे होंगे। कितने छीने-झपटे थे? क्योंकि ऐसा मुझे नहीं दिखाई पड़ता, कि तुमने जितने छीने-झपटे थे, पूरे दे दिये होंगे। नाराज हैं; फिर दुबारा नहीं आये। सच की चोट सहने की हिम्मत नहीं होती है।

दरिया सांचा सूरमा सहे शब्द की चोट
लागत ही भाजे भरम निकस जाय सब खोट

यह सब हमारे दान, पुण्य रिश्वतें हैं।

मैंने सुना, एक महिला ने एक मन्त्री को फोन किया और बोली, कुछ सप्ताह पहले मैं आपके पास सोयी थी। मैं आपको ब्लेकमेल नहीं कर रही हूं, लेकिन क्या आप मेरे घर एक फ्रिज भिजवा सकते हैं? मन्त्री महोदय ने बहुतेरा सोचा लेकिन उन्हें कुछ भी याद नहीं आया, यह औरत कौन है। फिर भी गले में पड़ी बला उतारने के लिए उन्होंने उसे एक फ्रिज भिजवा दिया।

वक्त के साथ महिला की मांगें बढ़ती चली गयीं। कभी वह कीमती हार की फरमाइश करती, कभी दो-चार हजार रुपये नगद की, आखिर जब एक दिन उसने मोटरकार की मांग की तो मन्त्री जी ने तंग आकर पूछ ही लिया कि आप आखिर हैं कौन? और मेरे साथ कहां और कब सोयी थीं? महिला ने उत्तर दिया, तीनेक महीने पहले विज्ञान भवन में एक सम्मेलन हुआ था। आप और मैं साथ-साथ बैठे थे, एक निहायत बोर भाषण के दौरान आप भी बैठे-बैठे सो गये थे और मैं भी सो गयी थी।

लेकिन अब मन्त्री महोदय तो मन्त्री महोदय हैं। डरे होंगे, भयभीत होंगे तो पूछने की हिम्मत नहीं कि, कि सोयी कब थी, कहां सोयी थी। अब जो कहती है, ठीक ही कहती होगी। झंझट छुड़ाओ, दे दो पैसे। ले लेने दो इसको।

तुम्हारे दान-पुण्य बस ऐसे ही हैं। इधर पाप किये चले जाते हैं, उधर थोड़ा, पुण्य किये चले जाते हैं। तुम किसे धोखा दे रहे हो? भय के कारण है, कि हो न हो, कहीं परमात्मा हो ही न! कहीं हो न हो, कर्म का सिद्धांत सही न हो। हो न हो, नर्क स्वर्ग हो। तो कुछ इंतजाम कर लो, कुछ व्यवस्था कर लो। उसकी भी फिकर रख लो, थोड़ा हाशिये में उसके लिए भी कुछ करते जाओ। जिन्दगी की पूरी किताब पर तो जो लिखना है सो लिखो मगर हाशिये में थोड़ा आगे-पीछे का भी हिसाब करते जाओ। हाशिया है तुम्हारा पुण्य, और तुम्हारा त्याग और तुम्हारा धर्म और तुम्हारी प्रार्थना और तुम्हारी पूजा। यह तुम्हारी जिन्दगी नहीं है, यह तुम्हारी जिन्दगी से पैदा हुए अपराध भाव के लिए किसी तरह अपने को समझने की सांत्वना है।

इसलिए तुमसे मैं कहना चाहता हूं, तुम तो खोट ही खोट हो। अगर गौर से देखोगे तो खोट ही खोट पाओगे। इसलिए तो आदमी भीतर नहीं देखता। डरता है कि इतनी खोट दिखाई पड़ेगी तो फिर जिऊंगा कैसे? फिर चलूंगा कैसे एक कदम, जब इतनी खोट दिखाई पड़ेगी? बोलूंगा कैसे, उठूंगा कैसे, श्वांस कैसे लूंगा जब इतनी खोट दिखाई पड़ेगी? इस लिए आदमी भीतर नहीं देखता। आदमी अपने से बचता रहता है। अपने आमने-सामने नहीं आता। तुम अपने ही आमने-सामने आ जाओ तो राज़ खुल जाये; तो रहस्य खुल जाए। तुम एक बार अपने को ही आमने-सामने देख लो तो कुछ और बचता नहीं जानने को। किसी शास्त्र में जाने की जरूरत नहीं है। अपना आमना-सामना हो जाए तो तुम खोट ही पाओगे। और उस दर्शन में ही कि खोट ही खोट है, तुम्हारे जीवन में अतिक्रमण शुरू होता है।

तो फिर खोट से बचने का सवाल नहीं है कि कुछ पुण्य कर लो, कुछ त्याग कर दो। खोट को आमूल जड़ से ही तोड़ देने का सवाल है। यह खोट कहां से उठती है, उस जड़ को ही काट देना है। नहीं तो पत्ते काटते रहते हैं हम। एक पत्ता दान कर दिया। मगर एक पत्ता कटा कि चार पत्ते निकल आते हैं। वृक्ष समझता है, कलम कर रहे हो। और पत्ते घने हो जाते हैं। जड़ काटनी होती है। जड़ यानी अहंकार। दान-पुण्य से कुछ भी न होगा। त्याग-तपश्चर्या से कुछ भी न होगा। अगर अहंकार भीतर मौजूद है तो तपश्चर्या से भी अहकार मजबूत होगा, और त्याग से भी मजबूत होगा, और पुण्य से भी अहंकार ही भरेगा। यह सब पुण्य, त्याग, तपश्चर्या सब पानी बन जाएंगे उसी अहंकार की जड़ को और उसे मजबूत करेंगे। अहंकार को ही काट देना है।

सबहि कटक शूरा नहीं कटक मांहि कोई शूर
दरिया पड़े पतंग ज्यों जब बाजे रणतूर

फौज में सभी सैनिक बहादुर नहीं होते।

सभी कटक शूरा नहीं कटक मांहि कोई शूर

बड़ी-बड़ी फौजों में कभी एकाध कोई शूरमा होता है। किसको कहते हो सूरमा ? किसको कहते बहादुर ? हजारों लाखों की भी भीड़ में कभी कोई एकाध आदमी धार्मिक होता है। करोड़ों में कभी कोई एकाध आदमी इतनी हिम्मत करता है मिटने की, विसर्जित होने की, शून्य हो जाने की। किसको कहते हैं दरिया सूरमा ?

दरिया पड़े पतंग ज्यों जब बाजे रणतूर

जैसे दिया जले और पतंग दौड़कर आग में उतर जाये; कि जब रण-भेरी बजे तो भय न उठे और शूरवीर युद्ध में पहुंच जाये।

ऐसा हुआ, बुद्ध एक गांव में ठहरे थे। उस गांव का बड़ा प्रसिद्ध हाथी था राजा का, वह बूढ़ा हो गया था। सारी राजधानी उस हाथी को प्रेम करती थी। उसमें बड़े गुण थे, बड़ा बुद्धिमान था। और उसकी बड़ी जीवन की यशोगाथायें थीं। बड़े युद्ध उसने लड़े थे, और बड़े युद्ध उसने जीते थे। और राजा को उसने अनेक-अनेक कठिनाइयों में युद्ध के मैदान पर बनाया था। राजा पर उसकी बड़ी सेवायें थीं। तो उसकी बड़ी प्रतिष्ठा थी नगर में। वह एक दिन गया था तालाब पर पानी पीने और कीचड़ में फंस गया—बूढ़ा हो गया था, शिथिल-गात्र, निकल न सके। जितनी चेष्टा करे निकलने की कीचड़ से उतना फंसता जाये। अब हाथी वजनी, घबड़ाकर बैठ गया कीचड़ में।

राजमहल खबर पहुंची। उस हाथी का जो बूढ़ा महाव्रत था वह तो कभी का अवकाश-प्राप्त हो गया था। नये महावत भेजे गये, उन्होंने उसे बड़े भाले भोंके, उसे बड़ा सताया, निकालने की कोशिश की लेकिन बूढ़ा तो वैसे ही बूढ़ा था, इनकी चोट और मारपीट में और शिथिल हो गया, मरणासन्न हो गया, और कीचड़ में गिर गया। निकलने का कोई उपाय न दिखाई पड़े।

फिर तो स्वयं राजा गया। उस बूढ़े हाथी के आंखों से आंसू बह रहे हैं। वह बूढ़ा हाथी अपनी दयनीयता पर पीड़ित हो रहा होगा। बड़े युद्धों में लड़ा था, पहाड़ों से जूझ जाता था, आज यह दशा हो गयी। इस छोटी सी कीचड़ से नहीं निकल पा रहा है ? उसकी आंख से आंसू बह रहे हैं। राजा भी बहुत दुखी हो गया। फिरे उसे याद आयी, इसके पुराने महावत को बुलाओ। उस बूढ़े को खोजो कहां हैं। शायद वह कुछ जानता हो। वह

इसके साथ जिन्दगी भर रहा है, उसे कुछ राज़ पता हो।

वह बूढ़ा आया। राजधानी इकट्ठी हो गयी थी। बुद्ध के शिष्य भी इकट्ठे हो गये वहां। पास ही बुद्ध ठहरे थे। वह महावत आया, हंसा, और उसने कहा कि यह क्या कर रहे हो? उसे मार डालोगे? हटो। और उसने कहा कि बेंड लाओ, युद्ध का नगाड़ा बजाओ। और किनारे पर रखकर उसने युद्ध का नगाड़ा बजवाया। युद्ध का नगाड़ा बजना था कि हाथी एक छलांग में बाहर आ गया। एक क्षण की देर न लगी। सूरमा था। उस क्षण में भूल गया जब नगाड़ा बजा, कि मैं बूढ़ा हूं; भूल गया कि कमजोर हूं; फिर जवान हो गया।

हम उतने ही जवान होते हैं जितनी हमारी हिम्मत होती है। हम उतने ही युवा होते हैं जितनी हमारी हिम्मत होती है। हिम्मत से आदमी बूढ़ा होता है, युवा होता है।

उसके साहस पर चोट लगी। यह तो उसने कभी सहा ही नहीं था। युद्ध के बाजे बज जायें और वह रुका रह जाये! वह मर भी गया होता तो शायद निकल आता कीचड़ से।

बुद्ध के शिष्यों ने आकर बुद्ध को कहा, भगवान एक अपूर्व चमत्कार देखा। बुद्ध ने कहा, अपूर्व कुछ भी नहीं है। तुममें भी मेरी पुकार सुनकर वे ही निकल पायेंगे, जो सूरमा हैं। यही तो मैं भी कर रहा हूं ना समझो! तुम कीचड़ में फंसे हो और मैं रणभेरी बजा रहा हूं। तुममें से जो हिम्मतवर हैं, जिनमें थोड़ी सी भी क्षमता है साहस की वे निकल आयेंगे; वे चुनौती को स्वीकार कर लेंगे।

> सबहि कटक सूरा नहीं कटक मांहि कोई सूर
> दरिया पड़े पतंग ज्यों जब बाजे रणतूर

जब युद्ध की भेरी बजे तो सूरमा ऐसे उतर जाता है जलते हुए दिये कि ज्योति में। फिर फिकर भी नहीं करता कि बचूंगा, मिटूंगा। सोच-विचार नहीं करता। संन्यास ऐसी ही प्रक्रिया है—सोच-विचार की नहीं—जैसे पतंग उतर जाये जलती हुई ज्योतिशिखा में।

> दरिया पड़े पतंग ज्यों जब बाजे रणतूर
> भया उजाला गैब का, दौड़े देख पतंग
> दरिया आपा मेटकर मिले अगिन के रंग

सुनना। खूब हृदयपूर्वक सुनना। भया उजाला गैब का—जब भी कोई व्यक्ति कहीं शून्य हो जाता है, शून्य का चमत्कार घटता है, जब भी कोई व्यक्ति निरहंकार को उपलब्ध हो जाता है, जब भी कहीं कोई व्यक्ति की तरह मिट जाता है, शून्य हो जाता है वहीं परमात्मा का रहस्य प्रगट

होता है, गैब का चमत्कार होता है।

इस जगत में बड़े से बड़ा चमत्कार एक ही है : तुम मिट जाओ ताकि परमात्मा तुम से प्रगट हो सके। तुम हट जाओ ताकि परमात्मा तुम से बह सके। तुम मार्ग में मत खड़े रहो। तुम दरवाजा खोल दो। तुम द्वार हो। तुम मार्ग के पत्थर न बनो ताकि झरना बह सके।

भया उजाला गैब का···

और जब भी कभी ऐसी कोई घटना घटती है—कोई बुद्ध हो गया, कोई कृष्ण हो गया, कोई क्राइस्ट हो गया, कोई मोहम्मद हो गया, जहां कहीं यह चमत्कार घटा है शून्य का, जहां कहीं परमात्मा प्रगट हुआ है, किसी शून्य में उतर गये व्यक्ति से बहा है—दौड़े देख पतंग···तो जिनके भीतर भी थोड़ी हिम्मत है, जिनके भीतर थोड़ा साहस है, जो मुर्दे नहीं हैं, जो वस्तुतः जीवित हैं, ऐसे व्यक्तियों के लिये तो मोहम्मद, कृष्ण, बुद्ध की मौजूदगी ज्योतिशिखा बन जाती है, दीप-शिखा बन जाती है। दौड़े देख पतंग···फिर तो सारी दुनिया के कोने-कोने से, जिनमें हिम्मत है वे दौड़ने लगते हैं उस शून्य की तरफ।

भया उजाला गैब का दौड़े देख पतंग

इन्हीं पतंगों का नाम प्रेमी, साधक, भक्त, संन्यासी।

दरिया आपा मेटकर मिले अगिन के रंग

और अपने को मिटा देते हैं। अपने आपे को, अपने अहंकार को, अपनी सत्ता को, मैं हूं इस भाव को डुबा देते हैं। उस शून्य के साथ एक हो जाते हैं।

दरिया आपा मेटकर मिले अगिन के रंग

और वह जो सद्गुरु है, वह जो अगिन प्रगट हुई है, उसके साथ एक रंग होते हैं। इस देश में संन्यासी का वस्त्र गैरिक इसीलिए चुना गया; वह अग्नि का रंग है। वह प्रतीक है। वह आग की लपट है।

दरिया आपा मेटकर मिले अगिन के रंग

और जब तक यह घटना न घटे तब तक तुम हो न हो, बराबर हो। तुम्हार होना न होने जैसे है।

जिदगी मजबूरियों की सहचरी है
एक चादर है जो पैबंदों भरी हैं
हम जतन से रख सकें इनको असंभव
ज्यों ही त्यों केवल कबीरा ने धरी है
एक क्षण का स्वर्ग हो शायद कहीं पर
उम्र का अधिकांश लम्बी भुखमरी है

गीत मत खोजो इबारत देखकर ही
यह हमारे आय व्यय की डायरी है
सिर्फ बाहर से सजावट की गयी है
मुस्कुराहट वर्ना रीती गागरी है
रात चिन्ताओं की गूंगी नौकरानी
और दिन बस व्यर्थता की चाकरी है

जब तक जिन्दगी उस अग्नि के रंग में एक न हो जाये, जब तक जिन्दगी लपट न बने, तब तक बस सिर्फ बाहर से सजावट की गयी है। मुस्कुराहट वर्ना रीती गागरी है। ऊपर-ऊपर लीपे-पोते मुस्कुराहट को, हंसते हुए, तुम गुजार देते जिन्दगी की इस लम्बी यात्रा को। भीतर खाली-के खाली। भीतर रिक्त के रिक्त। भीतर ना-कुछ। ऊपर से झंडे उठा लेते हो। बड़े डंडों में झंडे लगा लेते हो। झंडा ऊंचा रहे हमारा, चिल्लाते फिरते हो। मगर भीतर···? भीतर सिर्फ अंधेरा है। भीतर सिर्फ उदासी है, विषाद है।

बेकसों की रात होगी मुक्तसर सुनते तो हैं
एक समा है हब्स का यह क्यों निजामें दहर में
कोई दिलवाला छुड़ाये उनको दस्ते जब्र से
हो गया सूरज का अगपा रात के एक सहर में
कहीं ऐसा न हो आवाज कफन को तरसे
ऊंची दीवारों से टकरा कर सदा खो जाये
मसलहर जब्त की जंजीर लिये बैठी है
जब्र इतना न करो कि दिलपर बेहिश हो जाये
मुझे एहसास अपनी बेबसी का लेकर डूबेगा
कहीं सूराख एक देखा है अब अपने सफीने में
किसीने जिन्दगी में खौफ के बीज बो डाले हैं
वे जिनसे जहर के पौधे उगेंगे मेरे सीने में

हमारी जिन्दगी की नाव में एकाध छेद हो ऐसा भी नहीं है, छेद ही छेद हैं। हमारी यह जिन्दगी की नाव छेदों से जुड़कर बनी है।

मुझे एहसास अपनी बेबसी का लेकर डूबेगा
कहीं सुराख एक देखा है अब अपने सफीने में

हम देखते नहीं सुराख अपनी नाव में। कभी एकाध दिखता भी है तो जल्दी से हम उसे ढांक देते हैं, कोई और न देख ले। जैसे कि सुराख देखने से कुछ बड़ा होगा, कि छोटा होगा। जैसे कि सुराख न देखा जायेगा तो सुराख भर जायेगा।

जिन्दगी में सुराख हो तो देखना, गौर से देखना और खोजना; क्योंकि सुराख अकेले नहीं होते, उनके भी समुदाय होते हैं और जो आदमी गौर से देखेगा, देखेगा यह पूरी नाव ही सुराखों से भरी है। इस नाव में कभी किसी ने कोई भवसागर की यात्रा नहीं की है, डूबा है सिर्फ। इसलिए जो अपनी नाव को पूरा सूराखों से भरा देख लेता है, वह नाव से कूद जाता है। इस कूदने का नाम संन्यास है। वह तैरने पर भरोसा करता है। वह कहता है अपने से ही उतर जायेंगे हम, यह नाव तो डूबने ही वाली है। नाव में रहे तो हम भी डूबेंगे।

मुझे एहसास अपनी बेबसी का लेकर डूबेगा
कहीं सूराख एक देखा है अब अपने सफीने में
किसीने जिन्दगी में खौफ के वे बीज डाले हैं
वे जिनसे जहर के पौधे उगेंगे मेरे सीने में

और जिन्दगी भर—बचपन से लेकर अब तक, और जन्मों-जन्मों में बार-बार सिर्फ भय के बीज ही तुम्हारे भीतर डाले गये हैं। धर्मगुरु तुम्हें भयभीत करता है, सिर्फ डराता है। और भय से सिर्फ जहर पैदा होता है। वास्तविक सद्‌गुरु तुम्हें डराता नहीं, तुम्हें जगाता है, और तुमसे कहता है, तुम्हारे भीतर अदम्य साहस पड़ा है। तुम अग्नि की एक लपट हो। जगो। उठो। तुम्हारे भीतर परम चैतन्य विराजमान है। हिम्मत करो। तुम हिम्मत करोगे तो ही तुम्हारे भीतर जो बीज है वह टूटेगा, और तुम्हारे भीतर जो वृक्ष छिपा है वह प्रगट होगा।

भया उजाला गैब का दौड़े देख पतंग

और कहीं अगर तुम्हें गैब का उजाला दिखाई पड़े, कहीं अगर तुम्हें शून्य में पूर्ण दिखाई पड़े, कहीं तुम्हें मालूम पड़े कि कोई व्यक्ति मिट गया है और उसकी जगह परमात्मा बहना शुरू हुआ है, तो फिर रुकना मत; फिर हिसाब मत लगाना।

…दौड़े देख पतंग।

तब तुम पतंगे हो जाना। तुम पतंग जैसे दीवाने हो जाना, ताकि तुम इस मौके से चूक न जाओ। यह द्वार तुम्हारे लिये द्वार बन जाये।

दरिया आपा मेंटकर मिले अगिन के रंग

अपने अहंकार को छोड़कर अग्नि के रंग में डूब जाना, एक हो जाना। तो खोट ही जलेगी—याद रखना। तुम जलोगे, यह सच है—तुम जो कि झूठ हो। और तुम्हारे भीतर जो सत्य है वह तो जल नहीं सकता। जब आग में हम सोने को फेंकते हैं तो कचरा ही जलता है, सोना बच जाता है।

सोना निखर कर बचता है, कुन्दन होकर बचता है, शुद्ध होकर निकल आता है।

तो तुम्हारे भीतर जो खोट है वह जल जायेगी। अहंकार जल जायेगा, लोभ जल जायेगा, भय जल जायेगा, क्रोध, काम, मत्सर जल जायेगा। तुम्हारे भीतर शुद्ध सोना बचेगा। उस शुद्ध सोने का नाम ही परमात्मा है। आत्मा बचेगी, अहंकार जल जायेगा।

दरिया प्रेमी आत्मा रामनाम धन पाया
निर्धन था धनवंत हुआ भूला घर आया
दरिया प्रेमी आत्मा, रामनाम धन पाया

ऐसे प्रेम से ही, ऐसे पागल प्रेम से, जैसा पतंगे का होता है ज्योतिशिखा से, ऐसे पागल प्रेम से ही राम-नाम का धन मिलता है। ऐसे पागल प्रेमी पर ही धन की वर्षा होती है। छप्पर तोड़कर धन बरसता है।

राम नाम धन पाया, दरिया प्रेमी आत्मा—

सिर्फ प्रेमी आत्माओं ने राम-नाम का धन पाया है। न भय, न लोभ; प्रेम। भयभीत आदमी प्रेम नहीं कर सकता। लोभी भी प्रेम नहीं कर सकता। लोभी की नजर किसी और बात पर अटकी होती है, प्रेम पर तो होती नहीं।

अगर लोभी जाकर भगवान से प्रार्थना भी करता है तो वह कहता है कि देखो इस बार लॉटरी का नम्बर दिलवा। देखो, इस बार चूक न हो जाये। इतनी इतनी प्रार्थना कर रहा हूं, खयाल रखना। इतना सिर फोड़ रहा हूं तुम्हारे द्वार पर दरवाजे पर। इतनी नाक घसीट रहा हूं, इसका सब हिसाब रखना। अव तो दया करो। लोभी परमात्मा के सामने खड़े होकर भी कुछ और मांगता है, परमात्मा को नहीं मांगता। परमात्मा की किसको पड़ी है? परमात्मा का क्या करोगे?

परमात्मा तो अगर यह भी कहे कि चलो तू इतना मांगता है तो मैं आये जाता हूं तेरे पास। तो तुम कहोगे महाराज, वैसे ही दिक्कत में हूं; अब आप और आ जायें तो एक और झंझट। आप कृपा करें। लाटरी दिलवायें, इतना ही काफी है। आप कष्ट न करें आने का। आप को लेकर और क्या करेंगे? बाल-बच्चे ही तो पल नहीं रहे हैं। और सफेद हाथी घर के सामने बांधकर क्या करना है? आप कृपा करें। मुझ गरीब से आपकी सेवा न हो सकेगी। मुझे तो सिर्फ लॉटरी दिलवा दें। मैं तो छोटे ही से राजी हूं। इतना बड़ा तो···आप बड़े-बड़े महात्माओं के पास जायें। मैं तो छोटा-मोटा आदमी हूं।

परमात्मा तो कोई मांगता भी नहीं, लोभी मांग भी नहीं सकता। कुछ

और मांगता है। प्रेमी ही परमात्मा को मांगता है। उसका न कोई लोभ, न भय है। न तो वह नर्क से डरा हुआ है, न स्वर्ग का उसे आयोजन है, न प्रयोजन। वह कहता है, तुमसे लग जाये लगाव। बस तुम्हारी चाहत एक मात्र चाहत हो जाये, सब हो गया। वह कहता है न स्वर्ग चाहिए, न नर्क का भय है मुझे। भक्तों ने तो कहा है हमें मोक्ष भी नहीं चाहिये। क्या करेंगे मोक्ष का? बस तुम्हारे चरण मिल जायें तुम्हारे चरणों में लग जाये चित्त, बस इतना काफी है। तुम्हारे दर्शन हो जायें। तुम मिले तो सब मिला।

दरिया प्रेमी आत्मा रामनाम धन पाया
निर्धन था धनवन्त हुआ भूला घर आया

एक ही धन है इस जगत में, वह परमात्मा है। उसको छोड़कर हम और सब खोजते हैं। इसलिए हम दरिद्र ही बने रहते हैं। इसलिए सब धन भी इकट्ठा हो जाता है, फिर भी कहां तृप्ति, कहां संतोष! नहीं, सब हो जाता है—बड़े महल, बड़ा धन, बड़ी तिजोड़ी, बड़ी प्रतिष्ठा और भीतर? भीतर वैसे के वैसे दरिद्र और भिखमंगे। धन बाहर पड़ा रहता है, भीतर की निर्धनता जरा भी उससे नहीं बदलती। भीतर की निर्धनता तो तभी जाती है जब असली धन मिलता, परम धन मिलता। उसका नाम ही परमात्मा है।

निर्धन था धनवन्त हुआ भूला घर आया

और परमात्मा के मिलन में भी भूला घर लौटता है। नहीं तो भटके ही हुए हैं। लाख करो और सब कुछ उपाय, भटकन ही बढ़ती रहेगी। सिर्फ एक ही है, जहां भटकन मिटती है।

क्यों भूला घर आया? क्योंकि परमात्मा हमारा वास्तविक घर है वह हमारा स्वरूप है। उसी से हम आये हैं, उसी में हमें जाना है। हम उसी की तरंग हैं। हमें उसी में लीन हो जाना है। हम उससे अपने को पृथक समझें तो हम दरिद्र रहेंगे। हम उसमें अपने को डुबा दें तो सागर का सारा धन हमारा धन है। बूंद डरती है सागर में उतरने से कि कहीं खो न जाऊं! खो तो जायेगी सच। डर भी ठीक है। लेकिन खोने से ही तो सागर बनेगी इसलिए डर ठीक भी नहीं है। मिटने से ही तो कोई पाता है।

निर्धन था धनवन्त हुआ भूला घर आया
सूर न जाने कायरी सूरातन से हेत

साहस से जोड़ो अपनी गांठ, कमजोरियों से नहीं। दरिया बड़े पते की बात कह रहे हैं।

सूर न जाने कायरी सूरातन से हेत
पुर्जा-पुर्जा हो पड़े तऊ छांड़े खेत

हिम्मत जगाओ। हिम्मत का नाम धर्म है। साहस को जगाओ। साहस का नाम धर्म है। नर्क से डरकर कायर की तरह मत कंपते रहो। और स्वर्ग के लोभ से लोभी होकर गिड़गिड़ाओ मत, पूंछ मत हिलाओ।

सूर न जाने कायरी सूरातन से हेत

उसका तो साहस से और अभियान से ही लगाव है। उसकी गांठ, उसका तो विवाह अभियान मे हुआ है। नये अभियान पर जाना है। रोज नये अभियान पर जाना है। रोज नये की तलाश करनी है। रोज अज्ञात पर चरण रखना है। रोज नये शिखर छूने हैं ऊंचाइयों के, गहराइयों के, नयी तलाशें करनी हैं।

शूरातन से हेत—साहस से ही जिसका लगाव है, वही धार्मिक हो पाता है।

पुर्जा-पुर्जा हो पड़े तऊ न छांड़े खेत

सब मिट जाये तो भी वह मैदान नहीं छोड़ता हड्डी-हड्डी गिर जाये, पुर्जा-पुर्जा हो पड़े, टुकड़ा-टुकड़ा होकर गिर जाये, तो भी वह खेत नहीं छोड़ता। भागता नहीं। मैदान से हटता नहीं।

और यह परम घटना तभी घटती है जब सब पुर्जा हो-होकर गिर जाता है। जब तुम्हारे पास कुछ भी नहीं बचता, सब गिर जाता है, तब अचानक तुम पाते हो कि वही रहा है जो तुमसे गिर नहीं सकता; जो तुम्हारा परम धन है; जिससे तुम अलग नहीं हो सकते। सब कटकर गिर जाता है तब जो शेष रह जाता है वही परमात्मा है।

दरिया सो सूरा नहीं जिन देह करी चकचूर
मन को जीत खड़ा रहे मैं बलिहारी सूर

और दरिया कहते हैं उसकी हम बात नहीं कर रहे हैं—गलती मत समझ लेना।

दरिया सो सूरा नहीं जिन देह करी चकचूर

यह कोई शरीर की बहादुरी की बातें नहीं हो रही हैं। तो दरिया कहते हैं भूल मत कर लेना, हम यह नहीं कह रहे हैं कि तुम जाकर युद्ध के मैदान पर लड़ो, और तुम्हारा शरीर कट-कट के गिर जाये, तो तुम कुछ बहादुर हो गये। यह कोई बड़ी बात हुई नहीं। यह तो फिर अहंकार में, अहंकार की ही सेवा है।

दरिया सो सूरा नहीं जिन देह करी चकचूर
मन को जीत खड़ा रहे मैं बलिहारी सूर

यह तो भीतर के युद्ध की, भीतर के संग्राम की बात हो रही है। मन को जीत खड़ा रहे—न तो लोभ मन को डिगाये, न भय मन को डिगाये। कोई मन को न डिगाये। तूफान उठे कि आंधियां, मन अडिग और अकंप, निष्कंप बना रहे। जैसे निर्वात घर में जहां हवा को झोंका न आता हो, दिये की लौ अकंप हो जाती, ऐसा तूफानों के बीच में भी जो अकंप बना रहे; हारे तो रोये नहीं; जीते तो हंसे नहीं; सफलता मिले तो गर्व न उठे; पराजय हो जाये तो दीनता न पकड़े; न दिन फर्क करे, न रात, सुख हो कि दुख, सब में समभाव बना रहे।

मन को जीता खड़ा रहे मैं बलिहारी सूर

मैं उस सूरमा की बात कर रहा हूं, दरिया कहते हैं। उस पर मैं बलिहारी हूं।

यह धर्म के रास्ते पर जो पहला गुण है, साहस है। धर्म के रास्ते पर न तो उपवास से कुछ होता है, न व्रत से कुछ होता है, न पूजा-पाठ से कुछ होता है। जो पहला गुण चाहिए वह साहस है। और जिसके पास साहस है उसके पास सब गुण अपने आप आ जाते हैं। साहस सभी गुणों का जन्मदाता है। और जिसके पास साहस नहीं है, भयभीत है जो, उसके भीतर सब दुर्गुण आ जाते हैं। भय दुर्गुण का स्रोत है। तुमने देखा नहीं ? जब तुम झूठ बोलते हो, तो झूठ क्यों बोलते हो ? भय के कारण। तुमने देखा नहीं ? जब तुम चोरी कर लेते हो तो चोरी क्यों कर लेते हो ? भय के कारण। भयभीत हो कि पैसा पास में नहीं है, कैसे जिऊंगा ? और हजार रुपये पड़े दिखाई पड़ गए, उठा लेते हो। झूठ बोल देते हो क्योंकि डरते हो, कि अगर सच बोला, पकड़ा गया, बेइज्जती होगी। तो झूठ बोल देते हो।

खयाल करना तुम्हारे जीवन के, सारे दुर्गुणों की जड़ तुम भय में पाओगे, या लोभ में पाओगे। वे एक ही सिक्के के दो पहलू हैं।

आज के सूत्रों का सार इतना ही है कि अगर लोभ और भय छूट जाये तो तुम्हारे जीवन में परमात्मा को आने का द्वार खुल जाता है। भय लोभ छोड़ो।

पंडित ज्ञानी बहु मिले वेद ज्ञान परवीन
दरिया ऐसा न मिला राम नाम लवलीन

यह भय और लोभ छूट जाये तो तुम राम नाम में लवलीन हो सकते हो। दरिया ने बहुत खोजा—मिला, एक व्यक्ति मिला, जिसके चरणों में बैठकर क्रांति घटी; जिसके चरणों में बैठकर आकाश में उड़ान हुई; जिसके चरणों में बैठकर अनंत की यात्रा हुई। लेकिन उसके पहले बहुत

लोगों के पास गए। तरह-तरह के लोग मिले, उनकी बड़ी कुशलतायें थीं, उनके बड़े गुण थे, लेकिन असली बात नहीं थी। भीतर का दिया बुझा था।

सद्गुरु को खोजो। और जहां कहीं तुम्हें किसी व्यक्ति के भीतर का दिया जलता हुआ दिखाई पड़ जाये तो फिर लाज-संकोच न करना; फिर भय विचार में न पड़ना। फिर तो पागल पतंग की भांति···। फिर तो अदम्य साहस करके उतर जाना उस अग्नि में; अग्निमय हो जाना। यही संन्यास की परिभाषा है।

और एक बार ऐसी घटना घट जाय, तो मौत से मिलती है परम जीवन की कुंजी, हाथ आती है। मिटने से होने का राज़ हाथ आता।

हमें अनुवाद करना आंसुओं का आ गया अब तो
कभी कुछ गीत ढल जाते कभी ढलती गझल कोई

फिर तो जीवन में दुख रहता ही नहीं। आंसू भी कभी कुछ गीत ढल जाते हैं। कभी ढलती गजल कोई। आंसू भी ढल-ढल कर गीत बन जाते है, गजल बन जाती है। अभी तो मुस्कुराहट भी झूठी है, अभी तो मुस्कुराहट से भी गीत नहीं बनते और गजल नहीं बनती, अभी तो मुस्कुराहट भी धुआं-धुआं है। फिर आंसू भी, फिर मृत्यु भी परम जीवन की तरफ ले जाती है। फिर तो मिटना भी होने के मार्ग पर सीढ़ियां बना देता है।

भया उजाला गैब का दौड़े देख पतंग
दरिया आपा मेंटकर मिले अगिन के रंग
दरिया प्रेमी आत्मा रामनाम धन पाया
निर्धन था धनवंत हुआ भूला घर आया

भूले हो अभी, घर आओ। निर्धन हो अभी, धनवान बनो। बाहर मत खोजो इस धन को। इस धन का खजाना तुम्हारे भीतर पड़ा है।

मैंने सुना है, एक राजधानी में एक भिखमंगा मरा। वह तीस साल तक एक ही जगह भीख मांगता रहा। जब मर गया तो गांव के लोगों ने उसे जलाया। और फिर गांव के लोगों ने सोचा, तीस साल यह इसी जगह बैठा रहा चौरस्ते पर, यह जगह भी गंदी हो गयी है। गंदे कपड़े, ठीकरे, बर्तन-भांडे, सब वहीं रखे बैठा रहा। भिखारी तो भिखारी। तो उन्होंने कहा, इसकी थोड़ी मिट्टी भी यहां से निकालकर फेंक दो। यह मिट्टी भी गंदी कर डाली।

तो उन्होंने मिट्टी निकाली। मिट्टी निकाली तो चकित रह गए। वहां एक बड़ा खजाना गड़ा था; बड़े हांडे गड़े थे। अशरफियां ही अशरफियां

निकलीं। सारे गांव में एक ही चर्चा हो गयी की यह भी खूब रही। यह भिखमंगा उसी जगह बैठा जिंदगी भर भीख मांगता रहा, जहां इतना खजाना गड़ा था।

और ध्यान रखना, वह जो गांव में जिन लोगों ने चर्चा की और इस भिखमंगे के दुर्भाग्य पर रोये, उनमें से किसी ने यह न सोचा कि जहां वे खड़े हैं, जहां वे हैं, वहां भी बड़े खजाने गड़े हैं। उससे भी बड़े खजाने गड़े हैं। अनंत खजाने गड़े हैं।

हम सब उस भूमि पर खड़े हैं जहां अनंत खजाना गड़ा है। लेकिन आंख बाहर भटकती है और भीतर नहीं आती, और खजाना भीतर है। पद भीतर, धन भीतर, प्रतिष्ठा भीतर, और तुम भटकते बाहर, इसलिए चूक हो जाती है। खूब भूले, खूब भटके, अब घर आओ।

आज इतना ही।

**प्रश्न सार**

- क्या भक्तिमार्ग पर भी साहस की जरूरत होती है ?
- क्या संप्रदाय से धर्म में प्रवेश नहीं हो सकता ?
- सुख का समय अनंत होता है या दुख का ?
- काम, प्रेम और भक्ति ।
- आपको समझना असंभव सा क्यों लगता है ?

# 4. सुख-दुख से कोई परे परम पद

14 अगस्त 1977; श्री रजनीश आश्रम, पूना

पहला प्रश्न : दरिया साहब के कल के सूत्र शूरता की प्रशस्ति के सूत्र थे। केवल एक शब्द-प्रेमी को ध्यानी से बदलकर वे सूत्र बहुत मजे में जिनेश्वर महावीर के सूत्र कहे जा सकते हैं। भक्ति भी क्या इतनी जुझारू होती है? और क्या भक्ति और ध्यान में इतना ही फर्क है?

धर्म के मार्ग पर चाहे कोई भी विधि चुनी जाये, साहस तो चाहिये ही होगा। साहस के बिना तो धर्म नहीं है। भक्ति हो या ध्यान, कमजोर और भीरू के लिये कोई मार्ग नहीं। भीरू न तो हिम्मत कर पाता है ध्यान की। क्योंकि ध्यान का अर्थ है पूर्ण होने का प्रयास। ध्यान का अर्थ है स्वयं को उपलब्ध करने की चेष्टा। ध्यान का अर्थ है अपूर्व संकल्प। साहस चाहिये, संघर्ष चाहिये।

प्रेम के मार्ग पर भी उतना ही साहस चाहिये। कोई ऐसा न सोचे कि प्रेम या भक्ति के मार्ग पर साहस की क्या जरूरत? शायद थोड़ा और ज्यादा ही साहस चाहिये, क्योंकि भक्ति है समर्पण। भक्ति है विसर्जन। ध्यान कहता है स्वयं हो जाओ। भक्ति कहती है स्वयं को मिटा दो। स्वयं को बिलकुल मिटा दो। मिटने के लिये तो और भी साहस चाहिये। ध्यानी को तो थोड़ी आशा है कि मैं बचूंगा। भक्त उतनी आशा भी नहीं रख सकता। ध्यानी भी मिटता है, अंतिम चरण में मिटता है। भक्त पहले चरण में ही मिट जाता है।

ध्यानी भी समर्पण करता है लेकिन आखरी चरण में। शुरूआत से तो अपने अहंकार को शुद्ध करता है। सारे जीवन के जितने भी दोष हैं उन्हें दूर करता है। संघर्ष करता है दोषों से। अंत में बचता है शुद्ध अहंकार। वह अंतिम घड़ी है। उसे भी छोड़ना होता है क्योंकि वह आखरी दोष है—मैं भाव। अब न चोरी रही, अब न क्रोध रहा, न लोभ रहा, न काम रहा, सब गये। लेकिन सब की जगह बस एक अस्मिता छूट गयी—मैं हूं। अंततः उसे भी छोड़ता है ज्ञानी। उस आखरी घड़ी में क्रांति घटती है।

लेकिन भक्त और प्रेमी तो पहले ही चरण में छोड़ देता है उसको।

फ़र्क इतना ही है, ध्यानी और बुराइयों को पहले छोड़ता है और अहंकार की बुराई अंत में छोड़ता है। भक्त अहंकार की बुराई पहले छोड़ता है और उसी बुराई को छोड़ने के बाद अपने आप दूसरी बुराइयां छूटती चली जाती हैं। क्योंकि सभी बीमारियों की जड़ अहंकार है। तुमने कभी क्रोध भी किया है तो अहंकार के कारण ही किया है। और तुमने अगर कभी लोभ भी किया है तो भी अहंकार के कारण ही किया है ! तो भक्त तो सीधा जड़ पर चोट करता है। और भी साहस चाहिये। ज्ञानी तो शाखायें काटता है। धीरे-धीरे-धीरे काटते-काटते अब ऐसी घड़ी आती है, जब सारा वृक्ष कट जाता है, केवल जड़ें रह जाती हैं। तब अंततः जड़ों को काट देता है। ज्ञानी की प्रक्रिया तो बहुत क्रमिक है—कदम-कदम। लेकिन भक्त की प्रक्रिया अक्रमिक है – एक ही छलांग में। तो भक्त को तो साहस और भी चाहिये।

तो ऐसा तो भूलकर भी मत सोचना कि संकल्प के मार्ग पर साहस ठीक, लेकिन यह दरिया तो प्रेम की बात करते है, यह इतने जुझारू होने की बात करते हैं ? भक्त को मिटना है। इससे बड़ा और साहस क्या होगा ? भक्त को स्वयं को खोना है। इससे बड़ा और दुस्साहस क्या होगा ? इसलिए जो प्रतीक दरिया ने चुना है, ठीक है, प्यारा है। कि जैसे पतंगा दीपशिखा पर आकर मर जाता है, ऐसे ही भक्त सद्गुरु की शिखा पर आकर मर जाता है, मिट जाता है। सद्गुरु में मरकर ही परमात्मा में जन्म होता है।

दूसरा प्रश्न : क्या संप्रदाय से धर्म प्रवेश हो ही नहीं सकता ?

हो सकता है। जहां भी हो वहीं से धर्म प्रवेश हो सकता है। क्योंकि ऐसी तो कोई जगह ही नहीं है जहां से परमात्मा की तरफ जाने का मार्ग न हो। ऐसी अगर कोई जगह हो तो उसका अर्थ हुआ, ऐसी भी कोई जगह है जहां परमात्मा नहीं है। तो जहां भी तुम हो वहीं से मार्ग है। लेकिन संप्रदाय में अगर तुम हो तो मार्ग का अर्थ होगा, संप्रदाय को छोड़कर।

जैसे कोई कारागृह में बंद है, तो क्या कारागृह से छुटकारे का कोई उपाय नहीं है ? छुटकारे का उपाय है। कारागृह की दीवाल को फांदो और निकलो; कि कारागृह का दरवाजा तोड़ो; कि कारागृह के सींकचे काटो; कि कोई उपाय करो कि दीवाल तुम्हें बाधा न बने, दीवाल में सेंध लगाओ ताकि बाहर निकल जाओ। मार्ग तो कारागृह से भी है; खोजना पड़ेगा।

जिसे नहीं जाना है वह तो स्वतंत्र भी बैठा हो खुले आकाश के नीचे तो नहीं जायेगा। तो मार्ग वहां भी नहीं है। तुम खुले आकाश के नीचे

बैठे हो, गंगा सामने बहती है और तुम्हें पानी नहीं पीना है, या तुम्हें प्यास ही नहीं लगी है, तो तुम उठोगे भी नहीं। गंगा बहती रहे, बहती रहे। या तो तुम्हें प्यास नहीं है, या तुम सोचते हो प्यास इस पानी से बुझेगी नहीं। तुम किसी और पानी की तलाश में बैठे हो। तुम्हारी आंखें कहीं और भटक रही हैं तो जो खुला बैठा है, वह भी जरूरी नहीं कि परमात्मा में पहुंच जाये। जो संप्रदाय के कारागृह में बंद है, वह भी बंद ही रह जाये। इस पर निर्भर करता है कि परमात्मा को पाने की कितनी प्रबल आकांक्षा है। तो कोई बंधन न रोकेगा। जंजीर भी नहीं रोकती। जिसको रुकना ही नहीं है उसे कोई भी नहीं रोकता। और जिसे रुकना है, कुछ भी रोक लेता है; कुछ भी छोटी-मोटी बात रोक लेती है।

कारागृह से लोग छूटते हैं। आखिर सभी लोगों का जन्म संप्रदाय में होता है। बुद्ध हिंदू घर में पैदा हुए, नानक हिंदू घर में पैदा हुए, दरिया मुसलमान घर पैदा हुए, लेकिन छूट गये। खोज हो तो इस जगत में कोई चीज बांधती ही नहीं। खोजी को कभी किसी ने नहीं बांधा है। खोज न हो तो जंजीरें न हों, तुम खुले आकाश के नीचे बैठे हो, मगर बैठे हो, इससे कुछ यात्रा नहीं होगी।

संप्रदाय का अर्थ क्या होता है? संप्रदाय का अर्थ इतना ही होता है, सांप था कभी, निकला था कभी, अब सांप तो नहीं है धूल पर लकीर रह गयी है। सांप गुजरा था कभी। कभी महावीर थे, अब जैन संप्रदाय है। सांप गुजरा था कभी इस राह से, रेत पर छूटा हुआ चिह्न रह गया है। बुद्ध गुजरे थे कभी, उनके चरणचिह्न रह गये हैं समय की रेत पर। उन्हीं चरण-चिह्नों का नाम संप्रदाय है।

चरणचिह्नों में चरण तो नहीं है, ध्यान रखना, चिह्न ही हैं! तुम लाख इन्हें पूजो। अगर तुमने बुद्ध के जीवित पैर पकड़ लिये होते तो उनकी गति के साथ तुम्हारी गति भी जुड़ जाती। वे गत्यात्मक थे, प्रवाह थे, तुम उनके साथ बहे होते। लेकिन अगर तुमने चरणचिह्न पकड़ा तो चरणचिह्न कहीं भी नहीं जाता, वहीं के वहीं पड़ा रहेगा; सदा वहीं पड़ा रहेगा। चरणचिह्न में कोई गति नहीं है।

तुमने अगर बुद्ध को पकड़ा होता तो वे तुम्हें जगाते। तुमने अगर बुद्ध की मूर्ति पकड़ी तो वह तुम्हें कैसी जगायेगी? वह खुद ही जागी नहीं है। तुमने अगर कृष्ण के पास बैठने का सौभाग्य पाया होता, तो शायद उनके वे मधुर शब्द तुम्हारे जीवन को परमात्मा की खोज की अभीप्सा से भर देते। लेकिन गीता से यह बात न हो सकेगी। कोई जीवित आंखें चाहिये जो तुम्हारी आंखों में झांकें, और तुम्हें झकझोरें। कोई जीवंत शब्द चाहिये

जो सिर्फ ओठों से न उठा हो, किताबों से न उठा हो। रंजी सास्तर ग्यान की—शास्त्र-ज्ञान की धूल से यह न हो सकेगा। यह तो कहीं कोई हृदय धड़कता हो शब्दों के पीछे, कहीं कोई शून्य विराजमान हो शब्दों के पीछे, उसी शून्य से उठता हो शब्द और तुम्हारे अंतःस्तल में जाता हो, तो शायद तुम्हारे जीवन में रोमांच हो जाये, तो शायद तुम भी नाचने लगो; पैर में तुम्हारे भी घूंघर बंधें।

मीरा ने भजन गाये। निश्चित ही लता मंगेशकर उन्हीं भजनों को ज्यादा ढंग से गाती है, लेकिन लता मंगेशकर का भजन सुनकर तुम्हारे जीवन में भगवान का पदार्पण नहीं होगा। मीरा को शायद इतना ढंग-ढौल न भी आता हो, शायद संगीत की पूरी कला न भी आती हो, लेकिन जो मस्ती थी, जो जीवंतता थी, वह तो किसी गायक के स्वर में नहीं हो सकती। गायक के स्वर में संगीत होगा, छंद होगा, मात्रा होगी, संगीत के नियमों का अनुसरण होगा, पालन होगा, सब होगा, मगर कुछ बात चूकी-चूकी रह जायेगी।

जैसे लाश पड़ी हो, सजी-संवरी, गहने पहनाये हुए सुन्दर वस्त्रों में ढंकी, चेहरे पर भी पाऊडर लगाया हो, लालिमा लगायी हो, ओंठों पर लिपस्टिक हो और लाश पड़ी हो—ऐसा ही होगा गायक का गाना। लेकिन जीवंत नहीं। यह लाश उठ न सकेगी। यह लाश बोल न सकेगी। तुम पुकारोगे तो यह लाश जवाब न देगी। और इन गहनों और आभूषणों और इन वस्त्रों के भीतर सिर्फ सड़ रही है लाश, जल्दी ही बदबू उठेगी। मृत है।

संप्रदाय मरे हुए धर्म का नाम है। जैसे तुम अपनी मां को प्रेम करते हो लेकिन मां मर जाती है तो क्या करते हो? उसे घर में तो नहीं रख लेते। उसे मरघट ले जाते हो। रोते हो, छाती पीटते हो, विदा कर आते हो। ऐसा ही है संप्रदाय। जिस दिन धर्मगुरु जा चुके, जिस दिन जीवंत प्राण उड़ गये हों, ज्योति विलीन हो और सिर्फ बुझा हुआ दिया रह जाये उस दिन उसकी पूजा करते जाना, लाश को घर में विराजमान कर लेना है। इसलिए संप्रदाय से मुक्ति नहीं होती।

और मैं यह नहीं कह रहा हूं कि संप्रदाय का जो दिया है, उसमें कभी ज्योति नहीं थी, यह मैं नहीं कह रहा हूं। इसमें ज्योति कभी थी; नहीं तो तुम पूजते ही नहीं। दिये को भी नहीं पूजते। तुमने कभी किसी ने ज्योति देखी थी, उसी से पूजा शुरू हुई थी। फिर पूजा जारी है। ज्योति कब की बुझ गयी। जिन्होंने देखी थी वे भी हजारों साल हुए विदा हो गये। फिर उनके बेटों के बेटे, बेटों के बेटे, बेटों के बेटे, इस आशा में कि उनके पूर्वजों

को ज्योति दिखी थी, होगी जरूर, अब भी बुझे दिये को पूजे चले जाते हैं। इस तरह वेद पुजता है, इस तरह कुरान पुजती है, इस तरह बाइबल पुजती है।

दरिया कहते हैं, रंजी सास्तर ग्यान की अंग रही लिपटाय।

यह सब धूल है, जो अंग से लिपटी है। खोजो किसी गुरु का झरना कि उसमें डुबकी ले लो, यह धूल बह जाये। खोजो किसी गुरु की संगति कि उसके अंधड़ में तुम्हारी धूल उड़ जाये; कि तुम स्वच्छ हो जाओ। शास्त्र से स्वच्छ हो जाओ। शब्द से मुक्त हो जाओ। धारणा और सिद्धांतों का बोझ हट जाय तो तुम्हारा चित्त निर्मल हो। उसी निर्मल चित्त में परमात्मा की छवि बनती है।

लेकिन लाशों को पूजते-पूजते तुम खुद ही लाश हो गये हो। ऐसा हो जाता है। तुम जो पूजोगे वही हो जाओगे। इसलिए अपनी पूजा बहुत ध्यान पूर्वक चुनना। हर कुछ मत पूजने लगना। पत्थर पूजोगे, पत्थर हो जाओगे तुम जो पूजोगे वही हो जाओगे। क्योंकि तुम पूज रहे हो उसका अर्थ ही यही है कि तुम अपने से श्रेष्ठ वहां कुछ देख रहे। अगर लाश को पूजा तो तुम जीवन के भक्त नहीं हो, तुम मृत्यु के भक्त हो। तुम जल्दी ही मर जाओगे।

आप अपनी सरहदों में खो गया है आदमी
चीन की दीवार जैसा हो गया है आदमी
शीशियों में भर लिये हैं इसने कुछ चेहरों के घोल
जिससे हर पहचान अपनी धो गया है आदमी
सींपियों को विष की बूंदें, जुल्म को नैनों का नीर
कौन सा मोती कहां पर पो गया है आदमी
एक टुकड़ा छांव भी है हादसा जिसके लिये
धूप के पेबंद पहने सो गया है आदमी
रोज बनकर टूटता है गर्दिशों के चाक पर
वक्त के हाथों खिलौना हो गया है आदमी
जिस्म से मन को अलग रखकर गये सदियां हुईं
आज तक लौटा नहीं है जो गया है आदमी
कौन सी इच्छा बनी थी मकबरा पहले पहल
मकबरों का सिलसिला सा हो गया है आदमी

कब्र जैसे हो गये हो, मकबरे जैसे हो गया हो। मकबरे पूजोगे, मकबरे हो जाओगे। कब्रों की पूजा से सावधान। संप्रदाय अतीत की पूजा है, बीत गये की—जो कभी था और अब नहीं है। संप्रदाय का अर्थ होता है, सत्य

को समूह के द्वारा खोजा जा सकता है। और सत्य जब भी खोजा गया है तो व्यक्ति द्वारा खोजा गया है, समूह के द्वारा नहीं।

सिंहों के नहीं लेहड़े—सिंह तो अकेले होते हैं। उनके लेहड़े नहीं होते। कबीर अकेले, नानक अकेले, दादू अकेले, दरिया अकेले। जब पाया तो अकेले में पाया। जब भी किसी ने पाया है तो नितांत अकेलेपन में पाया है। जहां दूसरे की कोई छाया भी न पड़ती थी। महावीर ने पाया, बुद्ध ने पाया, क्राईस्ट ने पाया, महंमद ने पाया, अकेले में पाया।

महंमद पर जब पहली दफा कुरान उतरी तो पहाड़ पर अकेले थे, कोई भी न था। महावीर को जब अनुभव हुआ तो वे बारह साल तक मौन जंगल में खड़े रहे थे, चुपचाप। शब्द भी छोड़ दिये थे, बोलना भी छोड़ दिया था, क्योंकि बोलो तो दूसरा आ जाता है। दूसरे को इस तरह विसर्जित कर दिया था कि बोलेंगे ही नहीं तो दूसरा आयेगा कैसे? बुद्ध को जब मिला तो एकान्त में अकेले बोधिवृक्ष के नीचे बैठे थे। कोई दूसरा न था। पांच संगी-साथी थे, वे भी छोड़कर चले गये थे।

यह कथा भी प्यारी है। प्रतीकात्मक भी हो सकती है, क्योंकि ऐसे बुद्ध पुरुषों के पास जो भी कथायें बनती हैं, वे प्रतीकात्मक हो जाती हैं। ये पांच संगी-साथी थे, जो सदा उनके साथ रहे थे। पांचों को साथ लेकर वे सत्य की खोज पर निकले थे। लेकिन जब बुद्ध ने देखा कि बहुत तपश्चर्या करके भी कुछ नहीं मिलता। सब तरह से शरीर को सुखा लिया और कुछ भी नहीं हुआ तो उन्होंने तपश्चर्या त्याग दी। संसार छोड़ दिया था एक दिन, फिर एक दिन तपश्चर्या भी छोड़ दी। जिस दिन तपश्चर्या छोड़ी, वे पांचों नाराज हो गये। उन्होंने कहा, यह गौतम तपश्चर्या करता था और अब कुछ भी ले लेता है। भिक्षा भी स्वीकार कर लेता है। अब पुरानी कठोरता न रही। वे छोड़कर चले गये। जिस दिन वे छोड़कर चले गये, उसी रात बुद्ध को ज्ञान हुआ।

यह पांच का प्रतीक पांच इंद्रियों का प्रतीक भी हो सकता है—होना चाहिए। यह पांच इंद्रियों को साथ लेकर जैसे बुद्ध खोज रहे थे, तब तक अड़चन रही। पहले इन पांच इंद्रियों के भोग में खोजते थे, फिर इन पांच इंद्रियों के त्याग में खोजते थे लेकिन यह पांच इंद्रियों का साथ बना रहा था। उस रात इन पांच का साथ छूट गया, अतींद्रिय हो गये, उसी रात घटना घट गयी।

मगर वे पांच शिष्य थे उनके। वे छोड़कर चले गये कि गौतम भ्रष्ट हो गया। जिस दिन वे छोड़कर गये उसी दिन घटना घट गयी। ऐसा भी हो सकता है, उन पांच की मौजूदगी बाधा बन रही थी। ऐसी ही मेरी प्रतीति

है। उन पांच की मौजूदगी बाधा बन रही थी। भीड़-भाड़ थी। जमात हो गयी थी। बातचीत भी करते होंगे, विवाद भी करते होंगे। सन्नाटा नहीं था, शून्य नहीं था। समाधि बनना मुश्किल थी। जब भी सत्य अवतरित हुआ है तो नितान्त एकान्त में व्यक्ति की अन्तरात्मा में अवतरित हुआ है।

सम्प्रदाय का अर्थ होता है, तुम सोच रहे हो कि भीड़-भाड़ में खड़े होने से सत्य मिल जायेगा। हिन्दू होने से सत्य मिल जायेगा कि मुसलमान होने से सत्य मिल जायेगा। नहीं, न हिन्दू होने से सत्य मिलता है, न मुसलतान होने से सत्य मिलता है; अकेले होने से सत्य मिलता है। हिन्दू भी भीड़ है, मुसलमान भी भीड़ है। भीड़ तो राजनीति है। इसलिए सम्प्रदाय राजनीति है, धर्म कम। यह धर्म के नाम पर बड़ी सूक्ष्म राजनीति है।

अपना नन्हा चिराग जलाये बिना कोई चारा नहीं
कोई चारा नहीं कि जिस प्रकाश के भुलावे में
हमने अपने चिराग बुझा दिये
सारे शक-शुबह सायास सुला दिये
वह झूठा निकला
झूठा निकला यह विश्वास
कि सूरज सबको रास्ता दिखायेगा
मूर्ख होगा जो अपना अलग-अलग चिराग जलायेगा
क्या है जरूरत नन्हे नन्हे चिराग लिए अंधेरे में
टामक-टोये मारने की,
अलग-अलग रास्ता खोजने की,
जीतने की कोशिश में बार-बार हारने की ?
जब कि नये सूरज की किरणों में जगमगाता आसमान खुल गया है
अंधेरा हमेशा-हमेशा के लिए धुल गया है
कोटि-कोटि जन बढ़े जा रहे हैं
जयकारे बुलाते
और नारे लगाते
और अपने नन्हे चिराग सहर्ष बुझाते
झूठा निकला वह विश्वास
जनपथ बियाबान में खो गया
और प्रकाश अंधेरे की चादर ओढ़कर सो गया
अपना नन्हा चिराग जलाये बिना कोई चारा नहा

रोशनी सामूहिक नहीं है। सत्य का सूरज नहीं है। सत्य का तो छोटा सा चिराग जलता है तुम्हारी अन्तरात्मा में, तुम्हारे एकान्त में, तुम्हारे निबिड़ शान्ति में। छोटे-छोटे चिराग जलाने होते हैं सत्य के। समाधि के दिये होते हैं, सूरज नहीं।

यहां तुम इतने लोग हो, अगर तुम सभी भी ध्यान करके बैठ जाओ तो जैसे ही ध्यान घटेगा, तुम अकेले रह जाओगे, बाकी सब लोग भूल जायेंगे। साथ भला बैठे हो, देह ही साथ होती है। जैसे ही तुम भीतर गये, अकेले हो जाते हो। भीतर तो एकदम अकेलापन है। वहां तुम किसी दूसरे को ले भी न जा सकोगे। चाहो तो भी न ले जा सकोगे। अपने प्रीतम को भी बुलाना चाहो तो न बुला सकोगे। वहां दूसरे के पहुंचने की संभावना ही नहीं है। वहां बस तुम ही विराजमान हो।

उस परमसत्ता को खोज लेना है जहां तुम ही विराजमान हो। उसी को ज्ञानी आत्मा कहते हैं, भक्त परमात्मा कहते हैं। वह तुम्हारा ही निज स्वरूप है। लेकिन उसे पाने के लिए भीड़-भाड़ तो छोड़नी ही होगी। भीड़-भाड़ से तो बचना होगा। भीड़-भाड़ के उपयोग हैं। और उपयोग हैं, धार्मिक कोई उपयोग नहीं है भीड़-भाड़ का। राजनैतिक उपयोग है; अगर बड़ी भीड़ के हिस्सेदार हो तो तुम ताकतवर हो। अगर छोटी भीड़ के हिस्सेदार हो तो ताकत कम हो गयी। तो ये ताकत की बातें हैं। लेकिन अगर तुम अकेले हो तो धार्मिक हो गये।

और एक बार तुम उस अकेलेपन को जान लो, एक बार तुम्हारा नन्हा-सा चिराग जल जाये, तो फिर तुम भीड़ों में रहो, बाजारों में रहो, कोई फर्क नहीं पड़ता। जिसका चिराग जला है उसके लिए बाजार कहीं है ही नहीं। उसके लिए सभी जगह परमात्मा का वास है। उसके लिए सभी जगह हिमालय फैल गया है। उसके लिए सभी जगह सन्नाटा है। और जिसकी अपनी रोशनी जली है उसे कहीं भी अंधेरा नहीं है। तुमने देखा न! छोटा-सा दिया हाथ में लेकर तुम चलो तो तुम जहां जाओ, तुम्हें रोशनी घेरे रहती है। तुम्हारा छोटा-सा दिया पर्याप्त है। कम-से-कम कुछ कदमों तक, चार-छह कदमों तक रोशनी तुम्हें घेरे रहती है। रोशनी का एक वर्तुल तुम्हारे साथ चलता है। जिसके भीतर का दिया जल रहा है उसके लिए अंधेरा है ही नहीं। वह जहां भी जायेगा वहीं रोशनी है। बाजार में बैठे तो बाजार में रोशनी है। पहाड़ पर बैठे तो पहाड़ पर रोशनी है। परिवार में रहे तो परिवार में रोशनी है। परिव्राजक हो जाये तो परिव्राजक होने में रोशनी है। असली बात भीतर की रोशनी का जल

जाना है। लेकिन यह सम्प्रदाय से नहीं होता है, इसके लिए तो तुम्हें स्वयं ही चेष्टा करनी होगी।

दुनिया में धर्म के नाम पर सम्प्रदाय खोटे सिक्के की भांति हैं, झूठे सिक्के की भांति है। यह प्रलोभन दे देता है। यह कहता है देखो, सम्मिलित हो जाओ। इस सम्प्रदाय में सम्मिलित हो जाओ, या उस सम्प्रदाय में सम्मिलित हो जाओ। और पा लोगे, जो तुम्हें पाना है। लेकिन कभी किसी ने पाया ? जीसस पैदा हुए थे यहूदी घर में लेकिन यहूदी सम्प्रदाय में नहीं मिला। खोजना पड़ा एकान्त में। आज तक दुनिया में जितने लोगों ने पाया है, सब ने एकान्त में पाया।

और सबके साथ यह दुर्भाग्य घटता है कि जब उनको मिल जाता है तो उनके दिये की रोशनी देखकर हजारों लोग दौड़े आते हैं, पतंगे आते हैं। पतंगे मरते हैं उनकी ज्योति में आकर; उनकी ज्योति में लीन होते हैं। फिर समय रहते उनकी ज्योति बुझ जाती है। इस जगत में कोई भी चीज शाश्वत नहीं है। सद्गुरु भी घटते हैं और विदा हो जाते हैं। घड़ी भर को द्वार खुलता है, फिर बन्द हो जाता है। लेकिन लोगों को पता नहीं चलता।

लोग तो पुरानी लकीर के फकीर। सुनते हैं कि उनके बाप-दादा फलां दिये पर गिरकर और निर्वाण को पा गये थे तो वे भी उसी दिये पर गिरते जाते हैं और यह भी नहीं देखते हैं कि दिया अब जल नहीं रहा है। पतंगा पतंगा बना रहता है। दिये पर गिरता जाता है, सिर पटक लेता है। बल्कि और भी प्रसन्न होता है कि यह अच्छी रही। मरने से भी बचे और दिये पर गिरने का साहस दिखाने का भी मजा ले लिया। असली दियों से बचता है। जहां ज्योति जल रही है अब, वहां नहीं जाता। वह कहता है, हमारा अपना ही दिया है, हम उसी पर गिरते हैं। हमारा अपना मन्दिर है, अपना गुरुद्वारा है, अपनी मस्जिद है, हम वहीं जाते हैं। हम क्यों जायें दूसरी जगह ? मगर तुम यह देखो कि जिस मन्दिर से तुम लौट आते हो वह मंदिर न होगा। जो मस्जिद तुम्हें मिटाती नहीं वह मस्जिद नहीं है अब। जिस गुरुद्वारे से तुम वैसे के वैसे लौट आते हो जैसे गये थे, वह गुरुद्वारा कहां रहा ? वह गुरु का द्वार अब कहां रहा ? जब गुरु नहीं रहा तो गुरु का द्वार कहां रह जायेगा ? गुरुद्वारे से तो जो गया सो गया; फिर लौटे कैसे ? असली दिये पर गिरोगे तो गये।

तो इस सम्प्रदाय के नाम पर एक झूठ प्रक्रिया चलनी शुरू होती है। एक थोथा जाल फैलता है। अगर कभी कोई लोग इस सम्प्रदाय के नाम पर किसी तरह ठोक-पीट कर अपने को थोड़ा शान्त भी कर लेते हैं, तो भी

वह शान्ति मुर्दे की शान्ति होती है, जीवित आदमी की शान्ति नहीं है। शान्ति शान्ति में फर्क है, ध्यान रखना। एक मरघट की भी शान्ति होती है। एक शान्त बैठे आदमी की शान्ति होती है और एक मुर्दा लाश की भी शान्ति होती है। ऊपर से देखने में दोनों शान्तियां मालूम पड़ती हैं। तुम अपने कमरे में मर गये तो भी सन्नाटा हो जाता है, और तुम अपने कमरे में समाधि में चले गये तो भी सन्नाटा हो जाता है। लेकिन क्या ये दोनों समाधियां, ये दोनों शान्तियां एक जैसी हैं ? ये सन्नाटे एक जैसे हैं ? लाश का सन्नाटा और समाधिस्थ व्यक्ति के सन्नाटे में कुछ फर्क करोगे ? समाधिस्थ व्यक्ति का सन्नाटा जीवंत है, परम ऊर्जा से आन्दोलित है। मुर्दों का सन्नाटा सिर्फ सन्नाटा है; सिर्फ शोरगुल का अभाव है, नकारात्मक है। उसमें कुछ विधायकता नहीं है।

ऐसी आग भी होती है जो औरों को नहीं जलाती है<br>
पर अपनी परिधि में रुकी<br>
अपनी मर्यादा में बंधी दिप्-दिप् जलती है<br>
हमें राख की शान्ति नहीं चाहिए<br>
ऐसी आग भी होती है जो चिटकती नहीं<br>
शोर नहीं मचाती<br>
अपनी गरिमा से पुष्ट<br>
अपनी शक्ति से सन्तुष्ट<br>
अनवरत शान्त मगन दहकती है<br>
हमें राख की शान्ति नहीं चाहिए

शान्ति चाहो ऐसी आग की, जो दिप्-दिप् जलती है। ऐसी आग की, जो अपने में सन्तुष्ट, परितुष्ट, अनवरत शान्त और मगन दहकती है। आग की शान्ति चाहो, राख की नहीं। राख की भी शान्ति होती है—मुर्दा, ठंडी; जहां जीवन जा चुका है। हां, कभी वहां भी आग थी।

सम्प्रदाय राख है। कभी वहां आग थी, कभी अंगारे थे, अब नहीं हैं। धर्म की खोज में व्यक्ति को हमेशा अंगारे खोजने पड़ते हैं; और यही अड़चन है। क्योंकि राख में तो तुम पैदा होते हो, अंगारा तुम्हें खोजना पड़ता है। हिन्दू घर में पैदा हुए इसके लिए तुम्हें कुछ करना तो नहीं पड़ा। यह तो संयोग की बात थी। कि जैन घर में पैदा हुए, संयोग की बात थी। बचपन से एक सम्प्रदाय तुम्हें मिल गया। बचपन से एक सम्प्रदाय का संस्कार पड़ गया। लेकिन अगर तुम्हें सद्‌गुरु खोजना है तो खोजना पड़ेगा। सद्‌गुरु जन्म से नहीं मिलते। सद्‌गुरु के लिए तो आंखें खोलकर भटकना पड़ता है, यात्रा करनी पड़ती है। सद्‌गुरु तीर्थयात्रा से मिलते हैं। खतरा

उठाना पड़ता है, जोखम लेनी पड़ती है। क्योंकि कौन जाने, जिसको तुमने सद्‌गुरु माना, है भी या नहीं ! तो जुआरी बनना पड़ता है। दांव लगाना पड़ता है। चूक भी हो सकती है।

सम्प्रदाय में भूल-चूक नहीं होती। बाप-दादों से चला आता है, उधार है। तुम्हें मिल जाता है मुफ्त—वसीयत की तरह; खुद नहीं कमाना होता। इस फर्क को समझ लेना। सम्प्रदाय मुफ्त मिलता है वसीयत की तरह। धर्म कमाना पड़ता, धर्म खोजना पड़ता है, धर्म पर दांव लगाना होता है। इसलिए थोड़े से ही लोग धार्मिक हो पाते हैं।

अब जिन्होंने नानक को चुना—जिन्दा नानक को, उनकी बात और थी। अब जो सिक्ख हैं उनकी बात और है। जिन्होंने नानक को चुना था—जिन्दा नानक को, उन्होंने बड़ी अड़चन से चुना था। क्योंकि कोई हिंदू घर में पैदा हुआ होगा। नानक का तो घर ही नहीं था तब तक। कोई मुसलमान घर में पैदा हुआ था, कोई जैन घर में पैदा हुआ था कोई गोरख-पंथी था, कोई और था, कोई और था, हजार सम्प्रदाय थे, उनमें लोग पैदा हुए थे। फिर नानक की ज्योति जली, यह अंगारा प्रगटा। इस अंगारे के गीत जन्मे। तब तो जिन्होंने चुना, बड़े हिम्मतवर लोग रहे होंगे। बहुत नहीं हो सकते, बिरले हो सकते हैं। इसलिए तो दरिया कहते हैं, पूरी फौज में कोई एकाध सूरमा होता है। फौज की फौज वीरों की नहीं होती, कोई एकाध वीर पुरुष होता है।

तो थोड़े से लोगों ने नानक का गीत सुना। थोड़े से लोगों ने पहचान बताई। थोड़े से लोगों ने हिम्मत की, अपने अतीत को दांव पर लगाया। अतीत सुरक्षित था। गीता दांव पर लगा दी इस आदमी के प्रेम में, इस आदमी के मोह में। कहा कि छोड़ते हैं गीता। क्योंकि कृष्ण ठीक थे या नहीं यह सवाल नहीं है। गीता में अब कृष्ण कहां ? राख बची है। महावीर को छोड़ दिया, बुद्ध को छोड़ दिया, मोहम्मद को छोड़ दिया, इस आदमी के साथ सगाई कर ली। इस आदमी के साथ विवाह रचा लिया। यह खतरे का काम था। क्योंकि गीता की पुरानी साथ थी—हजारों साल पुरानी। यह आदमी तो अभी-अभी हुआ। पता नहीं ठीक भी हो कि न हो। इसके पीछे कोई पुरानी साख तो नहीं है। बाजार में इसको कोई जानता तो है नहीं अभी। इस अनजान के साथ प्रेम बांध लिया। हिम्मतवर लोग थे। उनको अगर नानक ने शिष्य कहा—सिक्ख उसी से बना—तो ठीक कहा; वे शिष्य थे। जो गुरु खोजता है, वह शिष्य है।

लेकिन अब जो सिक्ख हैं वे सिक्ख नहीं हैं। अब उन्होंने गुरु थोड़े ही खोजा। अब तो वे सिक्ख घर में पैदा हुए। अब तो उनको गुरु खोजना

पड़े तो फिर झंझट होगी अब तो उन्हें नानक को छोड़कर गुरु खोजना पड़गा, यह झंझट होगी। और तुम्हें यह हैरानी होगी बात जानकर कि जो नानक को छोड़कर गुरु खोजेंगे वही सिक्ख हैं। क्योंकि सिक्ख का अर्थ ही यह होता है कि जो गुरु को खोजे। जीवित गुरु को खोजे। अब तो जो असली सिक्ख है, वह सिक्ख सम्प्रदाय के बाहर हो जायेगा। जो असली जैन है वह हिन्दू सम्प्रदाय के बाहर हो जायेगा। क्योंकि सम्प्रदाय में कहां असली ? वह असली को खोजेगा। असली तो सदा जीवित गुरु के प्राणों में होता है। मगर नुकसान तो उसे उठाने पड़ते हैं।

किसी संप्रदाय को छोड़ना इतना आसान तो नहीं। फिर संप्रदाय के साथ बहुत से न्यस्त स्वार्थ हैं, औपचारिकतायें हैं, व्यवस्थायें हैं, सुरक्षायें, सुविधायें हैं। फिर संप्रदाय इसे क्षमा भी नहीं करता। संप्रदाय इसका ठीक से बदला लेता है। जब तुम किसी संप्रदाय को छोड़ते हो तो तुम संप्रदाय के अहंकार को चोट पहुंचाते हो कि तुमने समझा क्या ? तुम अपने को अकल-मंद समझ रहे हो ? हम सब गलत हैं ? हम हजारों साल से मान रहे हैं और गलत हैं ? और तुम अकेले समझदार हो गये हो ? तो सारा संप्रदाय तुम्हारे खिलाफ खड़ा हो जाता है। भीड़ उनकी है, वह तुम्हें अड़चन देती है। यह अड़चन सत्य के मार्ग पर साहसी आदमी को उठानी ही पड़ती है। इसलिए दरिया ठीक ही कहते हैं कि कुछ सूरमा होते हैं, जो धर्म के मार्ग पर जाते हैं।

धर्मगुरु सद्गुरु नहीं है, धर्मगुरु सद्गुरु का धोखा है। पंडित है, पुरोहित है, मौलवी है, वे धोखे हैं। उनके भीतर की आग जलती हुई नहीं है। उन्हें खुद भी कुछ पता नहीं है। वे उतने ही अज्ञान में हैं जितने तुम। कभी-कभी तो ऐसा होता है, तुमसे भी ज्यादा अज्ञान हैं। क्योंकि तुम्हें कम से कम इतनी समझ है कि मुझे कुछ पता नहीं है, उनको यह खयाल है कि उन्हें सब पता है और पता कुछ भी नहीं। उनकी हालत तुम से बदतर है।

फिर धर्म के साथ उनका संबंध क्या है ? धर्म के साथ उनका कोई संबंध नहीं है। धर्म के पाखंड के साथ उनका संबंध है क्योंकि उससे लाभ है; उससे व्यवसाय है। धर्मगुरु धर्म का व्यवसाय कर रहा है।

मैंने सुना, मुल्ला नसरुद्दीन के पास एक आदमी आया, बड़ा डरा हुआ था। मुल्ला मौलवी ! उसने कहा कि मुल्ला बचाओ। बड़ी भूल हो गयी। आज सात दिन से सोया भी नहीं। एक बकरा चुरा लिया किसीका, और मित्रों ने मिलकर खा-पी भी गये। अब मुझे यह पाप कचोटता है, कि मित्रों ने खाने-पीने में तो हाथ बंटाया लेकिन फसूंगा तो मैं ही आखिर में। निर्णय के दिन, कयामत के दिन, पुकारा तो मैं जाऊंगा। चुराया तो मैंने था बकरा।

खो तो ये सब गये। मुझे थोड़ा बहुत मिला है, इसमें ठीक है; मगर ये तो खा-पीकर विदा हो गये, फंस मैं गया। चोरी मैंने की थी। मुल्ला, मुझे कुछ रास्ता बताओ कि मैं निकल आऊं।

मुल्ला तो बहुत चिल्लाया, नाराज हुआ एकदम। उसने पूरा का पूरा नरक का दृश्य खड़ा कर दिया, कि दोजख में सड़ोगे, जलाये जाओगे कडाहों में कीड़े-मकोड़े काटेंगे, जन्मों-जन्मों तक दुख पाओगे। खूब डराया उस आदमी को। वह बहुत घबड़ा गया। उसने कहा कि मुल्ला, अब और मत घबड़ाओ मैं वैसे ही सात दिन से सोया नहीं, तुम तो ऐसी हालत किये दे रहे हो। मैं क्या करूं, यह बताओ। मुल्ला ने कहा, कुछ करना है अगर तो केवल बातचीत से न होगा, कुछ नगद प्रमाण चाहिए।

नगद प्रमाण ? उस आदमी ने कहा, तुम्हारा मतलब क्या है ?

मुल्ला ने कहा, नगद नहीं समझते ?

उसकी अकल में आया, उसने पांच रुपये का नोट निकालकर मुल्ला को दिया कि लो। मुल्ला ने उसे खीसे में रखा और कहा घबड़ाओ मत, हर झंझट के बाहर मार्ग है, लेकिन तुम समय पर आ गये। कयामत में बुलाये तो जाओगे। ईश्वर पूछेगा कि बकरा क्यों चुराया तो तुम साफ मुकर जाना। तुम कहना चुराया ही नहीं। वह आदमी बोला, साफ मुकर जाना ? मुल्ला ने कहा, कोई गवाह है ? कहा, गवाह कहां ? किसी ने देखा तुम्हें चुराते ? उस आदमी ने कहा, किसी ने नहीं देखा। मुल्ला ने कहा, फिर बेफिकर रहो। जब कोई गवाह ही नहीं है तो कोई छोटी-मोटी अदालत भी कुछ नहीं कर सकती। तो उसकी बड़ी अदालत है। गवाह तो पूछेगा ही कि कोई गवाह है, जिसने देखा ?

वह आदमी बोला, बात तो ठीक है, लेकिन परमात्मा तो सभी विराट शक्तिमान है, उसके लिये क्या कमी है ? वह चाहे तो बकरे को ही बुला सकता है कि यह बकरा खड़ा है। बकरे ने तो देखा। मुल्ला ने कहा, यह अड़चन आ गयी। नगद प्रमाण फिर से दो। तो उस आदमी ने फिर पांच रुपये का नोट निकाला। वह खीसे में रखकर मुल्ला ने कहा, देखो ऐसा है, अगर वह बकरे को बुलाये सामने तो जल्दी से बकरे को पकड़ कर उस आदमी को दे देना, जिसका चुराया है। कहना झंझट मिटी। बात ही खतम हो गयी। लेना देना पूरा। अब कैसा मामला ! वह आदमी भी खुश हुआ, मुल्ला भी प्रसन्न है। उस आदमी को भी बात जंच गयी कि यह बात ठीक है।

जिसको तुम धर्मगुरु कहते हो वह व्यवसाय कर रहा है। उसकी रोटी-रोजी है। उसे तुमसे कुछ मतलब नहीं है, न तुम्हारे भविष्य से कुछ प्रयोजन

है। उसे अपने ही भविष्य का पता नहीं है, तुम्हारे भविष्य का क्या प्रयोजन होगा ? लेकिन व्यवसाय है, संप्रदाय है। जल्दी ही पंडित-पुरोहितों का व्यवसाय बन जाता है।

स्वभावतः पंडित-पुरोहित सदा ही सद्गुरु के विरोध में खड़े रहते हैं—खड़े ही रहेंगे। क्योंकि जब भी सद्गुरु पैदा होगा, जब भी किसी व्यक्ति में फिर से अंगारा जलेगा, तो वे सब घबड़ा जायेंगे, जो राख का धंधा कर रहे हैं। उसको भभूत कहो, विभूति कहो, जो भी कहना हो कहो, लेकिन जो भी राख का धंधा कर रहे हैं वे सब घबड़ा जायेंगे। वे सब एकजूट विरोध में हो जायेंगे। वे कहेंगे यह अंगारा खतरनाक है। जाना मत, जलोगे। मुश्किल में पड़ोगे। यह राख अच्छी है, ठंडी है, शीतल है फिर बाप-दादे भी यही पूजते रहे हैं, तुम भी यही पूजो। अपने बाप-दादों को मत छोड़ो। अपनी निष्ठा मत गंवाओ। भटक मत जाना। यह मार्ग सुनिश्चित है, इस पर अनेक लोग गये हैं। यह नये मार्ग के झंझट में मत पड़ो। क्या पता कोई जाता हो, न जाता हो। नयी बातें खतरनाक हो सकती हैं। पुरानी जांची-परखी गई बातों में ही रहो।

तुम पूछते हो, "क्या संप्रदाय से धर्म-प्रवेश हो ही नहीं सकता ?"

हो सकता है, संप्रदाय के बाहर आना उपाय है। संप्रदाय को भी सीढ़ी बना लो। उस पर चढ़ जाओ, उससे पार निकल आओ। और तुम संप्रदाय के भीतर बंधकर जिसे खोज रहे थे उसे तुम संप्रदाय के बाहर रहकर किसी दिन पा लोगे। जिस दिन तुम पा लोगे उस दिन तुम जान लोगे—अगर तुम हिंदू थे तो तुम जान लोगे कि अब मैं हिंदू हुआ। अगर मुसलमान थे तो पाओगे कि अब मैं मुसलमान हुआ। अगर जैन थे तो पाओगे, अब मैं जैन हुआ। लेकिन जैन रहते कोई जैन नहीं होता न हिंदू रहते कोई हिंदू होता है। यह विरोधाभास है। छूटकर संप्रदाय से व्यक्ति धार्मिक बनता है। क्षुद्र शब्दों और शास्त्रों की सीमाओं से उठकर सत्य का खुला आकाश उपलब्ध होता है।

तीसरा प्रश्न : आप कहते हैं कि सुख का समय अनंत है और मनोवैज्ञानिक कहते हैं कि दुख का समय अनंत है। कृपा करके समझायें अनंत के प्रति यह दो विपरीत दृष्टिकोण किस कारण हैं।

नहीं, जरा भी विरोध नहीं है। जब सुख घटता है, जब घट रहा होता है, तो क्षणिक मालूम होता है। जब सुख घट रहा होता है उसी समय अगर देखोगे तो सुख क्षणिक मालूम होगा। क्यों ? क्योंकि मन चाहता है, सुख घटता रहे इसलिए कितना ही घटे, लगता है कम घटा।

प्रियजन से मिलना हो गया, रात ऐसे बीत जाती है बात में, गपशप में, कब सुबह हो गई, पता नहीं चलता। ऐसा लगता है कि घड़ी बड़ी तेजी से चल गई। कांटों ने बड़ा धोखा किया, जल्दी-जल्दी घूम गये। कांटे तो अपने ही तरह से घूम रहे हैं, समय तो अपनी ही गति से जा रहा है। कोई फर्क तुम्हारे लिये नहीं किया है। तुम्हारे मन में फर्क हो गया है क्योंकि इस मित्र को पाकर तुम्हें जो रस आ रहा है उसे तुम चाहते हो सदा आता रहे, आता ही रहे। तुम्हारी मांग इतनी बड़ी है, उस मांग की तुलना में जो सुख मिल रहा है वह इतना छोटा मालूम पड़ता है कि यह गया···यह गया···। अभी आया मित्र, अभी जाने की घड़ी आ गई। अभी सुख आया था, उरजा था, यह चला।

तो जब सुख बीत रहा होता है, जब तुम सुख की घड़ी में होते हो तब ऐसा लगता है बड़ी जल्दी जा रहा है, क्षणभंगुर है।

ठीक इससे विपरीत दशा दुख की होती है। जब तुम दुख की घड़ी में होते हो तो लगता है, घड़ी चल ही नहीं रही। अटका है कांटा। घूमता ही नहीं कांटा।

तुम्हारा प्रियजन मर रहा है, मृत्युशैया पर पड़ा है, तुम किनारे बैठे हो खाट के उसके, रात ऐसी लगती है कि बीतेगी ही नहीं। लगता है कि लम्बी होती जा रही है। क्या मामला क्या है ? क्या कयामत की रात आ गई ? आखिरी रात आ गई ? आज सुबह होती नहीं दिखाई पड़ती। आज सुबह होगी या नहीं होगी ? अब सूरज निकलेगा कि नहीं निकलेगा ? कारण क्या है ? कोई फर्क नहीं पड़ा। घड़ी अपने ढंग से चल रही है। सुबह भी होगी। चाल समय की वही है जो थी लेकिन तुम्हारा मन आज बड़ा दुख में भरा है। तुम चाहते हो जल्दी यह रात कट जाये। जल्दी कट जाये। सुख में तुम चाहते हो, कहीं जल्दी न कट जाये। दुख में तुम चाहते हो, जल्दी कट जाये। अब कट ही जाये। किसी तरह सुबह हो जाये, किसी तरह सूरज निकल आये।

जब तुम दुख में होते हो तो तुम जल्दी पार होना चाहते हो। तुम्हारी जल्दी के कारण देरी मालूम पड़ती है कि दुख की घड़ी बड़ी धीरे-धीरे जा रही है। जा ही नहीं रही, चल ही नहीं रही। समय ठहर गया है। सुख में तुम चाहते हो समय ठहर जाये, सो समय भागता मालूम पड़ता है। यह तुम्हारे ही मन की कल्पना के कारण होता है। समय तो वैसा ही चलता है, जैसा चलता है। न सुख की फिकिर है न दुख की फिकिर है।

तो यह पहली बात। फिर जब तुम पीछे लौटकर देखते हो सुख की घड़ी को या दुख की घड़ी को, तो फिर एक फर्क हो जाता है। जब तुम

पीछे लौटकर देखते हो सुख की कोई घड़ी···रात जिस दिन, जब कोई प्रियजन आ गया था और तुम गीत गाते रहे थे, और साथ बैठकर चांद निहारते रहे थे, नाचे थे साथ-साथ, मगन हुए थे, एक दूसरे में डुबकी ली थी, जब तुम पीछे लौटकर देखते हो तो वह सुख बड़ा लंबा मालूम पड़ेगा। जब तुम सुख में गुजरे थे तो बड़ा छोटा मालूम पड़ता था। जब तुम लौट कर देखोगे तो सुख बहुत लंबा मालूम पड़ेगा। और जब तुम दुख को लौट-कर देखोगे तो दुख छोटा मालूम पड़ेगा। जब दुख में से गुजरे थे तो बड़ा लंबा मालूम पड़ता था।

क्यों? क्योंकि हम कल्पना में भी दुख को बड़ा नहीं करना चाहते। हम कल्पना तक में दुख को छोटा करना चाहते हैं। असलियत में तो कर नहीं सकते, कल्पना में तो कर सकते हैं। असली दुख जब सामने खड़ा है तब तो वह गुजरेगा तब गुजरेगा। जितना समय लेगा। हम चाहते हैं जल्दी गुजर जाये तो लगता है, धीरे गुजर रहा है। हमारी अपेक्षा अड़चन डाल देती है लेकिन जब तुम लौटकर देखते हो तो तुम मालिक हो गये। अब तुम चाहो जितने जल्दी केलेन्डर को फाड़ दो। एक क्षण में दिन बीत जाये। एक क्षण में रात बीत जाये, एक क्षण में वर्ष बीत जाये। अब तुम्हारे हाथ में है। तो तुम दुख को छोटा कर लेते हो। तुम सदा से छोटा करना चाहते थे। असलियत में तो न कर सके थे, स्मृति में कम कर लेते हो।

इसलिए लोग स्मृति में दुख की बातों को भूल जाते हैं। खूब दुख घटे है जिंदगी में लेकिन उनको भूल जाते हैं। और सुख को कभी नहीं भूलते हैं। सुख को खूब याद रखते हैं, संजोकर रखते हैं। उसकी तिजोड़ी बना लेते हैं। और सुख को खूब लंबा-लंबा कर देखते हैं। वह तुम्हारी कल्पना की बात, जैसा तुम्हें देखना हो। इसलिए लोग पीछे लौट-लौटकर देखते हैं और कहते हैं, कैसे अच्छे दिन थे वे पुराने दिन। अब बीत गये। बचपन कैसा प्यारा था। इसी मनोवैज्ञानिक आधार पर सारी दुनिया में यह एक प्रवृत्ति है कि अतीत में स्वर्ण-युग था, सतयुग था, वह बीत गया। कैसे प्यारे दिन कैसे आनंद के दिन! वे सब चले गये।

वर्तमान सदा दुख मालूम होता है और अतीत सुख मालूम पड़ता है। क्योंकि अतीत से तुमने दुख को अलग कर दिये, छांट दिये। स्मृति तो तुम्हारी है, तुम जो चाहो करो। पन्ने फाड़ दिये तुमने स्मृति के किताब से जो दुख के थे, या उनको संक्षिप्त कर दिया, या बिलकुल छोटा कर दिया, फुटनोट रह गये। और सुख के जो पन्ने थे उनको खूब बड़े कर दिये। उनके अध्याय के अध्याय बना दिये। फुटनोट जो थे, अध्याय बन हो गये। अध्याय जो थे, फुटनोट हो गये। यह फिर तुम मालिक ही पीछे। फिर

तुम्हारे हाथ में है तुम अस्तित्व को तो नहीं बदल सकते लेकिन स्मृति को बदल सकते हो। और हम सब स्मृति को बदलते रहते हैं।

तो ये दो बातें हैं। जब सुख बीतला है, क्षणभंगुर मालूम पड़ता है। और जब बीत जाये तो तुम लौटकर याद करते हो तो हालत बिलकुल उल्टी हो जाती है। सुख खूब लंबा मालूम पड़ता है, दुख छोटा-सा मालूम पड़ता है।

लेकिन ये दोनों ही स्थितियां अज्ञान की हैं। ज्ञानी को सुख-दुख दोनों बराबर मालूम पड़ते हैं; न कोई लंबा, न कोई छोटा। क्योंकि ज्ञानी की कोई अपेक्षा नहीं है। उसकी कोई मांग नहीं है। वह कहता नहीं कि यह रात बड़ी हो जाये, यह रात छोटी हो जाये। वह कहता है जैसी है, उससे वह राजी है। उसके मन में तथा ता का भाव है। सर्व स्वीकार है। कांटा गड़े तो स्वीकार है। फूल की गंध नासापुटों में भर जाये तो स्वीकार है। सुख बरसे तो ठीक, दुख बरसे तो ठीक। वह हर हालत में राजी है। चूंकि हर हालत में राजी है इसलिए दुख भी उतना ही मालूम होता है, जितना है। और सुख भी उतना ही मालूम होता है, जितना है।

और एक बड़ी चमत्कार की बात घटती है। तब आदमी को पहली दफा पता चलता है कि जिंदगी में पचास-पचास प्रतिशत है दोनों। उतना ही दुख है, उतना ही सुख है। आधा-आधा है। संतुलन है। अज्ञानी को यह कभी पता नहीं चलता कि दोनों बराबर हैं। अज्ञानी कहता है कि जब बीत रहा है तब दुख बहुत ज्यादा है, सुख बहुत कम। और जब बीत जाता है तो सुख बहुत ज्यादा हो जाता है, दुख बहुत कम। अज्ञान के तराजू के पलड़े कभी समतुल नहीं होते। एक पलड़ा ऊपर और एक नीचे लगा रहता है। ज्ञानी के पलड़े समतुल हो जाते हैं। ज्ञानी की कोई अपेक्षा नहीं है। वह यह नहीं कहता, ऐसा हो। वह कहता है जैसा है, वैसा है। इसमें होने की कोई बात ही नहीं है।

जब कोई ऐसा स्थिरमति हो जाता है, स्थितप्रज्ञ हो जाता है, ऐसा शांत समचित हो जाता है, सम्यक्त्व को उपलब्ध हो जाता है, जब देखता है जैसा है वैसा है, तो अचानक एक अपूर्व घटना घटती है---दुख और सुख दोनों बराबर हैं। अब यह बहुत हैरानी की बात है। इसे तुम्हें समझने में अड़चन होगी।

इसलिए जैसे सुख बढ़ता है वैसे दुख भी बढ़ जाता है। अमीर आदमी ज्यादा दुखी होता है बजाय गरीब आदमी के। संपन्न देश ज्यादा दुखी होते हैं बजाय विपन्न देशों के। आज अमरीका में जैसा दुख है वैसा भारत में नहीं है; हो नहीं सकता। कारण एक बहुत बहुमूल्य नियम है। जैसे सुख

बढ़ता है वैसे दुख बढ़ जाता है, क्योंकि दोनों सदा अनुपात में होते हैं। एक तरफ सुख बढ़ा दूसरी तरफ दुख बढ़ा। ऐसा ही समझो कि जितना ऊंचा पहाड़ होगा उतनी ही गहरी खाई होगी न उसके पास! पहाड़ बड़ा होने लगा तो खाई बड़ी होने लगी अब हम एक उपद्रव की आकांक्षा करते रहते हैं सदा, कि खाई तो बिलकुल न हो, पहाड़ खूब ऊंचा हो। यह हो नहीं सकता। अगर खाई नहीं चाहिये तो पहाड़ को भी मिटा देना होगा; तब समतल हो जायेगा।

दुनिया में आदमी सुख बढ़ाने के उपाय करता है और साथ ही साथ दुख बढ़ता जाता है, दुख बढ़ेगा। इससे तुम्हें एक बात समझ में आ जायेगी, समस्त महाज्ञानियों ने यह कहा है कि दुख को घटाने की फिकर मत करो, सुख को बढ़ाने की फिकर मत करो। सुख और दुख को स्वीकार कर लो। तुम घटाने-बढ़ाने की बात छोड़ दो। तुमने सुख बढ़ाया तो दुख भी बढ़ जायेगा, इधर तिजोरी में रुपये बढ़ेंगे, वहां शरीर में बीमारियां बढ़ेंगी। इधर बिस्तर सुन्दर हो जायेगा और नींद तिरोहित हो जायेगी। यह रोज हो रहा है। यह तुम जानते हो। यह तुम्हारी जिंदगी में हो रहा है। मगर यह सत्य इतना कडुवा है कि तुम इसे स्वीकार करना नहीं चाहते। तुम इसको मद्दे-नजर किये रहते हो। तुम इसको उपेक्षा से टाले रहते हो। तुम कहते हो कि नहीं, ऐसे कैसे? सुख बढ़ जायेगा, दुख को घटा लेंगे। सुख को बड़ा कर लेंगे।

पर तुमने देखा? जितनी बड़ी सफलता होती है उतनी ही बड़ी विफलता की संभावना बढ़ जाती है। तुम जितनी ऊंचाई पर चलोगे उतने ही नीचे गिर जाने का डर भी साथ ही साथ बड़ा हो गया है। गिरोगे तो बहुत नीचे गिरोगे। और गिरना पड़ता ही है। गिरना पड़ेगा ही। मगर आदमी सोचता है कुछ, होता कुछ है। आदमी जिंदगी के नियम को देखता ही नहीं।

यहां जीवन में सब चीजें समतुल हैं, नहीं तो जिंदगी बिखर जाये। अनुपात है। दिन है तो रात है, सर्दी है तो गर्मी है, जन्म है तो मृत्यु है, सुख है तो दुख है, सफलता है तो विफलता है। इसीलिए तो सारे ज्ञानी कहते हैं—समभाव। दोनों को बराबर मानो। दोनों बराबर हैं। तुमने एक को बढ़ाया तो दूसरा भी बढ़ जायेगा। तुम्हारी आकांक्षा का कोई संबंध नहीं है। जीवन का नियम यह है। जैसे किसी वृक्ष को अगर आकाश में ऊंचा उठाना हो, तो उसको अपनी जड़ें पाताल में गहरी भेजनी पड़ेंगी। अब वृक्ष चाहे कि जड़ें तो गहरी न जायें और मैं ऊंचा उठ जाऊं तो यह नहीं हो सकता। जितना ऊपर उठेगा उतना पाताल में गहरा भी उतरेगा।

नीत्शे का बहुत प्रसिद्ध वचन है : जो स्वर्ग को छूना चाहता है, उसे अपनी जड़ें नर्क तक पहुंचानी होंगी। बिना नर्क को छुए कोई स्वर्ग को नहीं छू सकता। इसलिए एक बड़ा अपूर्व जीवन का नियम समझ में आ जाये तो काम का होगा, बहुत काम का होगा। सुख को बढ़ाने की फिकर मत करना, दुख को घटाने की फिकर मत करना। इसमें हम व्यर्थ ही समय खराब करते हैं। अगर तुम दुख को घटाने की फिकर करोगे तो सुख घट जायेगा। अगर तुम सुख को बढ़ाने की कोशिश करोगे, दुख बढ़ जायेगा। दोनों साथ चलेंगे। ये गाड़ी के दो चाक हैं एक को छोटा और एक को बड़ा तुम न कर सकोगे। नहीं तो गाड़ी टूटकर गिर जायेगी। यह साथ ही साथ बड़े-छोटे होते हैं, तो ही गाड़ी चल पाती है।

तो फिर आदमी क्या करे ? आदमी स्वीकार करे। जैसा है उसे वैसा स्वीकार कर ले। अपनी तरफ से चेष्टा ही न करे। बजाय बदलाहट करने के देखे कि जीवन का रहस्य क्या है। और जिस दिन तुम्हें यह दिख जायेगा, दोनों चीजें समान हैं, तब तुम चमत्कृत हो जाओगे। तब आखिरी हिसाब में भिखमंगा भी उतने ही दुख पाता है, उतने ही सुख, जितना सम्राट दुख पाता है और सम्राट सुख। अनुपात बराबर होता है। अनुपात में जरा भी फर्क नहीं होता। अगर भिखमंगे के पास दो दुख हैं तो दो सुख हैं। अगर सम्राट के पास दो करोड़ सुख हैं तो दो करोड़ दुख हैं। अनुपात बराबर है; वह दो और दो का ही है। इसमें कोई अंतर नहीं पड़ता। तुम दुख के ऊपर एक आंकड़ा बढ़ाओ, एक आंकड़ा सुख पर बढ़ जाता है।

यह तुम्हें समझ में आ जाये तो तुम बड़े चकित होओगे। तो यहां भिखमंगे और सम्राटों में कोई बहुत फर्क नहीं है। माना कि सम्राट के पास सोने के लिए बड़ी सेज है, मगर नींद कहां ? और माना कि भिखमंगे के पास सेज है ही नहीं, सो जायेगा कहीं पटरी पर, लेकिन नींद है। सोयेगा तो घोड़े बेचकर सो जाता है; हालांकि घोड़े नहीं हैं, मगर घोड़े बेचकर सो जाता है। सम्राट के पास घोड़े बहुत हैं लेकिन घोड़े बेचकर नहीं सो पाता। सो ही नहीं पाता। सम्राट के पास भोजन तो सभी तरह के हैं सुस्वादु लेकिन भूख खो गई है। भूख लगती नहीं। भिखमंगे के पास भोजन तो बिलकुल नहीं है। रूखा-सूखा मिल जाये तो बहुत धन्यभाग। मगर जब मिल जाता है तो जो स्वाद उपलब्ध होता है वह किसी सम्राट को उपलब्ध नहीं होता। साथ-साथ है, अनुपात बराबर है।

जगत में सभी कुछ संतुलित है। इस संतुलन को देख लेना सम्यक्त्व है। इस संतुलन को देखने से आदमी समता में स्थिर हो जाता है। तब एक अलग घटना घटती है—न तो सुख ज्यादा है, न दुख ज्यादा है; सब

बराबर है। अचुनाव पैदा होता है। आदमी निर्विकल्प होने लगता है। चुनना ही क्या है, जब सब बराबर है। मित्र बढ़ाओ, शत्रु बढ़ जाते हैं; तो फायदा क्या है? तो फिर जैसा है, ठीक है। जैसा है ठीक है, ऐसी चित्त की दशा शांत, निर्विघ्न हो जाती है। निर्धूम जलने लगती है भीतर की ज्योतिशिखा।

तो ज्ञानी को न तो सुख ज्यादा, न दुख ज्यादा। और जिसको यह दिखाई पड़ गया कि सुख-दुख बराबर है, जिसने दोनों को ठीक से देख लिया, उसे एक तीसरी बात दिखाई पड़ती है कि मैं सुख-दुख के पार हूं। मैं अलग हूं। सुख आते, दुख जाते, सुख जाते, लेकिन मैं तो खड़ा देखता रहता। मैं साक्षी मात्र हूं। इस साक्षी में आनंद का जन्म होता है।

आनंद सुख नहीं है। आनंद सुख से उतना ही भिन्न है जितना दुख से भिन्न है। आनंद को तुम यह मत समझना कि महासुख। कि बहुत-बहुत सुख जोड़ दिये तो आनंद बन जायेगा। आनंद का कोई संबंध सुख से नहीं है। आनंद उस चित्तदशा का नाम है जहां तुमने सुख और दुख दोनों की सचाई पहचान ली और तुम दोनों से अलग हो गये। आनंद स्वभाव है। सुख-दुख आते हैं, आनंद है। सुख-दुख घटते हैं, आनंद सदा से है। जिस दिन भी तुम समतुल हो जाओगे उसी दिन आनंद का अनुभव शुरू हो जायेगा। आनंद मौजूद ही है तुम्हारे भीतर; सिर्फ तुम बाहर उलझे हो। कभी दुख में उलझे हो कि दुख न हो; कभी सुख में उलझे हो कि जरा ज्यादा देर रह जाये; तो तुम भीतर लौटकर नहीं देख पाते।

और जिसको यह दिखाई पड़ गया कि मैं आनंद हूं, उसके लिए समय मिट जाता है। सुख में लगता है, क्षण में गया। दुख लगता है खूब टिकता है। बीत जाने पर अज्ञानी को लगता है सुख खूब था, दुख बिलकुल नहीं था। ज्ञानी को पता चलता है, न तो सुख-दुख है, न समय है। कालातीत समय शून्य अवस्था उपलब्ध होती है। न कुछ भविष्य है, सब ठहरा हुआ है। सब स्थिर है, अचल है। जिस दिन अपने भीतर की अचलता का अनुभव होता है उसी दिन ठहर जाता है। तो ज्ञानी को समय ही मिट जाता है।

**चौथा प्रश्न : काम की अनुभूति होती है, प्रेम की अनुभूति भी होती है लेकिन भक्तिरस की अनुभूति कैसे होती है?**

काम की अनुभूति का अर्थ होता है, तुम्हारा तादात्म्य अभी शरीर से है। तुम सोचते हो मैं शरीर हूं। तो काम की अनुभूति होती है। मैं शरीर

हूं तो दूसरे का शरीर मुझे मिले। शरीर शरीर की मांग करता है। तो काम की अनुभूति होती है। जो लोग सिर्फ इतना ही मानते हैं कि मैं शरीर हूं, उन्हें प्रेम की अनुभूति भी नहीं होती।

नास्तिक को, भौतिकवादी को, चार्वाकवादी को, प्रेम की अनुभूति भी नहीं होती। फ्रायड तो कहता है कि प्रेम कुछ भी नहीं है, बस काम का ही विकार है। प्रेम की भी कोई अनुभूति नहीं है। जो मानता कि मनुष्य शरीर पर ही समाप्त है, उसके पार, इसके भीतर कुछ है. ही नहीं, उसे प्रेम की अनुभूति भी कैसे होगी ? बस काम ही की अनुभूति हो सकती है।

चार्वाक ने कहा है, जरा भी फिकर न करे पाप की या पुण्य की; और जरा भी चिंता न करे कर्मफलों की, क्योंकि आत्मा तो है ही नहीं। न तो कोई आयेगा लौटकर, न कोई फल लेने वाला बचेगा। ऋणं कृत्वा घृतं पिवेत। अगर ऋण लेकर भी घी पीने को मिले तो छोड़े ना, पी ले। इसकी भी फिकर न करे कि चुकाना है। क्या चुकाना है ? किसको चुकाना है ? और इससे डरे नहीं कि मरने के बाद कोई कयामत होगी, कोई परमात्मा होगा न कोई परमात्मा है, न कोई पूछने वाला है। ऋण लेकर भी पी ले। चोरी करके भी अपनी कामवासना को तृप्त कर ले। किसी भांति हो, येन केन प्रकारेण। किसी भी विधि से हो, अपने भोग को सिद्ध करे। तो जिसने मान रखा है कि मैं शरीर हूं उसे तो प्रेम की भी अनुभूति नहीं होती।

मैं तुम्हें इसलिए यह कह रहा हूं ताकि तुम्हें पता चल जाये कि तुम्हारी मान्यता से अंतर पड़ता है। तुमने पूछा है, "काम की अनुभूति होती है, और प्रेम की भी अनुभूति होती है।" क्योंकि दो बातें तुम मानते हो। एक तो तुम मानते हो कि मैं शरीर हूं और एक तुम मानते हो कि मैं मन हूं। तो प्रेम की अनुभूति होती है। अगर तुम्हारे जीवन में तीसरी बात की प्रतीति भी उठ आये कि मैं आत्मा हूं तो भक्ति की अनुभूति होनी शुरू होगी, उसके पहले नहीं होगी।

ये तीन तल है—शरीर यानी काम, मन यानी प्रेम, आत्मा यानी भक्ति। तो जब तक तुम शरीर ही मानोगे तब तक काम ही काम रहेगा। जब तुम थोड़े शरीर से ऊपर उठोगे, मन को भी स्वीकार करोगे तो फिर प्रेम की किरणें उठेंगी। जब तुम मन के भी पार उठोगे और आत्मा को स्वीकार करोगे तो—तो ही केवल भक्ति रस का स्वाद आयेगा।

तुम्हारा प्रश्न ईमानदारी का है। ऐसा ही हो रहा है। अधिक लोगों को काम की ही अनुभूति होती है, प्रेम की भी नहीं होती। थोड़े से लोगों को प्रेम की अनुभूति होती है। और विरले लोगों को भक्ति की अनुभूति होती है। भक्ति कामवासना का आमूल रूपांतरण है। प्रेम में कामवासना थोड़ी सी बदलती है, बहुत थोड़ी सी बदलती है। बहुत ज्यादा नहीं, थोड़ी बदलाहट होती है। लेकिन फिर-फिर वापिस कामवासना में गिर जाती है ऊर्जा। लेकिन थोड़ी बदलाहट होती है। भक्ति में आमूल बदलाहट हो जाती है। जड़ों से बदलाहट हो जाती है। फिर गिरने का उपाय नहीं रह जाता। जो भक्ति में पहुंच गया है फिर उसके जीवन में कामवासना नहीं रह जाती। जो कामवासना में है उसके जीवन में भक्ति नहीं हो सकती। प्रेम दोनों के बीच का सेतु है, दोनों को जोड़ता है।

तो तुम घबड़ाना मत, अगर प्रेम की अनुभूति होती है तो तुम ठीक रास्ते पर हो। सेतु तक तो पहुंच गये हो। एक किनारे काम है। दूसरे किनारे भक्ति है। बीच में यह सेतु है, यह पुल है प्रेम का। तुम इसमें मध्य में आकर खड़े हो गये हो। थोड़ी चेष्टा करो तो भक्ति की धारा बहेगी।

क्या चेष्टा करो जिससे भक्ति की धारा बहे? तुमने देखा? चौदह साल तक बच्चा बड़ा होता है तब तक काम की धारा नहीं बहती। क्योंकि अभी उसका काम पुष्ट नहीं है। अभी काम ऊर्जा तैयार नहीं है। चौदह वर्ष की उम्र में अचानक काम ऊर्जा पकेगी और एक विस्फोट होगा। चौदह वर्ष तक लड़के लड़कियों के साथ खेलना भी पसंद नहीं करते। कोई लड़का खेलता भी हो लड़कियों के साथ तो कहते हैं कि तू लड़की है क्या?

मैंने सुना, एक घर में एक आठ साल के बच्चे ने, मां से नाराज हो गया और अपने को जाकर बाथरूम में बन्द कर लिया भीतर से। लाख मां ने सिर पटका, चिल्लायी, रोयी, डांटा, समझाया, बुझाया, फुसलाहट की, रिश्वत देने की बात की, मगर वह चुपचुप खड़ा ही रह गया अन्दर। वह बोले ही नहीं। तब तो मां घबड़ायी। पति परदेश गये। वह और मुश्किल में पड़ी। पड़ोसियों को बुला लिया। पड़ोसी भी··· जब देखा लड़के ने कि पड़ोसी भी आ गया तो उसको और मजा आया होगा। वह बिलकुल ही सन्नाटा बांधकर खड़ा हो गया। वह बिलकुल ध्यानी हो गया। वे दरवाजा पीटे मगर वह बोले ही नहीं। तो और घबराहट बढ़ने लगी कि सांस चल रही है इसकी कि नहीं! जिन्दा है कि मर गया? हुआ क्या?

सब उसकी मां को डांटने लगे कि ऐसा थोड़े व्यवहार करना चाहिये ! उसने कहा, कुछ खास व्यवहार नहीं किया। जैसा रोज का व्यवहार है··· किसी बात पर नाराज हो गई। इतना बिगड़ जायेगा यह तो सोचा नहीं।

कोई उपाय न देखकर किसी ने सलाह दी कि अब तो एक ही रास्ता है कि आग बुझानेवालों को खबर करो। उनको पता रहता है कैसे दरवाजा तोड़ें, या, ऊपर से उतरें या क्या करें, या खिड़की से जायें। तो आग बुझानेवालों को खबर की वे आये उनके प्रधान ने आकर पूछा, आग कहां लगी है ? महिला ने कहा, आग कहीं भी नहीं लगी। आप क्षमा करें, मगर मामला यह है। यह बच्चा अन्दर हमें पता ही नहीं चल रहा कि जीवित है, या बेहोश हो गया, या मूर्छित हो गया या क्या हुआ। बोलता ही नहीं है, न आवाज का जवाब देता है।

उसने कहा, कोई फिकर नहीं, मैं अभी देखता हूं। वह जाकर अन्दर पहुंचा। दरवाजा खटखटाया। और कहा लड़की, बाहर निकल। वह लड़का बोला, कौन कह रहा है मुझसे लड़की ? अभी तक बोला ही नहीं था वह। जल्दी से दरवाजा खोलकर बाहर आ गया। उसने कहा किसने मुझसे लड़की कहा ? मैं लड़का हूं।

चौदह साल की उम्र तक तो लड़के लड़कियों के साथ खेलने में भी डरते हैं, संकोच भी करते हैं। और बात ही फिजूल लगती है। लड़कों को लड़कों में रस होता है। लड़कियों को लड़कियों में रस होता है। अभी काम ऊर्जा पकी नहीं।

अगर आठ साल का बच्चा तुमसे पूछे कि काम का सम्बन्ध कैसा होता है। तो तुम मुश्किल में पड़ जाओगे। कैसे समझाओगे ? तुम मुझसे पूछ रहे हो भक्ति का रस कैसा होता है ? वैसे ही मुश्किल में तुम मुझे डाल रहे हो। आठ साल के बच्चे को कैसे समझाओगे कि सभोग का रस कैसा होता है ? समझाओगे भी तो समझा न पाओगे। कहोगे भी तो खुद भी समझोगे साथ-साथ कि यह बात बेकार कह रहा हूं, यह इस तक पहुंचेगी नहीं। अनुभव ही अनुभव को समझ पाता है। तुम उससे कहोगे, रुक, थोड़ा ठहर। जरा बड़ा हो जा, खुद ही जान लेगा। वह तो संयोग—सौभाग्य है, चौदह साल में सभी काम की दृष्टि से प्रौढ़ हो जाते हैं, लेकिन भक्ति की दृष्टि से तो बहुत कम लोग प्रौढ़ होते हैं। पूरी जिन्दगी निकल जाती है। होना तो नहीं चाहिये। दुर्भाग्य है।

चौदह साल की उम्र में काम ऊर्जा परिपक्व होती है और पहली दफा कामवासना उठती है। लड़के लड़कियों में उत्सुक होने लगते हैं लड़कियां लड़कों में उत्सुक होने लगती हैं। अब उनकी पुरानी दोस्तियां ढीली पड़ने लगती हैं—लड़कों से लड़कों की, लड़कियों से लड़कियों की। एक नया रस पैदा होता है विपरीत में। जिसमें कल तक कोई रस नहीं था, जिससे कल तक कोई रस नहीं था, जिससे कल तक बचे थे, आज उसमें ही रस जगता है। आज उसमें ही सारे जीवन का सुख मालूम होता है। इसीलिए चौदह साल पहले जो दोस्ती बन गई, बन गई। उसके बाद फिर दोस्तियां नहीं बनतीं। बचपन की दोस्ती टिकती है। चौदह साल के बाद जो दोस्तियां बनती हैं, बस कामचलाऊ होती हैं। बचपन की दोस्ती की बात ही और है। बचपन की दोस्ती तो ऐसी भी होती है कि अगर बचपन का दोस्त तुम्हारे घर आ जाये तो तुम्हारी पत्नी ईर्ष्या करती है क्योंकि वह उससे पहले तुम्हारे जीवन में आया था और उससे गहरी उसकी जड़ें गई हैं। बचपन के दोस्त पत्नियां पसन्द नहीं करतीं। बचपन की सहेलियों को पति भी पसन्द नहीं करते। क्योंकि उनसे भी पहले कोई, यह बात जरा कष्ट देती है, अहं को चोट पहुंचाती है।

लेकिन चौदह साल के बाद फिर दोस्ती नहीं बनती। क्योंकि अब एक नयी दुनिया शुरू हो गई। अब कामचलाऊ क्लब की दोस्ती होगी, बाजार की दोस्ती होगी, दुकान की दोस्ती होगी, मगर कामचलाऊ। इसलिए तो तुम कहते हो बचपन की दोस्ती फिर क्यों नहीं बनती? अब एक नया प्रयोग शुरू हुआ जीवन में। अब स्त्री की पुरुष से दोस्ती बनेगी, स्त्री की पुरुष से। पुरुष की स्त्री से दोस्ती बनेगी। विजातीय लिंग में रस शुरू हुआ। अगर यह गति ठीक से बढ़ती रहे तो एक दिन प्रेम का भी जन्म होता है—लेकिन अगर ठीक से बढ़ती रहे। अक्सर ऐसा हो नहीं पाता।

अगर तुम किसी स्त्री के प्रेम में बहुत गहरे उतर गये, उसकी वासना में बहुत गहरे उतर गये तो आज नहीं कल उसकी देह के साथ-साथ उसके भीतर के चैतन्य की भी थोड़ी तो झलक मिलनी शुरू होगी। तो धीरे-धीरे काम प्रेम में रूपांतरित होता है। इसलिए जिन लोगों ने भी मनुष्य को समझने की कोशिश की, उन सब ने यह कहा है कि अगर एक ही व्यक्ति से काम के सम्बन्ध ज्यादा देर तक रह जायें तो अच्छा। नहीं तो प्रेम पैदा ही नहीं हो पायेगा कभी। इसलिए पश्चिम में प्रेम खो रहा है। दो-तीन साल में स्त्री बदल ली, दो-तीन साल में पुरुष बदल लिया।

तो ऐसे ही हो गया जैसे आदमी कार बदल लेता है। नया मॉडल आ

तो कार बदल ली। तो प्रेम का रोपा जम ही नहीं पायेगा। प्रेम के रोपे के जमने के लिये थोड़ा समय चाहिए, थोड़ी अवधि चाहिये। पश्चिम से प्रेम खो रहा है हालांकि प्रेम की बहुत बातचीत हो रही है। अकसर ऐसा होता है कि जो चीज खो जाती है उसकी खूब बातचीत ही रह जाती है। बात-चीत ही इसीलिए होती है कि चीज खो गयी। जब चीज होती है तो कौन बात करता है ? जब चीज खो जाती है तो लोग बात करते हैं। ऐसे ही जैसे तुम्हारा एक दांत टूट जाये तो जीभ वहीं-वहीं जाती है। जब तक था तब तक कभी नहीं जाती थी। अब नहीं है, वहीं-वहीं जाती है—चौबीस घंटे। तुम हजार बार हटा लेते हो। इधर जरा भूले कि जीभ वहां गई। खाली जगह खलती है। पश्चिम में प्रेम की चर्चा हो रही है। बड़ी किताबें लिखी जाती हैं, बड़े विवाद, बड़ा विचार, बड़े वैज्ञानिक परीक्षण। दांत टूट गया है, जीभ वहीं-वहीं जाती है। प्रेम खो गया है। अब सिर्फ बात-चीत रह गई है।

प्रेम के लिये जरूरी है कि काम का सम्बन्ध एक अवधि तक गहरा हो। एक स्त्री, एक पुरुष का सम्बन्ध खूब गहराई में जाये। इतनी गहराई में जाये कि धीरे-धीरे वह एक दूसरे के शरीर को छूने की बजाय एक-दूसरे के मन को छूने लगें। मन गहरे में है, उतनी गहराई के लिए थोड़ा समय चाहिये। प्रेम मौसमी फूल नहीं है। काम तो मौसमी फूल है। डाल दिया, छह सप्ताह में फूल आ जायेंगे; मगर बाकी छह सप्ताह में चले भी जायेंगे। तीन-चार महीने की जिन्दगी ही है। जल्दी खिल आयेंगे, जल्दी मुरझा भी जायेंगे। लेकिन अगर तुम्हें कोई वृक्ष लगाना हो जो आकाश छूना हो, चांद-तारों से बात करता हो तो छह सप्ताह में नहीं लगते ऐसे वृक्ष। वर्षों लगते हैं, पीढ़ियां लगती हैं। समय बीतता। अवधि चाहिये।

तो अगर काम का संबंध गहरा हो जाये, इतना गहरा हो जाये कि तुम्हें अपनी पत्नी की देह स्मरण ही न रहे, पत्नी को तुम्हारी देह स्मरण न रहे तो धीरे-धीरे प्रेम झलक मारना शुरू करेगा। अगर ठीक से सब चलता रहे तो मेरे हिसाब में अट्ठाईस साल की उम्र में प्रेम की पहली झलक मिलती है। जैसे चौदह साल की उम्र में काम की पहली झलक मिलती है। चौदह साल अगर कामवासना का संबंध बड़ी निष्ठा से पूजा से, तांत्रिक भाव से — सिर्फ कामभोग से नहीं बल्कि एक गहन जीवन के प्रयोग की भांति चले तो अट्ठाईस वर्ष के करीब कहीं झलक मिलनी शुरू होनी हैं प्रेम की। पहली दफा प्रेम का अवतरण होता है। पहली दफा

तुम्हें लगता है कि देह मूल्यवान नहीं रही, देह गौण हो गई।

और अगर यह न हो जाये अट्ठाईस साल की उम्र में तो अट्ठाईस साल की उम्र के करीब तलाक आना निश्चित है क्योंकि शरीर से तो चुक गये तुम। अगर प्रेम का सम्बन्ध जुड़ गया तो ठीक है, शरीर से तो चुक गये। अब यह शरीर तो देख लिया चौदह साल तक। अब तो इसमें कुछ रस नहीं रहा। अगर नया संबंध गहरे तल पर बन गया तो ही विवाह टिकेगा, अन्यथा तुम नयी पत्नी खोजोगे, नया पति खोजेंगे, जिससे फिर शरीर का रस शुरू हो। लेकिन इसका मतलब यह हुआ कि तुम फिर जिस दिन नयी पत्नी खोजी उस दिन तुम फिर चौदह साल की उम्र में गिर गये। इसलिए अमरीकन आदमी में तुम पाओगे प्रौढ़ता की कमी। वह बचकाना लगता है, बूढ़ा भी हो जाये तो बचकाना लगता है, कुछ बात कम लगती है। जैसे कुछ बुद्धिमत्ता पैदा नहीं होती। क्या कारण होगा?

पैंसठ साल की एक स्त्री ने मुझे कुछ दिन पहले पूछा कि मैं यहां आई हुई हूं, तीन महीने हो गये, और कोई पुरुष यहां मुझसे प्रेम करता ही नहीं। तो मैं वापिस चली। पैंसठ साल···! वह प्रसन्न नहीं थी यहां क्योंकि कोई पुरुष उसको प्रेम नहीं करता। पश्चिम में उसे प्रेम करनेवाले मिल जायेंगे। पूरब में मुश्किल होगी। क्योंकि पश्चिम में जो पैंसठ साल के हो गये है, सत्तर साल के हो गये हैं, उनकी भी मानसिक उम्र चौदह साल के ऊपर नहीं गयी है। वे मिल जायेंगे। पश्चिम में बूढ़ों के लिये जो स्थान बनाये जाते हैं – वृद्धाश्रम जैसी चीजें, वहां खूब प्रेम चलता है। बूढ़े अस्सी साल के बूढ़े प्रेम में पड़ जाते हैं। ज्यादा कुछ अब कर भी न सकेंगे।

मैंने सुना है, एक बूढ़े आदमी ने नब्बे साल की उम्र में शादी कर ली। पच्चासी साल की स्त्री, नब्बे साल का बूढ़ा, शादी कर ली। पहली रात सुहागरात! बूढ़े ने बुढ़िया का हाथ पकड़ा, खूब दबाया। फिर दोनों बड़े मगन होकर सो गये। दूसरी रात उतना नहीं दबाया। बूढ़े ही···! बस थोड़ा सा दबाया, सो गये। तीसरी रात जब बूढ़ा दबाने लगा तो बुढ़िया ने कहा, मेरे सिर में दर्द है; और करवट लेकर सो गई। नब्बे साल का उम्र में काम-वासना होगी तो इसी तरह की मूढ़ता होगी। होनी स्वाभाविक है क्योंकि अप्राकृतिक है यह घटना।

अगर जीवन का विकास ठीक से चले तो अट्ठाईस साल की उम्र में प्रेम का स्वर पहली दफा सुनाई देगा। जिसके साथ चौदह साल तुम रहे

हो, जिसके शरीर के साथ तुम्हारा शरीर हिल-मिल गया, एक हो गया, जिसके शरीर की वीणा तुम्हारे शरीर की वीणा से लयबद्ध हो गई, दो देहें अब दो देहें जैसी नहीं रह गईं। अब दोनों देहों के बीच एक सेतु बन गया है। अब पहली दफा समझ में आयेगा कि दूसरा एक प्राणवान मन है। देह गौण हो जायेगी, मन महत्त्वपूर्ण हो जायेगा।

तो पति पत्नी अगर सच में एक दूसरे के प्रेम में हों तो एक दूसरे के मन की उन्हें समझ आनी शुरू हो जाती है। पति कहता भी नहीं और पत्नी समझ लेती है कि उसके मन में क्या है। पत्नी कहती भी नहीं और पति समझ लेता है कि उसके मन में क्या है। ऐसी बात न आ जाये तो समझना की अभी तुम पति पत्नी हुए ही नहीं। अभी असली बात नहीं घटी। एक-दूसरे के भीतर बात उठती है और दूसरा समझ लेता है। एक तरह की विशिष्ट टेपीपैथी शुरू हो जाती है। विचारों का संप्रेषण शुरू हो जाता है। पति उदास है तो पत्नी को धोखा नहीं दे पाता। सारी दुनिया को धोखा दे ले, उसकी मुस्कराहट सब जगह उसके लिये सुविधा बना देती है लेकिन पत्नी को वह मुस्कुरायेगा तो भी पत्नी जानती है कि आज तुम्हारी मुस्कुराहट में उदासी है। कुछ बात है, तुम कहो। पत्नी पति को धोखा नहीं दे पाती। जिस दिन पति पत्नी एक दूसरे को धोखा भी देना चाहें, छिपाना भी चाहें और न छिपा पायें, दूसरे तक बात पहुंच ही जाये, संक्रमण हो ही जाये, उस दिन समझना की प्रेम हुआ।

तो मैं नहीं जानता जिन्होंने प्रश्न पूछा है उन्होंने प्रेम को जाना या नहीं। उन्होंने कहा तो मैं मान लेता हूं कि जाना होगा। लेकिन प्रेम को जानना भी दुरूह है—दुरूह हो गया है। और अगर प्रेम फिर चौदह साल तक साथ चल जाये तो करीब बयालीस साल की उम्र के पास भक्ति-रस पैदा होता है। चौदह साल कामवासना का गहरा संबंध आत्मा की तरंग को उठाता है, चौदह साल का दो मनों के बीच गहरा सम्बन्ध आत्मा की तरंग को उठाता है, भक्तिरस शुरू होता है।

यह कुछ लकीर के फकीर मत बन जाना कि मैं कहता हूं कि बयालीस तो बयालीस। सिर्फ काम के लिये कह रहा हूं ताकि तुम्हारी समझ में आ जाये। पैंतालीस हुआ तो चलेगा, अड़तालीस हुआ तो चलेगा। मरने के एक दिन पहले भी अगर भक्ति रस हो जाये तो भी चलेगा। मगर वह भी नहीं हो पाता। अकसर लोग कामवासना में ही उलझे रह जाते हैं। कुछ लोग जो कामवासना से उठने में सौभाग्यशाली हैं वे फिर प्रेम में पड़ रह

जाते हैं। बहुत कम लोगों के जीवन में हरिभक्ति पैदा होती है।

अब तुम मुझसे पूछते हो कि भक्तिरस की अनुभूति कैसे होती है? अगर तुम्हें प्रेम का अनुभव हुआ है—तुम कहते हो मैं मान लेता हूं—तो अब इस प्रेम के अनुभव में गहरे उतरो। अब इस प्रेम को जियो, इसकी सर्वांगीणता में जियो। इस प्रेम में बाधायें खड़ी न करो। छोटी-छोटी झंझटें, छोटी-छोटी बातें, छोटे-छोटे उपद्रव खड़े मत करो। सारी बाधायें हटा दो। अब इस प्रेम को पूरा तरंगित होने दो। यही तरंग बड़ी होते-होते···काम की तरंग बड़ी होकर प्रेम बन जाती है, प्रेम की तरंग बड़ी होकर भक्ति बन जाती है।

इसलिए तो मैं कहता हूं, किसी को संसार छोड़कर भागने की जरूरत नहीं है। इसी संसार में परमात्मा छिपा है। जैसे दूध को तुम दही बना लेते हो। दही दूध में छिपा था। फिर दही से तुम मक्खन निकाल लेते। मक्खन भी दही में छिपा था। ऐसा ही मामला है। कामवासना यानी दूध। इसे जमाया तो दही बनता है—प्रेम। फिर दही को मथा तो नवनीत—भक्ति।

प्रेम को मथो। प्रेम को खूब मथो। अहर्निश मथो। और भूलकर भी मत सोचना कि परमात्मा तुम्हारी पत्नी या पति के विपरीत है। परमात्मा का आगमन तुम्हारे प्रेम के द्वार से ही होगा। इसलिए मैं संसार के जरा भी विरोध में नहीं। अपने संन्यासियों को कहता हूं, कहीं भागकर मत जाना, नहीं तो चूक जाओगे। यहीं है। यहीं ठीक से समझो। दूध से घबड़ा मत जाना, नहीं तो दही नहीं जमेगा। और दही को फेंक मत देना कि खट्टा है, नहीं तो नवनीत न निकाल पाओगे। नवनीत छिपा है, उसे खोजना है।

दो शरीर का संबंध काम।
दो मनों का संबंध प्रेम।
दो आत्माओं का संबंध भक्ति।

स्वभावतः दो शरीर का सम्बन्ध क्षणभंगुर होगा! दो शरीर इतने स्थूल हैं, एक क्षण को भी करीब आ जाते हैं यह भी चमत्कार है। दो मनों का सम्बन्ध थोड़ा स्थायी होगा। शरीर से ज्यादा स्थायी होगा, ज्यादा सुखदायी होगा, ज्यादा रसपूर्ण होगा, ज्यादा तृप्ति लायेगा। लेकिन फिर भी दो मन अलग-अलग हैं।

दो आत्मायें जब मिलती हैं तो क्रांति घटती है, क्योंकि दो आत्मायें वस्तुतः दो नहीं हैं। आत्मा तो एक ही है संसार में। मेरी आत्मा अलग

और तुम्हारी आत्मा अलग, ऐसा नहीं है। मेरा शरीर अलग, तुम्हारा शरीर अलग—सच, लेकिन मेरी आत्मा और तुम्हारी आत्मा अलग-अलग नहीं है। मेरा शरीर और तुम्हारा शरीर बिलकुल अलग-अलग, मेरा मन और तुम्हारा मन खूब मिला-जुला, और मेरी आत्मा और तुम्हारी आत्मा एक।

तो अगर एक आत्मा से भी तुम्हारा पूरा भक्ति का संबंध बन जाये, पत्नी में तुम्हें परमात्मा दिखाई पड़ जाये और पति में तुम्हें परमात्मा दिखाई पड़ जाए... वही तो अर्थ था पुराने दिनों में, जब हम कहते थे पति में परमात्मा। चूक इतनी ही हो गई थी कि वह अधूरी बात थी। पत्नी में भी परमात्मा कहा जाना चाहिए। जिस दिन तुम्हें अपने प्रिय में परमात्मा दिखाई पड़ जाये उस दिन तुम आंख खोलकर देखोगे और, तुम्हें परमात्मा सब तरफ दिखाई पड़ेगा। पौधों में, पशुओं में, पक्षियों में, पहाड़ों में, सब तरफ परमात्मा दिखाई पड़ेगा। आंख जब जान लेती है एक दफा भक्ति के रस को, आंख पर जब सावन उतर आता है भक्ति का, तो सब तरफ सावन दिखाई पड़ने लगता है।

आखिरी प्रश्न : आप में असंभव संभव हुआ है, अघट घटित हुआ है। और आपको समझाना भी असंभव सा ही लगता है। ऐसा क्यों ?

समझना चाहोगे तो असंभव हो जायेगा। समझने की चाह में ही दूरी पैदा हो जाती है। तुम प्रेम से सुनो, समझने इत्यादि की फिकर छोड़ो। तुम सिर्फ प्रेम से सुनो और समझ जाओगे। समझने चले तो चूक जाओगे।

क्यों ? क्योंकि जब तुम समझने बैठते हो तब तुम बुद्धि को बीच में ले आते हो। तुम पूरे वक्त सजग होकर देख रहे हो कि कौन-सी बात ठीक, कौन सी बात ठीक नहीं। कौन सी बात तर्क के अनुकूल, कौन सी बात तर्क के प्रतिकूल। कौन सी बता मेरे शास्त्र के अनुकूल, कौन सी बात मेरे शास्त्र के प्रतिकूल। तुम इस सब उधेड़बुन में पड़ जाते हो। वह शास्त्र की धूल तुम्हारे भीतर अंधड़ होकर उठने लगती है। तुम मुझे तो भूल ही जाते हो। उस अंधड़ में तुम्हें कभी-कभी कुछ-कुछ सुनाई पड़ता है। कुछ का कुछ भी सुनायी पड़ता है। और फिर तुम व्याख्या कर लेते हो। फिर तुम अपने हाथ से उलझन खड़ी कर लेते हो।

ये बातें समझने की नहीं हैं। ये बातें प्रेम में उतरने की हैं। तुम सिर्फ सुनो। क्या फिकर समझने की ? समझें तो ठीक, न समझें तो ठीक। यह

समझने का हिसाब ही अलग रख दो। यह समझने की दुकानदारी ही हटा दो। तुम सिर्फ सुन लो। ऐसे सुन लो, जैसे कोई झरने का कल-कल नाद सुनता है। वहां तो तुम समझने के लिए नहीं जाते। वहां तो तुम नहीं कहते कि यह झरना कुछ समझ में नहीं आ रहा। कल-कल-कल-कल तो हो रही है, लेकिन कुछ समझ में नहीं आ रहा है। समझने को है क्या? झरना है, कल-कल है, और क्या समझना है? इसमें डूबो। जब पक्षी गुन-गुन करते तब तुम समझते तो नहीं। मगर कहते हो, बड़ा रस आता है। जब कोई वीणा बजाता है तो तुम क्या समझते हो? लेकिन डोलने लगते हो। ये बातें डोलने की हैं, समझने की नहीं।

मैंने सुना है, लखनऊ का एक पागल नवाब, उसके दरबार में एक संगीतज्ञ आया, बड़ा वीणावादक। उस संगीतज्ञ ने कहा कि बजाऊंगा तो वीणा लेकिन मेरी एक शर्त है। मैं इस बिना शर्त के कभी बजाता ही नहीं। मुझे सुनते वक्त कोई सिर न हिले। नवाब तो पागल था। शायद वाजिद अली हो या कोई और हो, मगर पक्का लखनवी था। उसने कहा, तुम फिकर मत करो। सिर हिला कि उसी वक्त उतरवा देंगे। तलवार तैयार रखेंगे।

डुंडी पिटवा दी लखनऊ में कि जो लोग सुनने आयें, वे सोचकर आयें। अगर सिर हिला तो गरदन उतार दी जायेगी। संगीतज्ञ का बड़ा नाम था और लखनऊ के रसिक लोग बड़े दिन से प्रतीक्षा करते थे कि कब यह शुभ घड़ी आयेगी कि इसको सुनेंगे। लेकिन यह बड़ी झंझट खड़ी हो गई। लाखों लोग आये होते। दूर-दूर से लोग आये होते सुनने, लेकिन मुश्किल से हजार एक लोग आये। क्योंकि यह बड़ा खतरनाक था। हजार में भी ऐसे ही लोग आये होंगे, जो बिलकुल हर हालत में अपने पर काबू रख सकें। जिनको यम-नियम-आसन इत्यादि का पता होगा कि बिलकुल मारकर सिद्धासन बैठ जायेंगे आंख बंद करके। हिलेंगे ही नहीं तो फिर क्या होगा?

आ गये, बैठ तो गये लेकिन सब तैयार होकर बैठ गये। सबने अपने शरीर को अकड़ा लिया कि कभी भूल-चूक में भी हिल जाओ, तो पागल नवाब है। फिर यह भी नहीं तय करेगा कि भूल-चूक से मक्खी आ गई थी इसलिए शरीर हिल गया था। यह तो पागल तो पागल। यह सुनेगा नहीं। और उसने चारों तरफ नंगी तलवारें लिये सिपाही खड़े कर दिये। वीणा-वादक ने वीणा बजाई। कोई दस-पंद्रह मिनट तक तो कोई नहीं हिला,

मूर्तियों की तरह लोग बैठे रहे। फिर पांच-सात लोग हिलने लगे, फिर दस-पंद्रह लोग हिले, फिर बीस-पच्चीस लोग हिले, फिर कोई सौ लोग···

नवाब तो घबड़ाने लगा। उसने यह नहीं सोचा था कि कटवाना ही पड़ेगा। मगर अब तो मामला ऐसा है कि कटवाना ही पड़ेगा। अब तो अपने वचन दे दिया है। नवाब तो सुन ही न पाये। वह तो बार-बार यही देखता रहे कि और मरे। कितने लोग गये! सिपाही भी डरने लगे, खड़े थे आसपास, कि यह नाहक की हत्या होगी। भले-अच्छे लोग हिल रहे हैं। यह पागलों को हुआ क्या है? लेकिन जैसे-जैसे लोग हिलने लगे, संगीतज्ञ डूबने लगा। फिर तो कोई दो-तीन सौ लोग डुबकी लगाने लगे, डोलने लगे जैसे सांप बीन की आवाज सुनकर डोलने लगे।

आधी रात संगीतज्ञ ने वीणा बंद की। सम्राट ने कहा कि पकड़ लिये जायें वे लोग। कोई तीन-साढ़े तीन सौ लोग पकड़ लिये गए। संगीतज्ञ ने कहा, बाकी को जाने दें, इनको रोक लें। बाकी चले गये। नवाब ने पूछा, इनका क्या करना? इनको कटवा दें? संगीतज्ञ ने कहा, नहीं, यही तो मेरे सुनने वाले हैं। अब इनको असली सुनाऊंगा। नकली गये। वे जो आसन इत्यादि लगाकर बैठे थे उनको संगीत का कुछ पता नहीं। यही···

पर सम्राट ने कहा, इसके पहले कि तुम इन्हें सुनाओ कुछ और, मैं इन्हें पूछना चाहता हूं कि पागलो, हिले क्यों? तुम्हें जिंदगी का कोई लगाव नहीं है? तो उन लोगों ने कहा, हम हिले नहीं। हमें तो पता नहीं। जब तक हमें अपना पता था तब तक तो हम बिलकुल संभले बैठे रहे। कौन मरना चाहता है? जब हम लापता हो गये, जब वीणा ही रह गयी, जब हम बचे ही नहीं तो फिर कौन रोके, कौन संभाले? संभालने वाला ही विदा हो गया। तो हम यह नहीं कहते हैं कि हम हिले। हम तो नहीं हिले। हम तो जब तक थे तब तक नहीं हिले। फिर जब हम रहे ही नहीं तो फिर हिलना हुआ। परमात्मा ने हिलाया। संगीत ने हिलाया। हम नहीं हिले। हमारा कोई कसूर नहीं है। और संगीतज्ञ ने कहा, ये ठीक कहते हैं। इसलिए इनको चुना है। यही मेरे सुनने वाले हैं, यही मेरे समझने वाले हैं।

यही मैं तुमसे कहता हूं। समझना हो तो बुद्धि को एक तरफ रखो और समझ जाओगे। लेकिन अगर बुद्धि को बीच में लिया और समझने की बहुत खींचातानी की तो चूक जाओगे। ये कुछ बातें ऐसी हैं कि हिलोगे तो समझोगे। ये बातें कुछ ऐसी हैं कि डोलोगे तो समझोगे। ये बातें कुछ ऐसी हैं कि नाचोगे तो समझोगे। ये बातें बुद्धि की पकड़ में आने वाली बातें नहीं हैं। ये पागलों की, दीवानों की बातें हैं। तुम मेरी दीवानगी में अगर मेरे पागलपन में हाथ बंटाओ, तो···तो जरूर समझ में आयेगी।

तो इस विरोधाभास को मैं फिर से दोहरा दूं—समझना चाहा, समझ में न आयेंगी। हिलने की हिम्मत रखी तो कोई तुम्हें समझने से नहीं रोक सकता। यह समझ में आने ही वाली है। मगर यह समझ हृदय की है, भाव की है, प्राण की है; बुद्धि की नहीं, विचार की नहीं, भक्ति की है। रस-निष्पन्न होती है। रस की निष्पत्ति से आती है, तर्क से नहीं। डोलो। इस मन-मयूर को नाचने दो, जरूर समझोगे।

आज इतना ही।

रतन अमोलक परख कर रहा जौहरी थाक।
दरिया तहां कीमत नहीं उनमन भया अवाक॥
धरती गगन पवन नहीं पानी पावक चंद न सूर।
रात दिवस की गम नहीं जहां ब्रह्म रहा भरपूर॥
पाप पुण्य सुख दुख नहीं जहां कोई कर्म न काल।
जन दरिया जहां पड़त है हीरों की टकसाल॥
जीव जात से बीछड़ा धर पंचतत्त को भेख।
दरिया निज घर आइया पाया ब्रह्म अलेख॥
आंखों से दीखे नहीं सब्द न पावै जान।
मन बुद्धि तहं पहुंचे नहीं कौन कहै सेलान॥
माया तहां न संचरी जहां ब्रह्म का खेल।
जन दरिया कैसे बने रवि-रजनी का मेल॥
जात हमारी ब्रह्म है माता-पिता हैं राम।
गिरह हमारा सुन्न में अनहद में बिसराम॥

# 5. अनहद में बिसराम

15 अगस्त 1977, श्री रजनीश आश्रम, पूना

इन मस्त अखड़ियों को कमल कह गया हूं मैं
महसूस कर रहा हूं गजल कह गया हूं

प्रेम में सिक्त शब्द अनायास ही काव्य बन जाते हैं। जहां प्रेम है वहां गीत का जन्म अनिवार्य है। एक तो ऐसा काव्य है जो शब्द, भाषा, मात्रा और छंद पर निर्भर होता है और एक ऐसा काव्य है, जो केवल हृदय के प्रेम पर निर्भर होता है।

संतों का काव्य हृदय का काव्य है। हो सकता है मात्रा में ठीक न हों। मात्राओं की चिंता की भी नहीं गई है। हो सकता है छंद के नियमों का पालन न हुआ हो। संत किसी भी नियम का पालन करना जानते ही नहीं। एक ही नियम है उनका, एक ही पहचान है उनकी, वह प्रेम है। दरिया के ये शब्द बड़े गहन अनुभव से निकले हैं। इनके काव्य-गुण पर मत जाना। इनकी अनुभूति में डुबकी लगाना। जानकर, डूबकर कहे गये शब्द हैं।

सौ में निन्यानबे काव्य तो कल्पना ही होते हैं। सुंदर हो तब भी कल्पना ही होते हैं। और कल्पना में कैसा सौंदर्य? सौंदर्य तो केवल सत्य, का ही अंग है। जहां सत्य है वहां सौंदर्य है। कल्पना में तो केवल खिलौने हैये धोखे हैं। बच्चों को उलझाये रखने के लिये ठीक, लेकिन प्रौढ़ों के लिय वहां कोई संदेश नहीं है। एक ही सौंदर्य है और वह सौंदर्य है—जब सत आंखों में झलकता है। तो फिर जो बोलो वही सुंदर हो जाता है, जो कर वही सुंदर हो जाता है।

तो दरिया के शब्द तो टूटे-फूटे हैं। इनके शब्दों पर मत जाना। शब्दों में गये तो चूक जाओगे। दरिया तो तुतलाते से बोल रहे हैं। क्योंकि वह बात इतनी बड़ी है, उस बड़ी बात को जो भी कहेगा वही तुतलायेगा। उस बड़ी बात को बिना झिझक तो केवल वे ही कह सकते हैं, जिन्होंने जाना नहीं। जाना नहीं उनको झिझक का पता नहीं। चीन में एक कहावत है कि केवल नासमझ ही बिना झिझके बोल सकता है समझदार तो बहुत झिझकेगा क्योंकि हर शब्द उसके सत्य को छोटा करता है। जो उसने देखा

है, जो उसने जाना है, शब्द उसे प्रकट कर नहीं पाते। इसलिए बड़ी झिझक है जानने वाल में।

ये दरिया के शब्द परम अनुभव के शब्द हैं।

रतन अमोलक परख कर रहा जौहरी थाक
दरिया तहं कीमत नहीं उनमन भया अवाक

मन हमारा जौहरी है। जौहरी इसलिए कि हर चीज का मूल्य आंकता रहता है। जो देखता है, तत्क्षण निर्णय करता है, सुन्दर है कि असुन्दर, शुभ है कि अशुभ, करणीय कि अकरणीय, सत्य कि झूठ! मन का सारा काम ही निर्णायक का काम है। अगर निर्णय न छूटा तो मन के पार गये नहीं। इसलिए जीसस ने कहा है 'जज ई नॉट।' निर्णय ही मत करना। निर्णय किया कि मन के कब्जे में आ गये। वह जौहरी! वह बैठा भीतर। वह कसता रहता है अपने कसने के पत्थर पर हर चीज को कि सोना है कि नहीं है। हीरा है कि नहीं है। मन तो एक तराजू है जो तोलता रहता, तोलता रहता है। इसे तुम जांचो।

गुलाब का फूल देखा, देख भी नहीं पाये ठीक से कि फौरन मन कह देता है---सुन्दर! अभी देखना भी पूरा नहीं हुआ कि शब्द बन जाता है। कहीं गंदगी का ढेर लगा देखा, अभी गंध, दुर्गंध नासापुटों तक पहुंची ही थी कि मन तत्क्षण कह देता है कि कुरूप, गंदगी, बचो!

मन के निर्णय करने की यह जो आदत है, यह तुम्हें जीवन के सत्य को देखने ही नहीं देती। मन पुरानी बातें ही दोहराये चला जाता है, थोपे चला जाता है। किसी नये तथ्य का आविष्कार नहीं हो पाता क्योंकि मन तो है अतीत। मन तो है तुम्हारा पिछला अनुभव का जोड़-तोड़। मन तो है तुमने जो अब तक जाना, सुना, समझा। उस सोचे, सुने, समझे को ही मन नये तथ्यों पर आरोपित करता जाता है।

जब तुम किसी गुलाब के फूल को देखकर कहते हो सुन्दर! तो क्या कह रहे हो? तुम यह कह रहे हो? तुम यह कह रहे हो मैंने जो गुलाब के फूल पहले देखे थे, वे सुन्दर थे। उस पुराने अनुभव के आधार पर यह फूल भी सुन्दर है। मगर तुम चूक गये। एक बड़ी बात से चूक गये। यह गुलाब का फूल तुमने कभी भी देखा नहीं था, यह बिलकुल नया है। ऐसा फूल पहले कभी हुआ नहीं, फिर कभी होगा नहीं। हर फूल अद्वितीय है, बेजोड़ है, अतुलनीय है। इसलिए तुम अपनी पुरानी जानकारी को बीच में न लाओ अन्यथा इस फूल से चूक जाओगे। और अगर इस फूल से चूकते हो तो इस बात का सबूत देते हो कि पहले तुमने जो फूल देखे होंगे उनसे भी चूके होगे और आगे तुम जो फूल देखोगे उनसे भी चूकोगे। तुम चूकते ही चले

जाओगे। तुम अतीत को बीच में ले आओगे और वर्तमान से छिन्न-भिन्न, तुम्हारा ताल टूट जायेगा। मन निर्णय करता है। मन जौहरी है।

कहते हैं दरिया, रतन अमोलक परखकर रहा जौहरी थाक।

लेकिन उस परमात्मा का अनुभव ऐसा अनुभव है कि जौहरी एकदम ठगकर खड़ा रह जाता है। कुछ कह नहीं पाता, सूझता नहीं, बूझता नहीं।

रतन अमोलक···इसलिए उस रतन को, उस परम सम्पदा को मूल्यातीत कहा है—अमोलक। मन उसका मूल्य नहीं आंक पाता। मन कह ही नहीं पाता कुछ। मन एकदम लड़खड़ा जाता है। न कह पाता है सुन्दर, न कह पाता शुभ। इतना भी नहीं कह पाता कि परमात्मा, कि सत्य। मन की सारी कहानी एकदम बन्द हो जाती है। मन गूंगा हो जाता है। गूंगे केरी सरकरा! उस स्वाद के सामने मन बोल ही नहीं पाता।

उसी स्वाद को खोजो जहां मन गूंगा हो जाता है तभी तृप्ति होगी। जहां तक मन बोलता चला जाता है, जिन-जिन चीजों पर मन लेबल लगा देता है, मूल्य की तख्ती टांग देता है इतने कीमत का है, वहां तक जानना संसार है। जिस क्षण ऐसा अनुभव तुम्हारे भीतर उमगे, ऐसा कोई कमल खिले, ऐसी कोई सुगंध उठे, ऐसे लोक में तुम्हारे पंख तुम्हें ले चलें कि मन एकदम थाक के रह जाय, थका रह जाये, हार के रह जाये···।

मन हारता ही नहीं। शरीर हार जाता है, मन नहीं हारता। तुम जानते रोज—दिन भर के थके-मांदे बिस्तर पर पड़े हो शरीर तो थक गया, टूटा जा रहा है, अंग-अंग टूट रहा है, मगर मन है कि चलता जाता है। मन है कि सोचता जाता है। मन नये-नये विचार के पत्ते उगाये चला जाता है। मन थकता ही नहीं। जन्म से लेकर मरने तक मन अनवरत चलता है। मन थकना जानता ही नहीं। शरीर थकता है, नींद की भी जरूरत पड़ती है, मन थकता ही नहीं मन। सदा राजी है काम करने में। मन लगा ही रहता है –सक्रिय। मन कभी निष्क्रिय नहीं होता। जहां मन निष्क्रिय हो जाये, समझना कि आ गया प्रभु का द्वार। वह कसौटी है। वह पहचान है।

कैसे जानोगे कि प्रभु का द्वार आ गया है? प्रभु को पहले तो कभी देखा नहीं, प्रभु का द्वार भी पहले कभी देखा नहीं। प्रत्यभिज्ञा कैसे होगी? दार्शनिक पूछते रहे हैं सदियों से कि समझ लो कि प्रभु को देखा भी तो पहचानेंगे कि यही प्रभु हैं? कैसे? क्योंकि पहले देखा हो तो ही पहचान सकते हो। पहचान कैसे होगी! प्रत्यभिज्ञा कैसी होगी?

दरिया सूत्र दे रहे हैं कि कैसे पहचान होगी! मन थक जाये! परमात्मा को तो नहीं जानते हो लेकिन एक बात जानते हो कि मन कभी नहीं थका। हर चीज पर निर्णय लगा दिया था उसने। हर चीज को नाप लिया था।

हर चीज तराजू के पलड़े में आ गई थी। वज़न तोल लिया था। मूल्य तोल लिया था। हिसाब-किताब लगा लिया था। जहां मन एकदम हिसाब-किताब न लगा पाये, जहां मन का तराजू बड़ा छोटा पड़ जाये, पूरा आकाश तोलने की बात आ जाये; जहां अचानक मन ठिठक जाये, अवरुद्ध हो जाये मन की सतत प्रक्रिया। जहां विचार एकदम शून्य हो जायें। तुम सोचना भी चाहो और न सोच सको।

सोचना तुम चाहोगे। डरोगे तुम तो। प्रभु द्वार पर खड़ा होगा, सत्य तुम्हें घेरेगा तो तुम बहुत घबड़ा जाओगे। तुम्हारा रोआं-रोआं कांप जायेगा कि यह क्या हो रहा है ? इस घड़ी मन धोखा दे रहा है। इस घड़ी तो मन साथ दे। यह घड़ी न चूक जाये। वह अपूर्व घट रहा है और मन कुछ बोलता नहीं। और मन एकदम कहां विलीन हो गया, पता नहीं चलता। तुम तो मन को लाना चाहोगे। लेकिन जैसे अंधेरे को प्रकाश के सामने नहीं लाया जा सकता, ऐसे मन को परमात्मा के सामने नहीं लाया जा सकता। मन और परमात्मा साथ-साथ नहीं होते।

यही पहचान है, यही परख है कि पारखी थक जाये। जहां तक पारखी की चलती है वहां तक संसार है। यह तो बड़ी अनूठी परिभाषा हुई। जहां तक मन चलता वहां तक संसार है। मन की गति संसार है। जहां मन अगति में पहुंच जाता वहीं परमात्मा है।

इससे दूसरी बात भी निकलती है कि अगर तुम किसी तरह मन को अगति में पहुंचा दो तो परमात्मा के सामने खड़े हो जाओगे। यह केवल परिभाषा ही नहीं हुई, इससे विधि भी निकल आती है। इसलिए समस्त ध्यान, समस्त भक्ति है क्या ? एक ही प्रक्रिया है। कि किसी तरह मन रुक जाये, अवरुद्ध हो जाये। यह मन का सतत पागलपन, यह मन की गंगा जो बहती ही चली जाती है···बहती ही चली जाती है, रुकना जानती ही नहीं यह एक क्षण को भी ठिठक जाये, ठहर जाये। तो या तो परमात्मा सामने हो तो मन ठिठकता है, या मन ठिठक जाये तो परमात्मा सामने आ जाता है। इसमें परिभाषा भी हो गई कि कैसे पहचानोगे और इसमें विधि भी आ गई कि कैसे उस तक पहुंचोगे !

रतन अमोलक परखकर रहा जौहरी थाक
दरिया तहं कीमत नहीं, उनमन भया अवाक

वहां कीमत ही नहीं। कीमत क्या परमात्मा की ? कैसे उसकी कीमत आंको ? एक ही है, तो एक ही की कीमत तो नहीं आंकी जा सकती। दो हों तो कीमत आंकी जा सकती है। दो हीरे हों तो तुम कह सकते हो। यह बड़ा, यह छोटा; यह साधारण हीरा, यह कोहिनूर। दो हों तो अंकन हो

सकता। तुलना हो सकती है। तो अंकन हो सकता है छोटे-बड़े का। कौन सा हीरा बिलकुल शुद्ध हीरा, और कौन से हीरे में थोड़ी खोट। तो परख हो सकती है। मगर एक ही है तो कोई परख का उपाय नहीं।

दरिया तहं कीमत नहीं...

फिर कैसे कीमत जानो?

फिर कैसे कीमत लगाओ?

परमात्मा की कोई कीमत नहीं है इसलिए मन को रुक ही जाना पड़ता है। मन बाजार में खूब चलता है। बाजार में हर चीज की कीमत है। जीवन में जहां भी मन उसके पास आता है जो अमूल्य है, अमोलक है, वहीं मन लड़खड़ाता है। जहां तक कीमत है वहां तक मन ठीक से चलता है। कीमत पर मन का पूरा कब्जा है। इसलिए बाजार में मन जैसा प्रसन्न होता है, वैसा मन्दिर में नहीं होता। बैठते हो मन्दिर में मन सोचता बाजार की है। क्यों? आखिर मन का ऐसा बाजार से क्या लेना-देना? मन की गति बाजार में है। वहां उसे पूरी सुविधा है। हर चीज की कीमत है। हर चीज पर लेबल लगा है।

मैं एक बार एक बड़े चित्रकार की चित्र-प्रदर्शनी देखने गया। मेरे साथ एक मित्र थे; दुकानदार हैं, हर चीज को कीमत से तोलते हैं। मैं तो चित्र देखता था, वे चित्रों पर लगी हुई कीमत देखते थे। थोड़ी देर में मुझे लगा कि वे चित्र देख ही नहीं रहे हैं। पांच सौ रुपया, हजार रुपया, पंदरह सौ रुपया! जहां पांच हजार, वहां जरा ठिठक कर देख लें। जहां पांच सौ लिखा हो वहां से आगे बढ़ जायें। मैंने उनसे पूछा कि तुम कर क्या रहे हो? तुम चित्र देखने आये कि कीमत देखने आये। तुम अपनी दुकानदारी कहीं बंद करोगे कि नहीं बंद करोगे! तुम सब जगह दुकानदारी ही चलाओगे? उनके लिये एक ही बात का मूल्य है। मूल्य का ही बस मूल्य है।

आदमी को भी ऐसा आदमी देखेगा तो यह देखता है किसका कितना मूल्य है। यह आदमी प्रधानमंत्री है, यह आदमी चपरासी है, तो दो कौड़ी का। चपरासी को तो देखता ही नहीं। राष्ट्रपति को भर देखता है। राष्ट्रपति भी कल राष्ट्रपति नहीं रह जायेंगे तो यह आदमी नहीं देखेगा। चपरासी कल राष्ट्रपति हो जायेगा तो यह आदमी देखेगा। यह आदमी आदमी को देखता ही नहीं। इसकी आंखों में आदमी की कोई परख ही नहीं इस आदमी को तो सिर्फ कीमत। हर बात में कीमत।

तुम देखते हो ना! किसी आदमी से मिले, ट्रेन में मिलना हो गया किसी से, तुम जो बातें पूछते हो...एक-आध दो बात तुम पहले पूछते हो, फिर जल्दी से असली बात पूछते हो—कितनी तनख्वाह मिलती है? कैसा

धंधा चलता है ? असली बात ! एक-आध दो इधर-उधर की पूछीं कि कहां रहते हो, कहां से आते हैं ? मगर यह तो गौण है। एकदम से कीमत पूछो तो जरा बेहूदगी लगती है।

पश्चिम में लोग किसी से भी नहीं पूछते कि कितनी तनख्वाह मिलती है। वह ज्यादा शिष्टाचार है। कीमत की बात ही पूछना अशिष्ट है। हो सकता है बिचारा आदमी प्रायमरी स्कूल में मास्टर हो और कहना पड़े कि सौ रुपये मिलते हैं। और इसको भी दीनता का अनुभव हो। और इसको ही हो ऐसा नहीं; जैसे यह कहेगा कि सौ रुपये मिलते हैं, स्कूल में मास्टर हूं, तुम्हारे लिये यह आदमी बेमूल्य हो गया। आगे अब इससे बात नहीं चलेगी। बात खतम हो गयी। यह भी कोई आदमी है ! स्कूल में मास्टर है। इससे तो कुछ भी होता ! पुलिस-इन्स्पेक्टर होता तो भी बेहतर था। कुछ तो जान होती ! जैसे ही तुम पूछते हो किसी आदमी से कि कितनी तनख्वाह मिलती है, वैसे ही तुम पूछ रहे हो कि कितनी कीमत ! कितना मूल्य ?

इस जिंदगी में भी तुम कई बार ऐसी चीज के करीब आ जाते हो, जिसका मूल्य नहीं होता। लेकिन तब तुम उससे चूक जाते हो। क्योंकि तुम···वह तो परख ही नहीं तुम्हारे मन में। अगर तुम किसी संतपुरुष के पास आ जाओ तो तुम नहीं परख पाओगे। क्योंकि वहां तुम्हारा मूल्य-निर्धारक मन गति नहीं करता।

अगर सुबह सूरज उगता हो और एक सुन्दर सुबह चारों तरफ फैलती जाती हो और प्राची पर लाली हो और आकाश बड़े गीत गाता हो, बड़े रंगों में नाचता हो, तुम नहीं देखोगे। उसका कोई मूल्य नहीं है, देखना क्या है ? मैंने उन मित्र को कहा जो मेरे साथ चित्र की प्रदर्शनी देखने गये थे, मैंने कहा कि तुम सुबह कभी सूरज को उगते देखते ? वहां तो कोई लेबल नहीं लगा होता, वहां तुम्हें बड़ी मुश्किल होगी। जब कीमत ही नहीं तो क्या देखना ? कभी रात तारों टंकी आकाश के रहस्यों को देखते हो ? वहां कोई कीमत नहीं लगी है, तुम क्या देखोगे ? उन्होंने मुझसे कहा—ईमानदार आदमी हैं—रास्ते में लौटते वक्त कहा आप ठीक ही याद दिलाया। मैं कभी सुबह नहीं देखा और मैंने कभी रात भी नहीं देखी। शायद यही कारण होगा, कि मैं देखता ही उतनी चीज हूं जिसकी कीमत हो।

दरिया तहं कीमत नहीं···

तो अभ्यास करो थोड़ा अमोलक को देखने का। यहां भी कोई कीमत नहीं है। जब तुम गुलाब का फूल देखते हो, कहते हो कि चार आने में मिल जाता है बाजार में, तो तुम चूक गये। आदमी एक भी गुलाब का फूल पैदा

कर पाया है, जो तुम कीमत आंक रहे हो ? चार आने देने से तुम एक गुलाब का फूल पैदा कर पाओगे ? चार करोड़ रुपये से भी तुम एक गुलाब का फूल पैदा नहीं कर पाओगे । सारी मनुष्य जाति की क्षमता लगाकर भी तुम एक गुलाब का फूल पैदा नहीं कर पाओगे । आदमी चांद पर पहुंच गया है यह एक बात है । अभी घास का एक तिनका भी पैदा नहीं कर पाया है, इसे मत भूल जाना । आदमी ने जो भी सफलता पाई है, सब मुर्दा चीजों पर है अभी जीवन पर उसकी एक भी सफलता नहीं; होगी भी कभी नहीं । क्योंकि घास का एक तिनका भी पैदा नहीं होगा ।

जीवन अमोलक है । गुलाब के फूल की क्या कीमत ? कैसी कीमत ? कैसे आंकते हो ? अगर गौर से देखोगे तो पाओगे, गुलाब के फूल में अमोलक बैठा है । चांद निकला, इसकी क्या कोई कीमत हो सकती है ? एक बच्चा खिलखिला कर हंसा, इस खिलखिलाहट की कोई कीमत हो सकती है ? करोड़ रुपये देकर भी किसी बच्चे को तुम खिलखिलाने के लिये राजी नहीं कर सकते । वह अगर खिलखिला भी दे, तो यह खिलखिलाहट न होगी । वह सिर्फ बाजार की होगी, अभिनेता की होगी । रुपये के लोभ में खिलखिला देगा लेकिन होंठ से गहरी न होगी । होंठ पर रंगी, होगी हृदय से न आयेगी । प्राणों की उत्फुल्लता न होगी । उसमें परमात्मा का वास न होगा ।

किसी की आंख से एक आंसू टपकते देखा ? उस आंसू की क्या कीमत ? उस एक छोटे से आंसू को आदमी पैदा नहीं कर सकता । बस एक छोटे से आंसू में सारे महाकाव्य छिपे हैं । उस एक छोटे से आंसू में मनुष्य कि सारी जीवन-व्यथा छिपी हो सकती है । मनुष्य के सारे जीवन का आनन्द, अहो-भाव छिपा हो सकता है। उस एक छोटे से आंसू में आदमी की सारी बेबसी छिपी हो सकती है । उस एक छोटे से आंसू में आदमी की सारी प्रार्थना छिपी हो सकती है । एक आदमी की ही नहीं, सारी मनुष्यता की प्रसन्नता और प्रार्थना और दुख एक छोटे से आंसू में छुपा हो सकता है ।

नहीं, हमारी आदत खराब हो गई । हम हर चीज में मूल्य खोजते हैं । और जहां हमें मूल्य नहीं दिखता, हम देखते ही नहीं । हम सोचते हैं, यहां क्या रखा है ? कुछ मूल्य तो होना चाहिये ।

मेरे पास लोग आ जाते हैं, वे पूछते हैं ध्यान तो करेंगे, लाभ क्या होगा ? लाभ । ध्यान से भी लाभ चाहते हैं । तनख्वाह में बढ़ोतरी हो जायेगी, कि दुकान ज्यादा ठीक से चलेगी ···लाभ क्या होगा ? तुम मन्दिर में भी बैंक की भाषा चलाना चाहते हो ? तुम पूछते हो कि ध्यान तो करेंगे

लेकिन इससे बैंक बैलेंस बढ़ेगा कि नहीं बढ़ेगा ? तुम रुपये में ध्यान को भी कूतना चाहते हो ?

एक सम्राट महावीर के पास पहुंच गया था। बड़ा सम्राट था। उसने सब पा लिया जो पाने योग्य था। लेकिन एक बात उसे खटकती थी—ध्यान। कभी कभी उसका वजीर उसको बड़ी चाट पहुंचा देता था। वह कहता कि महाराज और सब तो ठीक है, ध्यान ! धन तो पा लिया, सो ठीक है। धन तो कोई भी पा लेता है। ऐरे-गैरे नत्थू-खैरे पा लेते हैं; इसमें क्या रखा है ? ध्यान ? उसे बड़ी चोट लगती थी कि ध्यान क्या बला है ? फिर उसने खबर सुनी कि महावीर का आना हुआ। परम ध्यानी का आगमन हुआ है, तो वह गया। उसने महावीर से कहा; महाराज, इतनी कृपा करो, ध्यान दे दो। जो भी कीमत हो ले लो, सब चुकाने को राजी हूं। यह वजीर मेरी छाती में तीर छेदना रहता है। मैं उससे यह भी नहीं पूछ सकता कि ध्यान क्या है ? क्योंकि मैं यह भी स्वीकार नहीं कर सकता कि मुझे पता नहीं कि ध्यान क्या है ! मेरा अहंकार बड़ा है। अब आपसे निवेदन करता हूं, ध्यान दे दो। किसी भी तरह ध्यान दे दो। और जो तुम कहो, मैं दने को राजी हूं। पूरा राज्य भी देने को राजी हूं। मैंने अपनी जिंदगी में हार मानी नहीं। जो चीज पानी चाही, पाकर रहा। अब यह ध्यान पाकर रहूंगा। सब लगाने को राजी हूं।

महावीर हंसे। इस पागल को कोई कैसे समझाये कि कोई ऐसी चीजें भी है जीवन में जो खरीदी नहीं जा सकती। जिनका कोई मूल्य नहीं होता तुम सारा राज्य भी दे दो तो भी ध्यान का एक तिनका भी नहीं खरीद सकते। ध्यान की एक बूंद भी नहीं खरीद सकते। मगर इस पर दया भी आई। उन्होंने कहा ऐसा करो, मेरे पास तो राज्य था, वह मैं छोड़ चुका। अब राज्य की मुझे कोई चाहत नहीं है। तुम्हारे ही नगर में मेरा एक श्रावक, मेरा एक भक्त है। वह ध्यान को उपलब्ध हो गया। तुम उससे मांग लो। वह गरीब आदमी है, शायद बेचने को राजी हो जाये। मेरे तो बेचने का कोई कारण नहीं। तुम जो राज्य दोगे वह तो मैं छोड़ ही चुका हूं, पहले ही छोड़ चुका हूं। इसलिए मैं तो बेचनेवाला नहीं।

महावीर ने खूब मजाक किया। मैं तो बेचूंगा नहीं। इस आदमी से यह भी उन्होंने नहीं कहा कि यह बेचने की बात ही नहीं। इस आदमी को ठीक से शिक्षा देना चाहते थे। ठीक जगह से शिक्षा देना चाहते थे। तो उन्होंने कहा, कि जल्दी से नाम बता दें। अगर मेरे ही राज्य में रहता है, मेरी राजधानी में रहता है तब तो कोई बात नहीं। अभी जाकर ले लूंगा। तत्क्षण उसने उस आदमी को बुलवाया और कहा, तुझे जो लेना हो ले ले, लेकिन यह ध्यान दे दे। वह आदमी हंसने लगा और उसने कहा, उन्होंने

मजाक किया, आप समझे नहीं। मैं गरीब हूं तो आप अगर चाहें तो मेरी जान ले लें, प्राण ले लें, जीवन ले लें, मैं तैयार हूं। लेकिन ध्यान? आप बात क्या कर रहे हैं? मैं दूं भी कैसे? देना भी चाहूं तो दूं कैसे? ध्यान कोई चीज तो नहीं, जो खरीदी जा सके। सम्राट ने कहा, देख! कीमत कुछ भी हो, छिपा मत। चालबाजियां मत कर, कीमत बोल। जितनी मांगेगा उससे दोगुनी दूंगा। मगर कीमत की बात कर।

कैसे कोई इन पागलों को समझाये कि कुछ चीजें हैं जिनकी कोई कीमत नहीं होती! प्रेम की, ध्यान की, कोई कीमत होती है? इन्हें कोई खरीद सकता है?

तुम अपने जीवन में अगर अमोलक को देखना शुरू कर दो तो तुम तैयारी करोगे परमात्मा के पास जाने की। अमोलक की सीढ़ियां चढ़कर ही कोई परमात्मा के पास पहुंचता है।

दरिया तहं कीमत नहीं, उनमन भया अवाक। चूंकि कीमत कोई भी नहीं वहां, थी मन कुछ भी न सोच पाया। उनमन भया अवाक! मन एकदम से एक क्षण में अमन हो गया। मन था अभी तक; मन यानी मनन, मन यानी सोचविचार। मनन की प्रक्रिया का नाम मन। जो सोचता जाता है, मनन करता जाता है, उस प्रक्रिया का नाम मन। उनमन भया अवाक—वह जो मन अब तक सोचता ही रहता था और जिसको चेष्टा करके भी रोका न जा सकता था कि रुक जाये। जो रुकने को राजी न होता था, जो सदा मनन ही में लगा रहता था। जिसकी मनन की धारा जागते-सोते चलती ही रहती थी। अनवरत जो धारा बहती थी। वह अचानक ठहर गई। उनमन भया अवाक। और मन अमन हो गया।

यह उनमन शब्द ठीक है, जो झेन फकीर जिसको नो-माइंड कहते हैं। जिसको कबीर ने अपनी-दशा कहा है। उनमन भया अवाक। एकदम, एक क्षण में एक आधात में, धारा अवरुद्ध हो गयी, मनन ठहर गया। मनन ठहर गया तो मन ठहर गया। जहां मनन न रहा वहां मन न रहा। उनमन भया अवाक। और हो गया अवाक! आश्चर्य-मुग्ध पहली बार।

अवाक शब्द बहुत बहुमूल्य है। उसे ठीक से उस पर चिंतन करना, मनन करना, ध्यान करना। अवाक शब्द का अर्थ है—ऐसा आश्चर्य कि हठात तुम ठगे रह गये। अवाक! बोलती बंद हो गई। वाक खो गया, वाणी खो गयी। बोलना चाहो तो बोल न सको। हिलना चाहो तो हिल न सको। ऐसा विराट आश्चर्य सामने खड़ा हो गया। उस आश्चर्य के सामने खड़े होने से जैसे सांस तक बंद हो गयी। अवाक! एक क्षण को सब स्तब्ध हो गया, मौन हो गया।

रतन अमोलक परखकर, रहा जौहरी थाक
दरिया तहं कीमत नहीं, उनमन भया अवाक

इस सूत्र में दोनों ही बातें हैं। परमात्मा सामने आ जाये तो ऐसा होता है। ऐसा हो जाये तो परमात्मा सामने आ जाता है। तो तुम थोड़ा आश्चर्य खोजना शुरू करो।

मेरे पास लोग आते हैं, वह कहते हैं परमात्मा कैसे खोजें? मैं कहता हूं तुम परमात्मा को तो छोड़ो। परमात्मा पर बड़ी कृपा होगी तुम्हारी। तुम परमात्मा को तो मत खोजो। क्योंकि तुम जिस परमात्मा को खोज रहे हो, वह है ही नहीं। तुम्हारा परमात्मा भी तुम्हारे मन की ही धारणा है। तुम्हारा परमात्मा भी तुम्हारे मन की तसवीर है। तुम्हारा परमात्मा भी तुम्हारे मन का ही खेल और जाल और जंजाल है। तुम्हारा परमात्मा तुम्हारे मन की ही धारा को अनवरत रखेगा। तुम्हारा परमात्मा बहुत परमात्मा नहीं है। तुम्हारा परमात्मा यानी हिंदू का, तुम्हारा परमात्मा यानी मुसलमान का। तुम्हारा परमात्मा परमात्मा नहीं है। तुम्हारा परमात्मा परमात्मा हो भी कैसे सकता है? अभी तुमने जाना ही नहीं है। अभी अज्ञान में जो तुमने प्रतिमा अपने मन में संजो ली है, वह अज्ञान की ही प्रक्रिया है। जानोगे तो सारी प्रतिमायें गिर जायेंगी।

तो तुम परमात्मा को तो छोड़ दो। तुम मुझसे कोई दूसरी बात पूछो तुम यह पूछो कि हम आश्चर्य-अवाक कैसे हों? यह बड़ी और बात है। परमात्मा को खोजने में क्या करोगे? अगर राम तुम्हारी धारणा में बैठे हैं, धनुर्धारी राम! तो तुम धनुर्धारी राम को खोजते फिरोगे। वो कहीं तुम्हें मिलेंगे नहीं। और अगर कभी मिल जायें तो सावधान रहना। क्योंकि वह तुम्हारी कल्पना का ही फैलाव होगा। अगर बैठे ही रहे, बैठे ही रहे, सिर फोड़ते रहे दीवालों से और चिल्लाते रहे राम-राम-राम और धनुर्धारी राम की कल्पना करते रहे कि अब प्रगटो; अगर बहुत ही शोरगुल मचाया तो तुम्हारा मन तुम्हीं को सांत्वना देने के लिये धनुर्धारी राम की प्रतिमा को निर्मित कर लेगा। वह तुम्हारा ही प्रक्षेपण है। यह राम किसी काम के नहीं। इनको धक्का दो तो गिर जायेंगे। इनका धनुषबाण इत्यादि किसी काम का नहीं। रामलीला वाला धनुषबाण है। बस, सब ढोंग है। तुम्हारे मन का ही जाल है।

ऐसा हुआ एक रामलीला में कि जो आदमी रावण का पार्ट कर रहा था, मैनेजर नाराज हो गया। तो उसने कहा, देखेंगे, वक्त पर मजा चखा देंगे। वक्त पर उसने मजा चखा दिया। जब सीता के वरण की कहानी आई और धनुष रखा गया और लंका से दूतों ने आकर चिल्लाया कि रावण!

हे रावण ! तू यहां क्या कर रहा है ! लंका में आग लगी हुई है। उसने कहा लगी रहने दो । इस बार लंका जले तो जल जाये, मगर सीता को लेकर जायेंगे। बड़ी घबड़ाहट फैल गयी। क्योंकि उसे जाना चाहिये नियम से। और वह सीता ही ले जाये तो रामलीला खतम। और वह तो किसी की सुने ही नही और लोग तो ठगे ही रह गये कि अब करना क्या है ? जनक जी भी बहुत घबड़ाये। रामचन्द्र जी भी इधर-उधर बगलें झांकने लगे। लक्ष्मण को भी पसीना आ गया कि यह तो मुश्किल मामला हो गया। किसी को समझ में न आये कि क्या करें ! इस बीच वह उठा और उससे धनुष-बाण तोड़ दिया। अब धनुषबाण क्या था, वो जो रामलीला का धनुषबाण था, कोई असली का तो था नहीं ! उसने तोड़ दिया और कहा जनक से कि निकाल सीता कहां है ? उसने सारी रामलीला खराब कर दी। वह तो जनक बूढ़ा आदमी था, पुराना खिलाड़ी था। बहुत दिन से यही काम करता था। उसने कहा कि ठहर। भृत्यो ! मालूम होता है तुम मेरे बच्चों के खेलने का धनुष उठा लाये। असली धनुष लाओ, पागलो ! तब परदा गिराया, किसी तरह रावण को धक्का देकर बाहर निकाला। फिर असली धनुष लाया गया। फिर नकली रावण लाया गया। दूसरा रावण पकड़ना पड़ा क्योंकि यह रावण तो काम न आये।

तुम्हारी कल्पना में जो राम खड़े होंगे, वह तुम्हारा ही खेल है। वे तुम्हारी ही धारणायें हैं। या तुम चाहो तो कृष्ण के भक्त हो तो कृष्ण खड़े हो जायेंगे, बांसुरी बजायेंगे। और अगर तुम क्राइस्ट के भक्त हो तो क्राइस्ट सूली पर लटके खड़े हो जायेंगे और उनके हाथों से तुम्हें खून बहता हुआ मालूम पड़ेगा। मगर उस खून के धब्बे तुम्हारे कपड़ों पर भी नहीं पड़ेंगे, हृदय की तो बात और। वह तो सिर्फ कल्पना में ही रहेगा।

परमात्मा का सच्चा खोजी यह नहीं पूछता कि मैं परमात्मा को कैसे खोजूं ? क्योंकि वह यह कहेगा परमात्मा तो मुझे मालूम ही नहीं है, खोजने की बात कैसे उठाऊं ? यह तो बात ही बेईमानी की हो गई। परमात्मा ही मालूम होता तो खोजता क्यों ? परमात्मा मालूम नहीं है इसलिए तो खोजना चाहता हूं। इसलिए मैं यह कैसे यह बात शुरू करूं कि परमात्मा को खोजना है ?

वह इतना ही कहेगा, जीवन अज्ञात है। इस अज्ञात जीवन में मैं कैसे प्रवेश करूं ? कैसे जानूं, जो है, कैसे जानूं ? जो है, उसका कैसे साक्षात्कार हो ? वह जो है को नाम भी नहीं देगा—कृष्ण, राम, क्राइस्ट। नहीं, वह कहेगा, जो है। यह जो चारों तरफ विराट फैला है, यह क्या है ? इसे मैं कैसे जानूं ? इसका द्वार कहां है ?

आश्चर्य द्वार है। इसलिए छोटे बच्चे परमात्मा के ज्यादा निकट होते हैं। क्योंकि उनकी आंखें अब भी आश्चर्य-विमुग्ध होती हैं। स्त्रियां पुरुषों के बजाय परमात्मा के ज्यादा निकट होती हैं। उनकी आंखें आश्चर्य से इतनी रिक्त नहीं होतीं, जितनी पुरुषों की होती हैं। पंडित बजाय अज्ञानी परमात्मा के ज्यादा निकट होते हैं। क्योंकि उनकी आंखें अभी भी रहस्यपूरित होती हैं। अभी भी सब रहस्य समाप्त नहीं हो गया। पंडित ने तो सब जान लिया। वह तो कहता है, मुझे सब मालूम है। जिसे सब मालूम है उसे कुछ भी मालूम नहीं होगा। इसलिए पांडित्य से बड़ा पाप नहीं है। क्योंकि पांडित्य आश्चर्य को नष्ट कर देता है। और आश्चर्य द्वार है। अगर यह भ्रांति पैदा हो गई कि मुझे सब मालूम है, क्योंकि मैं वेद जानता, कुरान जानता, बाइबिल जानता, तो तुम परमात्मा से चूकते जाओगे। वेद-कुरान रखे बैठे रहना। जैसे वेद-कुरान मुर्दा हैं वैसे तुम भी उनके पास बैठे-बैठे मुर्दा हो जाओगे।

परमात्मा को खोजना हो तो यह जो जीवन तुम्हारे चारों तरफ फैला है, यह जो पक्षियों के कंठ में, यह जो वृक्षों की शाखाओं में, यह जो फूलों के रंग में, यह जो सागर की तरंगों में, यह जो पहाड़ों की ऊंचाइयों में, यह जो घाटियों की गहराइयों में, यह जो चारों तरफ विस्तीर्ण है, यह जो विराट चारों तरफ से तुम्हें घेरा है। बाहर और तुम्हारे भीतर भी जो बैठा है, इसको ...कैसे हम संबंध जोड़ें इससे ?

आश्चर्य से संबंध जुड़ता है। इसलिए आश्चर्य-विमुग्धता धार्मिक आदमी का द्वार है। आश्चर्य-विमुग्धता ! आश्चर्य की आंखों से देखो, ज्ञान की आंखों से नहीं। निर्दोष आश्चर्य से देखा तो तुम्हें हर जगह चरण-चिह्न मालूम पड़ेंगे। छोटी-छोटी चीजें रहस्यपूर्ण हो जायेंगी। रहस्यपूर्ण हैं। सिर्फ तुमने ही मान रखा है कि रहस्यपूर्ण नहीं।

आदमी जानता क्या है ? एक भी बात तो जानते नहीं हम। सारी मनुष्य जाति के इतिहास में जो हमने जाना है, वह है क्या ? कुछ भी तो जाना नहीं। एक छोटे से वृक्ष के पत्ते का राज भी पता नहीं। बीज कैसे अंकुर बनता है, यह भी पता नहीं। रोटी कैसे जाकर खून बन जाती है, मुर्दा चीज कैसे जीवंत हो जाती है, यह भी पता नहीं। एक छोटा बच्चा मां के पेट में कैसे बढ़ता है यह भी पता नहीं। एक छोटा सा विचार तुम्हारे भीतर कैसे तरंगित होता है यह भी पता नहीं। कुछ भी पता नहीं है।

ज्ञानियों ने कहा है, अज्ञान द्वार है। क्यों ? उपनिषद कहते हैं, जो जानता है, जानना कि नहीं जानता। जो नहीं जानता, जानना कि जानता है। क्यों ? नहीं जानने में ऐसी क्या गुणवत्ता है ? नहीं जानने की गुण-

वत्ता है---आश्चर्य। क्योंकि जब तुम नहीं जानते, तुम्हें हर चीज पुलक से भर देती है। हर चीज आश्चर्य से भर देती है।

किसी छोटे बच्चे के साथ घूमने गये हो समुद्र के तट पर, या पहाड़ों में? कितने प्रश्न उठाता है छोटा बच्चा! हर चीज—देखा मोर, इनके पंखों पर इतने रंग क्यों हैं? यह देखा एक पक्षी को उड़ता और पूछता है मैं क्यों नहीं उड़ सकता? आदमी क्यों नहीं उड़ सकता? बेबूझ सवाल उठाता है। तुम घबड़ाते भी हो। तुम उसे चुप भी करना चाहते हो। तुम कहते हो, चुप हो जा। बड़ा होगा तो सब जान लेगा। तुम्हें भी पता नहीं बड़े होकर। तुम सिर्फ उसे चुप कर रहे हो, ऐसे तुम्हारे पिता ने तुम्हें चुप किया था। और तुम्हें बेचैनी क्यों होती है छोटे बच्चे के प्रश्नों से? बेचैनी इसलिए होती है कि तुम्हें भी उत्तर तो मालूम नहीं। यह बच्चा तुम्हारे ज्ञान को खंडित करता है। यह बच्चा तुम्हारे ज्ञान पर शंका और संदेह उठाता है। यह बच्चा तुम्हारे ज्ञान पर प्रश्नचिह्न लगाता है, कि अरे पिता-जी! आपको भी पता नहीं कि मोर के पंख पर इतने रंग क्यों हैं? आपको और पता नहीं? यह आपके अहंकार को नीचे घसीट रहा है। यह कह रहा है अरे! तुम भी फिर मेरे ही जैसे हो! जैसा मैं अज्ञानी, वैसे तुम अज्ञानी नाहक का ढोंग बांधते हो, नाहक जोर-जबरदस्ती दिखलाते हो कि तुम्हें पता है। इसलिए तुम बच्चे से कहते हो, बड़ा हो जायेगा तुझे भी पता होगा।

बड़े होने से किसी को पता नहीं होता। बड़े होने से एक ही बात हो जाती है कि बड़े होने पर आदमी अहंकारी हो जाता है और नहीं पता है यह कहने में असमर्थ हो जाता है, बस! वह भी कहेगा हां, कि मुझे पता है। अपने बेटों के सामने उसको भी अपनी हिम्मत तो कायम रखनी पड़ेगी। नहीं तो छोटे बच्चे खतरनाक हैं। छोटे बच्चों को परमात्मा खूब सिखा-पढ़ाकर भेजता है कि जिन-जिन का ज्ञान हो उनको डगमगाना। जो-जो अकड़ गये हों ज्ञान में, उनको जरा हिलाना। कहते हैं, बच्चा जब तक नहीं बोलता तब तक परमात्मा के बहुत करीब होता है।

कल मैं एक अनूठी किताब देख रहा था। आइन्स्टीन के जीवन पर है। लेखक ने एक बड़ी महत्त्वपूर्ण बात कही है। आइन्स्टीन तीन साल का हो गया तब तक बोला नहीं। कई बच्चे देर से बोलते हैं, यह कोई बड़ी बात नहीं। लेकिन लेखक ने यह बात उसमें उठाई है कि शायद इसीलिए जीवन में वह इतना बड़ा वैज्ञानिक हो सका क्योंकि तीन साल चुप रहा, बोला नहीं वह तीन साल तक आश्चर्यविमुग्ध रहा। वह आश्चर्यविमुग्धता ही उसके भीतर व्यक्तित्व बन गई, उसकी प्रतिभा बन गई।

यह बात मुझे जंची। यह बात ठीक है। यह बात सच है। इसलिए तो महावीर बारह वर्ष तक मौन हो गये जंगल में जाकर। तुम क्या सोचते हो, किसलिए मौन हो गये ? मौन होने का मतलब क्या है ? मौन होने का अर्थ है, पांडित्य का त्याग। मौन होने का अर्थ है, भाषा का त्याग। भाषा में सारा ज्ञान है। जब भाषा गई तो ज्ञान गया। इस तरह किसी जैन ने सोचा नहीं कि महावीर मौन क्यों हो गये ! मौन का मतलब है कि भाषा त्याग दो। भाषा त्याग दी मतलब जो भी जानते थे, वह त्याग दिया। जब जानना त्याग दिया जाता है तो आश्चर्य का आविर्भाव होता है। वे फिर से बालक हो गये। नव जन्म हुआ। द्विज बने। मौन दिज बनाता है। बारह वर्ष अपूर्व आनन्द लिया होगा महावीर ने। बारह वर्ष लंबा समय है। बारह वर्ष में बिल्कुल उन्होंने सारी धूल झाड़ दी। ''रंजी सास्तर ग्यान की''। एकदम निष्कपट, निष्कलुष, निर्दोष बालक की तरह पैदा हुए। उसी निर्दोषता में जाना जाता है। तो जब जाना जाता है तब मन अवाक हो जाता है। तुम अवाक होना सीख जाओ तो तुमने जानने की कला सीख ली।

धरती गगन पवन नहीं पानी, पावक चंद न सूर
रात दिवस की गम नहीं जहां ब्रह्म रहा भरपूर

और कहते हैं दरिया, वहां न तो धरती है, न गगन है, न पानी है, न पवन है, न अग्नि है, न चांद है, न सूरज है। वहां सब भिन्न-भिन्न बातें एक अभिन्न में खो जाती हैं। वहां सारी सीमायें जो हमने अलग-अलग कर रखी हैं कि यह रही धरती, यह रहा आकाश···।

तुमने कहीं देखी जगह, जहां धरती और आकाश अलग होते हैं ? कहां अलग होते हैं ? आकाश धरती में समाया है, धरती आकाश में है। अलग कहां है ? यहां अलग कुछ है ही नहीं। सभी चीजें जुड़ी हैं। अभी वृक्ष पर एक फल लगा, कल तुम उसका भोजन कर लोगे। अभी जो वृक्ष में था वह कल तुम में हो जायेगा। फिर एक दिन तुम मरोगे। और तुम्हारी लाश जमीन में दबा दी जायेगी। और वृक्ष खड़ा है, राह देख रहा है कि तुमने उसके फल खाये, वह अब तुम्हारे फल खा ले। वह जल्दी से तुम्हारी लाश में से जो-जो पाने योग्य है, चूस लेगा। क्या अलग है ? यहां हम जुड़े हैं। मैंने सांस ली, कहता था मेरी सांस, कह भी नहीं पाया कि तुम्हारी हो गई। तुमने सांस ली, अभी तुम ले भी न पाये थे कि बाहर निकल गई; दूसरे की हो गई, पड़ोसी की हो गई। हम जुड़े हैं। यह सारा अस्तित्व एक साथ तरंगित है। यह एक ही सागर है।

धरती गगन पवन नहीं पानी पावक चंद न सूर

सारे भेद गिर गये। अब तय करना मुश्किल है कि क्या अग्नि है, और क्या वायु है और क्या धरती है और क्या आकाश !

कबीर ने कहा है, ''एक अचंभा मैंनें देखा नदिया लागी आगी।'' यही बात कही है। कबीर अपने ढंग से कहते हैं। कबीर के ढंग बड़े अनूठे हैं, उलटबांसी हैं। ''एक अचंभा मैंने देखा नदिया लागी आगी !'' नदिया में आग लगी ! अब नदिया में हमने आग लगी कभी नहीं देखी। किसी ने भी नहीं देखी। नदिया में कहीं आग लगती है ? तो कबीर यह कह रहे हैं, जिनका अभी मिलन नहीं होता है, उनको मिलते देखा है। जिनको कभी मिलते नहीं देखा, उनको मिलते देखा है। जीवन-मृत्यु को साथ नाचते देखा है। ''एक अचंभा मैंने देखा नदिया लागी आगी।''

धरती गगन पवन नहीं पानी, पावक चंद न सूर
रात दिवस की गम नहीं, जहां ब्रह्म रहा भरपूर

और जहां ब्रह्म भरपूर है, वहां इतनी भी जगह नहीं कि रात और दिन का द्वैत भीतर प्रविष्ट हो जाये। दो की वहां जगह नहीं है। रात और दिन प्रतीक हैं दो के, द्वैत के, द्वंद्व के। चाहे जीवन और मृत्यु कहो, चाहे सुख-दुख कहो, चाहे रात-दिन कहो, चाहे सर्दी-गर्मी कहो। दो की वहां गुंजाइश नहीं है। इतनी भी जगह नहीं है दो को, कि जरा सी जगह पा जायें और सरक जायें भीतर। जहां ब्रह्म रहा भरपूर। जहां ब्रह्म की पूरी वर्षा होती है वहां दो को कोई जगह नहीं। वहां बस एक है।

शबे फुरकत में सदा, मायले बेदाद रहे
मूरित-ए-जुल्मो सितम खस्ता औ बरबाद रहे
इश्क के गम में सदा, बादिल-ए-नाशाद रहे
हालत-ए-रंजो अलम, क्यों न हमें याद रहे
आंख से लख्ते जिगर हमने टपकते देखे
तेरे हर रंग में एक नाच है, रानाई है
नक्श हर दिल में तेरे सूरत-ए-रक्ताई है
देखता हूं जिसे मैं वह तेरा सौदाई है
एक आलम तेरे इस हुस्न का सेदाई है
जिसपे मोती से पसीने के चमकते देखे
मेरे दिल में निहां आतिश-ए-उलफत तेरी
मेरे रग-रग में है पैवस्ता मुहब्बत तेरी
मैं समझता हूं अदायें है कमायत तेरी
मुझ पे रोशन है हकीकत तेरी, ताकत तेरी
दिल हजारों तेरी उल्फत में कसकते देखे

साकिया, जाम-ए-मयवस्ल पिला दे मुझको
होश लेकर अभी दीवाना बना दे मुझको
साज को छेड़कर एक गीत सुना दे मुझको
मय-ए-गुलरंग के सागर वो पिला दे मुझको
अश्क ने जो तेरी महफिल में छलकते देखे
साकिया, जाम-ए-मय-ए-वस्ल पिला दे मुझको

ओ साकी, मिलन की मदिरा मुझे पिला दे। मिलाप की मदिरा मुझे पिला दे। जहां आलिंगन घटित हो जाये, जहां हम मिलें और एक हो जायें ऐसी शराब मुझे पिला दे।

साकिया जाम-ए-मय-ए-वस्ल पिला दे मुझको

जैसे दो प्रेमी किसी प्रेम के गहन क्षण में एक हो जाते हैं—वस्ल ! ऐसा घट जाये। ऐसी बेहोशी मुझे पिला दे। क्योंकि मेरे होश में तो न घटेगा। मेरे होश में तो न घटेगा। मेरे होश में तो मैं दूरी बचाये रखूंगा।

साकिया जाम-ए-मय-ए-वस्ल दे मुझको
होश लेकर अभी दीवाना बना दे मुझको

यह होश तो महंगा है, यह तू ले ले। यह होश तो मेरी मुश्किल है, यह तू ले ले। इस होश के कारण ही तो मैं अलग-अलग बना हूं, यह तू ले ले। यह होश की समझदारी मुझसे छीन ले। मुझे बेहोशी की नासमझी दे दे। भक्त ने यही मांगा है सदा, मुझे बेहोशी की नासमझी दे दे। यह समझदारी तू रख। यह तू ही संभाल। यह ज्ञान तू संभाल। मुझे अज्ञान दे दे। मुझे निर्दोष अज्ञान दे दे।

साकिया जाम-ए-मय-ए-वस्ल पिला दे मुझको
होश लेकर अभी दीवाना बना दे मुझको
साज को छेड़कर एक गीत सुना दे मुझको
मय-ए-गुलरंग के सागर को पिला दे मुझको

रंगीन मदिरा में मुझे डुबा दे

अश्क ने जो तेरी महफिल में छलकते देखे

अगर तुम परमात्मा की महफिल को गौर से देखो तो सब तरफ तुम्हें मदिरा छलकती हुई दिखाई पड़ेगी। सिर्फ आदमी चूका जाता है।

अश्क ने जो तेरी महफिल में छलकते देखे

फूल में उनकी मदिरा है। पक्षियों के कंठ में उसकी मदिरा है। आदमी

को छोड़कर सारा जगत उसकी मदिरा में तल्लीन है। सारा जगत उसके गीत को सुन रहा है, आदमी को छोड़कर।

आदमी की क्या अड़चन है? आदमी का क्यों ऐसा दुर्भाग्य है? जो सौभाग्य हो सकता था वही दुर्भाग्य बन गया है। सौभाग्य हो सकती थी यह बुद्धि, अगर यह तुम्हें और आश्चर्य की तरफ ले जाती। यह बुद्धि दुर्भाग्य बन गई क्योंकि इसने सारे आश्चर्य को खंडित कर दिया। यह बुद्धि तुम्हें आश्चर्य के द्वार से परमात्मा तक ले जाने का परम राज बन सकती थी। मगर अधिक लोगों के लिए यह बुद्धि ही परमात्मा के और मनुष्य के बीच दीवार बन गयी। यह बुद्धि दुधारी तलवार है। यह तुम्हें बचा भी सकती थी, यह तुम्हें काट भी सकती है। जैसे छोटे बच्चे के हाथ में कोई तलवार दे दे, खतरा ही होगा, लाभ नहीं होनेवाला। ऐसी ही कुछ हालत आदमी के साथ है। अभी तक आदमी बुद्धि का ठीक उपयोग नहीं सीख पाया। बुद्धि से सिर्फ अहंकार को निर्मित करता है। बुद्धि से सिर्फ अकड़ को निर्मित करता है। बुद्धि से और दूर होता जाता है विराट से। बुद्धि से धीरे-धीरे एक छोटा सा संकीर्ण द्वीप बन जाता है। महाद्वीप हो सकता था, मगर वह महाद्वीप होना तो सिर्फ विराट के साथ ही घटता है।

साकिया जाम-ए-मय-ए-वस्ल पिला दे मुझको
होश लेकर अभी दीवाना बना दे मुझको
साज को छेड़कर एक गीत सुना दे मुझको
मय-ए-गुलरंग के सागर को पिला दे मुझको
अश्क ने जो तेरी महफिल में छलकते देखे

"ब्रह्म रहा भरपूर"। दरिया कहते हैं, अब एक ही बचा, बस ब्रह्म ही बचा है। रात गई, दिन गया, सुख गये, दुख गये, शांति-अशांति गई, अपने पराये गये, जीवन-मृत्यु गई। अब वहां दो का कोई प्रवेश नहीं, जहां ब्रह्म रहा भरपूर।

पाप-पुण्य सुख-दुख नहीं जहां कोई कर्म न काल
जन दरिया जहं पड़त है हीरों की टकसाल

पाप-पुण्य सुख-दुख नहीं। अब कोई द्वंद्व नहीं बचा। न कुछ पाप है, न कुछ पुण्य है।

यह वचन क्रांतिकारी है। क्योंकि साधारणतः हम सोचते हैं कि धार्मिक आदमी पुण्यात्मा! धार्मिक आदमी पुण्यात्मा नहीं, धार्मिक आदमी पुण्य के भी पार है। पुण्यात्मा तो इसी जगत का हिस्सा है। पापी की दुनिया का ही हिस्सा

है क्योंकि द्वंद्व का हिस्सा है। पुण्यात्मा, अभी पूरा-पूरा धार्मिक नहीं है। पापी किसे कहते हो ? जिसने बुरा किया। पुण्यात्मा किसे कहते हो ? जिसने भला किया। बुरे करने की भी अकड़ होती है और भले करने की भी अकड़ होती है। दोनों से अहंकार निर्मित होता है।

सच तो यह है, दुर्भाग्य की बात, मगर सच है, कि अकसर भला करने से ज्यादा अहंकार निर्मित होता है। पापी तो थोड़ा संकोच भी करता है, डरता भी है, भयभीत भी होता है, कहीं कोई कांटा चुभता भी है। पुण्यात्मा को तो कोई कांटा नहीं चुभता। उसका अहंकार तो बिलकुल शिखर पर बैठा होता है। इतने उपवास किये, इतने व्रत किये, इतना दान किया, इतना मंदिर मस्जिद बनाये, अब क्या अड़चन है उसको अहंकार की घोषणा करने में ? उसका अहंकार तो सिंहासन पर विराजमान होता है। उसके हाथ में जंजीरें हैं, मगर सोने की। पापी के हाथ में जंजीरें हैं लोहे की। लोहे की जंजीरें तो अखरती हैं क्योंकि जंजीरें मालूम होती हैं। सोने की जंजीरें तो आभूषण मालूम होने लगती हैं। इसलिए लोग सोने की जंजीरों में जिस बुरी तरह जकड़ते हैं, उतनी बुरी तरह लोहे की जंजीरों में नहीं जकड़ते।

तुमने सुना होगा, तुमने पढ़ा होगा। सारे मनुष्य जाति के इतिहास में ऐसी घटनायें और कहानियों के उल्लेख हैं। जब कभी-कभी पापी क्षणभर में मुक्त हो गया। लेकिन मैंने बहुत खोजा, मुझे एक ऐसी घटना नहीं मिली जिसमें पुण्यात्मा क्षणभर में मुक्त हो गया हो, मैं बड़ा चकित हुआ। मैं खोजता रहा हूं। सारे पुरान छान डाले कि कभी तो ऐसा हुआ हो जैसे कि वाल्मिकी हुआ। हत्यारा, पापी, खूनी लुटेरा और वाल्या से एकदम ऋषि वाल्मिकी हो गया। एक क्षण में हो गया ?

और अंगुलिमाल हुआ बुद्ध की कथाओं में। महा हत्यारा ! नौ सौ निन्यानबे आदमी मार डाले थे। और मार ही नहीं डाले थे, उनकी उंगलियां अपने गले में पहनता था इसलिए नाम अंगुलिमाल पड़ गया था। और एक हजार का व्रत लिये बैठा था कि एक को और मारना है। कोई उसके पास नहीं जाता था। उसकी मां तक डरती थी उसके पास जाने में क्योंकि वह ऐसा आदमी था कि अगर उसको एक की कमी पड़ रही हो और दूसरा कोई नहीं मिले तो वह मां को मार डाले। यह अंगुलिमाल बुद्ध के मिलन से एक क्षण में रूपांतरित हो गया एक क्षण में !

लेकिन ऐसी कोई कथा मुझे पुण्यात्मा की न मिली। मैं बड़ा हैरान होता रहा की बात क्या है ? कथा लिखनेवालों ने पुण्यात्माओं के साथ बड़ी ज्यादती की। मगर कारण है; पुण्यात्मा एक क्षण में मुक्त हो नहीं सकता।

उसकी जंजीरें सोने की हैं। वह छोड़ना भी चाहेगा तो एक मन पकड़ना चाहेगा। वह छोड़ते-छोड़ते भी पकड़ता रहेगा। वह आखिरी दम तक उनको बचाने की कोशिश करेगा। कोई उपाय हो बचाने का तो बचा ले उसका कारागृह महल का कारागृह है, बहुमूल्य है। पापी तो छोड़ने को तैयार ही हो जाता है क्योंकि उसमें कुछ पा ही नहीं रहा, सिवाय दुख के।

लेकिन गौर से देखना, पापी भी अकड़ रखता है अपनी। अगर तुम कभी जेलखाने जाओ, तो तुम्हें पता चले कि वहां लोग अपने-अपने जुर्मों को बड़ी बढ़ चढ़कर बात करते हैं। जितना नहीं किया उतनी बढ़-चढ़कर बात करते हैं। जिसने एकाध चोरी की वह कहता है अरे, हजारों कर चुके। जिसने किसी एक-आध को मार डाला, वह कहता यह तो अपने बायें हाथ का काम है। जिसको कहो उसको क्षणभर में उड़ा दें। अगर कभी तुम अपराधियों के पास बैठो तो चकित होओगे। वे भी अपने अपराध की बढ़-चढ़कर बात करते हैं वैसे, जैसे तुम्हारे महात्मा करते हैं अपने पुण्य की बढ़-चढ़कर बात। हिसाब-किताब वे भी रखते हैं और वह भी खूब बढ़ा-चढ़ाकर रखते हैं।

क्या कारण होगा ? अपराधियों के बीच बड़ा अपराधी होने का मजा है। जैसे महात्माओं के बीच बड़ा महात्मा होने का मजा है। बात तो वही है, तर्क तो वही है, गणित तो वही है, तराजू भी वही है, मन वही है। अगर यही होड़ लगी हो कि कौन सबसे बुरा आदमी है तो तुम सबसे ज्यादा बुरा आदमी होना चाहोगे। अगर यह होड़ लग जाये कि कौन सबसे भला आदमी है तो तुम सबसे भले आदमी होना चाहोगे। जो होड़ लग जाये उसी में आदमी पड़ जाता है मगर एक बात हम जीवन भर चेष्टा करते हैं कि मैं कुछ विशिष्ट हूं। मैं कुछ खास हूं, मेरे जैसा कोई और दूसरा नहीं। मैं अद्वितीय हूं। यह जो अहंकार की धारणा है कि मैं अद्वितीय हूं, यही परमातमा से नहीं मिलने देती। उससे तो वही मिलते हैं, जो झुकते हैं। जो अपने इस मैं को उतार कर रख देते हैं।

पाप-पुण्य सुख-दुख नहीं जहां कोई कर्म न काल
जन दरिया जहं पड़त है हीरों की टकसाल

दरिया कहते हैं न तो वहां कोई पाप है न कोई पुण्य है। परमात्मा को देखा, न वहां कोई पाप देखा, न कोई पुण्य देखा। न कोई सुख देखा न दुख देखा। उसी अवस्था में आनंद झरता है, वहां सुख-दुख नहीं होते। तुम्हारे शब्दकोशों में आनंद का अर्थ लिखा है : सुख, महासुख, खूब सुख, बहुत सुख ! मगर सुख और आनंद में कोई ऐसा भेद नहीं है कि सुख छोटा

सुख और आनंद बड़ा सुख। भेद परिमाण का नहीं है, भेद गुण का है। आनंद बात ही और है। वहां सुख नहीं है, जैसे दुख नहीं है। सुख-दुख दोनों गये तब जो परम शांति विराजमान हो जाती है। जहां न दुख की तरंगें उठती हैं, न सुख की तरंगें उठती हैं। क्यों? क्योंकि दुख की तरंगें भी दुख देती हैं और सुख की तरंगें भी दुख देती हैं। तुम ज्यादा देर सुखी भी नहीं रह सकते क्योंकि सुख भी उत्तेजना है। तुम गौर से देखो! आज तुम्हें लाटरी मिल जाये ठीक है, लेकिन हर महीने दो महीने में लाटरी मिलने लगे, तुम्हारा हार्ट फेल होगा। पहले तो डर यही कि पहली दफा में हो जायेगा। अगर बच गये किसी तरह, तो दूसरी दफे में हो जायेगा।

मैंने सुना है, एक रूसी कहानी है। ऐक दर्जी है, गरीब आदमी। बस उसका एक ही शौक है कि हर महीने एक रुपया वह लाटरी में लगा देता। ऐसा वर्षों से लगा रहा, कोई बीस साल बीत गये। न कभी उसे मिली, न उसे अब कोई ख्याल है कि मिलेगी, मगर आदतन हर महीने जब उसको उसकी तनख्वाह मिलती, एक रुपया वह लाटरी में लगा देता। यह एक धार्मिक कृत्य हो गया उसके लिये कि लगा देना एक। होगा तो होगा, नहीं होगा तो नहीं होगा। जाता भी कुछ नहीं।

एक दिन हैरान हुआ, सांझ को द्वार पर लोग आये, रथ रुका। हंडे भरे हुए रुपये आये। वह तो घबड़ा गया। उसने कहा कि महाराज, यह क्या मामला है? उन्होंने कहा, तुम्हें लाटरी मिल गयी। उसे दस लाख रुपये मिल गये। उस रात तो सो नहीं सका। हर रात आराम से सोता था। उस रात तो करवट ले, बहुत सोने की कोशिश की, न सो सका। दस लाख! पगलाने लगा। सुबह तो आकर उसने अपना दुकान-दरवाजा बंद कर दिया, ताला लगाकर उसने चाबी कुएं में फेंक दी कि अब करना ही क्या है? बात खतम हो गई, अब मजा करेंगे। उसने खूब मजा किया। मजा करने की जो धारणा है आदमी की वह ही किया। वेश्याओं के घर गया, स्वास्थ्य तक खराब हुआ, शराब पी। कभी बीमारियों से ग्रसित न हुआ था, सब तरह की बीमारियां आने लगीं। जुआ खेला। जो-जो उसको ख्याल में था सुख···।

तुम भी सोचो, अगर तुमको दस लाख मिल जायें तो तुम क्या करोगे? तत्क्षण तुम्हारे सामने पंक्तिबद्ध विचार खड़े हो जायेंगे। कि फिर ऐसा है, तो फिर ये कर गुजरें। और तुम भी वही करोगे जो दर्जी ने किया। वही··· थोड़े हेर-फेर से। जुआ खेलोगे, शराब पिओगे, वेश्याओं के पास जाओगे। और करोगे क्या? और सुख है भी क्या? यही कुछ दो-चार बातें सुख

मालूम होती हैं। बढ़िया-से-बढ़िया कार खरीद ली, बढ़िया-से-बढ़िया मकान खरीद लिया, बढ़िया-से-बढ़िया वस्त्र बना लिये।

साल भर में दस लाख फूंक डाले। और साल भर में अपना स्वास्थ्य भी फूंक डाला और अपनी शांति भी फूंक डाली। साल भर के बाद कुएं में उतरा अपनी चाबी खोजने क्योंकि अब फिर दुकान चलानी पड़ेगी। कभी इतना दुखी नहीं था, जैसा दुखी हो गया। किसी तरह चाबी खोज कर लाया। अपनी दुकान खोली, फिर दरजीगिरी शुरू हुई। अब मन भी न लगे। पहले तो कभी अड़चन न आई थी। सीधा-सादा आदमी था, ज्यादा कोई कमाई भी न थी, उपद्रव भी कोई ज्यादा नहीं हो सकता। सामान्य जिंदगी थी, तब ठीक से चलता था, यह साल भर में जो देखा—दुख-स्वप्न ! कहोगे तो तुम इसको सुख-स्वप्न लेकिन है यह दुख-स्वप्न। जो साल भर में देखा यह उसकी जिंदगी क्षार-क्षार कर गया। अब मन भी न लगे।

अब तो उसने कसम खा ली कि अब दुबारा लाटरी मिलेगी तो लूंगा ही नहीं। मगर आदत और पुराना रस ! यही तो आदमी की झंझट है। तुम कसम भी खा लो तो वही किये जाते हो जो तुम करते रहे हो। वह एक रुपया लगाता रहा हर महीने। और साल बीतते-बीतते जब किसी तरह फिर से व्यवस्थित हुआ जा रहा था। काम-धंधा फिर ठीक चलने लगा था। स्वास्थ्य भी जरा ठीक हुआ था सब। शांति बननी शुरू हो रही थी। फिर एक दिन वह आकर रथ रुक गया द्वार पर। उसने अपनी छाती पीट ली कि मारे गये ! आदमी की अड़चन समझो—'मारे गये', कहता है। कि फिर··· हे भगवान ! फिर ! अब जानता भी है कि जो हुआ था साल में वह फिर से होगा। मगर इंकार भी नहीं कर सकता है। लाटरी फिर ले ली। फिर द्वार पर ताला लगा दिया, फिर ताली कुएं में फेंक दी और अब जानता है कि ज्यादा साल भर से चलने का नहीं है। और फिर उतरना पड़ेगा कुएं में।

यही तो हम सब कर रहे हैं। जो रोज-रोज किया है, रोज-रोज दुख पाया है फिर भी करते हैं। कल भी क्रोध किया था, आज भी करोगे। कल भी लोभ किया था, आज भी करोगे। कल भी कष्ट पाया था, आज भी पाओगे। और छाती पीट रहा है और घबड़ा भी रहा है और लाटरी देने-वाले उससे पूछ रहे हैं अगर तू इतना परेशान हो तो न ले। दान कर दे। उसने कहा, अब यह भी नहीं होता। मगर मारे गये ! हे प्रभु, ये तूने दिन क्यों दिखाया ? ऐसी आदमी की दशा है। और साल भर में वह मारा

गया। साल भर में वह मारा गया। साल भर में बहुत बुरी हालत हो गयी उसकी। और जब दुबारा कुएं में उतरा तो फिर निकला नहीं। शरीर ज्यादा खराब हालत में हो गया था। कुएं में गये सो गये !

सोचना इस पर, विचारना इस पर। दुख की तो हम जानते हैं बात दुखद है, लेकिन सुख की कोई बहुत सुखद है ? सुख भी बड़ा दुखदायी है। सुख ही अपनी पीड़ा है, कितनी ही मीठी लगे पीड़ा लेकिन सुख भी जहर रखता है अपने में। जहर कितना ही मीठा हो, मिठास तो ऊपर-ऊपर होती है, भीतर तो प्राणों को काट जाता है। परमात्मा का अनुभव न तो सुख का अनुभव है, न दुख का अनुभव। परमात्मा का अनुभव शांति का अनुभव है। उस परम शांति का नाम है आनंद। वह गुणात्मक रूप से सुख-दुख दोनों से भिन्न है। वहां द्वन्द्व नहीं है। वहां एक का वास है।

...जहां कोई कर्म न काल।

और वहां कोई कर्म भी नहीं है, कोई कर्ता भी नहीं है। वहां कोई कर्म नहीं है कोई समय भी नहीं है। कोई मृत्यु भी नहीं है। वहां कोई जीवन और जन्म भी नहीं है। जो-जो हमने यहां जाना है, वहां कुछ भी नहीं है। जो-जो हमने जाना है, वहां कुछ भी नहीं है। जो-जो हमने जाना है, सब शांत हो जाता है। और बिलकुल अनजान का अनुभव होता है इसलिए तो मन अवाक हो जाता है।

दरिया तहं कीमत नहीं उनमन भया अवाक
रतन अमोलक परखकर रहा जौहरी थाक
जन दरिया जहां पड़त है हीरों की टकसाल

तो फिर यह परमात्मा क्या है ? यह टकसाल है, जहां से सब आता है। जैसे टकसाल से हीरे आते हैं या टकसाल से सिक्के आते हैं। जहां से सब सिक्के आते हैं। जहां से सब सिक्के ढाले जाते हैं। और फिर जहां सारे सिक्के वापिस पिघल जाते हैं।

तुमने देखा टकसाल में ? रुपये ढाले जाते हैं, फिर जब रुपये खराब हो जाते हैं। घिस-पिस जाते हैं, फिर वापिस लौट जाते हैं, फिर टकसाल में जाकर उनको पिघला लिया जाता है। फिर नये सिक्के ढाल दिये जाते हैं। टकसाल का अर्थ है, जहां सारे सिक्के ढलते हैं और जहां सारे सिक्के फिर बिखर जाते हैं। फिर-फिर ढाले जाते हैं। परमात्मा परम स्रोत है। वहां से सब आता है और वहीं सब वापिस लौट जाता है।

जीव जात से बीछड़ा धर पंचतत्त का भेख
दरिया जन घर आइया पाया ब्रह्म अलेख

मनुष्य बिछड़ा है परमात्मा से क्योंकि उसने इस पंचतत्व के रूप का बहुत ज्यादा अपने साथ तादात्म्य कर लिया है। वह सोचता है। मैं देह हूं। यह जो पांच तत्त्वों से बनी हुई देह है, यही मैं हूं। इस अति आग्रह के कारण कि मैं देह हूं, वह उस परमतत्व से अलग हो गया। अलग हुआ नहीं है एक क्षण को भी। हो नहीं सकता है। अलग होकर जायेगा कहां ? अलग होने का कोई उपाय नहीं है सिर्फ भ्रांति पैदा होती है कि मैं अलग हूं। सिर्फ एक ख्याल है कि मैं अलग हूं।

जीव-जात से बीछड़ा...

दरिया कहते हैं, हम सब की जात ब्रह्म है। हम सब ब्रह्म है। हम सब परमात्मा हैं। वह हमारी मूल जात है। न ब्राह्मण, न हिंदू, न शूद्र, न क्षत्रिय, न वैश्य, न मुसलमान, न ईसाई। हमारी जात है, ब्रह्म।

जीव-जात से बीछड़ा घर पंचतत्त का भेख

यह तो पांच तत्त्वों का भेष रख लिया है और इस भेष को ही अपना सब कुछ समझ लिया है इसी के कारण हम अलग हो गये।

ऐसा हुआ, ऐसा अक्सर हो जाता है, तुम जब नाटक में किसी पात्र का अभिनय करते हो तुम थोड़ी देर को उसी पात्र के साथ एक हो जाते हो। तुम यही सोचने लगते हो कि मैं यही हूं। अच्छा अभिनेता वही होता है जो बिल्कुल डूब जाये और सोचने लगे कि यही मैं हूं। तो ऐसी स्त्री के प्रति प्रेम दिखलाता है जिसके प्रति कोई प्रेम नहीं है। घृणा भी हो सकती है, मगर प्रेम दिखलाता है। आंख से हर्ष के आंसू बह जाते हैं—हर्ष के! आनंद-मगन होकर उस स्त्री की तरफ आंखें उठाता है। प्रेम के वचन बोलता है। रोआं-रोआं उसका प्रेम से पुलकित मालूम होता है। यह सब अभिनय है। यह सब ऊपर-ऊपर है। लेकिन इसमें भरोसा न करे तो अच्छा अभिनेता सिद्ध नहीं होता। इसको पूरी तरह भरोसा कर लेता है।

ऐसे ही हमने भरोसा कर लिया है। और कितनी दफा हमारा अभिनय बदला है। फिर भी हम चूकते नहीं। तुम छोटे थे, बच्चे थे, आज अगर तुम्हारा बचपन तुम्हारे सामने खड़ा हो जाये, तुम पहचान भी न सकोगे कि यह मैं हूं। मगर उस वक्त तुम वही थे। मां के पेट में थे। मांस का बस एक पिंड मात्र थे। आज तुम्हारे सामने वैसा मांस का पिंड रख दिया जाये, तुमसे कहा जाये यह तुम हो, तुम कहोगे, पागल हो गये ? मगर एक दिन मां के पेट में तुमने यही अपने को माना था कि यही मैं हूं। फिर एक दिन जवान थे तब तुमने समझा कि मैं जवान हूं। फिर एक दिन बूढ़े हो गये और तुमने समझा कि मैं बूढ़ा हूं। और कभी तुम सफल हुए और तुमने

समझा कि मैं सफल हूं। कभी विफल हुए और तुमने समझा कि मैं विफल हूं। और कभी लोगों ने सम्मान दिया, सिर पर उठाया तो तुम सम्मानित हो गये थे। और कभी अपमान दिया और तुम्हारे ऊपर सड़े टमाटर और छिलके फेंके और तब तुम समझे कि मैं अपमानित हूं।

और ऐसे तुम कितने अभिनय कर चुके! फिर भी एक बात तुम्हें समझ में नहीं आती कि ये अभिनय तो बदलते जाते हैं। तुम ज़रूर इनसे भिन्न होओगे, तुम इनके साथ एक नहीं हो सकते। अगर तुम बच्चे ही होते तो जवान नहीं हो सकते थे फिर। अगर जवान ही होते तो बूढ़े कैसे हुए? और अगर जिंदगी ही तुम होते तो मरोगे कैसे? और यह सब बहा जाता है। यह पंचतत्त का भेख; यह तो कपड़ों जैसा है। कभी सुंदर कपड़े पहन लिये, समझे कि सुंदर हो गये। और कभी बेढंग कपड़े पहन लिये तो समझे कि बेढंगे हो गये।

कपड़ों के साथ इतना लगाव बन जाता है कि तुम भूल ही जाते हो मैं कौन हूं मगर तुम जो हो वही हो! तुम्हारी जात तो ब्रह्म है।

दरिया निजघर आइया पाया ब्रह्म अलेख

जिस दिन कपड़ों से नजर हटेगी और सपने को देखोगे, जिस दिन तत्वों को देखोगे, भेष को छोड़ोगे उस दिन तुम पाओगे—

दरिया निजघर आइया पाया ब्रह्म अलेख।

जिसकी कोई सीमा नहीं है उस असीम को पाया। अपने घर में बैठे पाया, अपने भीतर बैठे पाया। अपना स्वरूप पाया।

आंखों से दीखै नहीं शब्द न पावे जान
मन बुधि तहं पहुंचे नहीं कौन कहे सैलान

अलेख इसलिए कहते हैं कि उसका निशान कौन बताये? उसकी पहचान कौन बताये?

आंखों से दीखै नहीं

आंखें जो बाहर हैं उसे देखती हैं, भीतर को तो कैसे देखेंगी? आंखों का तो सारा उपाय बाहर है। तुम जो भी आंखों से देखोगे वह तुम्हारा स्वरूप नहीं हो सकता। तुम तो आंख के भीतर छिपे हो। वैसे ही समझो जैसे अपने घर की खिड़की पर खड़े हो और खिड़की के बाहर झांककर देख रहे हो तो खिड़की से तुम बाहर देख रहे हो। तुम तो खिड़की के पीछे खड़े हो। ऐसे ही आंख के पीछे तुम खड़े हो। आंख तुमको न देख सकेगी।

तुम अपनी आंख पर चश्मा लगाते, तो चश्मे से तुम सारी दुनिया को

देख लेते। अब तुम चश्मे को निकाल कर और चश्मे से अपने को देखने की कोशिश करो तो तुम नहीं देख पाओगे। चश्मा मुर्दा है ऐसे ही आंख भी मुर्दा है। आंख पीछे लौटकर नहीं देख सकती। आंख बाहर ही देख सकती है। कान बाहर की आवाज सुन सकते हैं, भीतर की आवाज नहीं सुन सकते। हाथ से तुम जो बाहर है उसे छू सकते हो, जो भीतर है उसे कैसे छुओगे। गंध तुम्हें दूसरे की आ सकती है; स्वयं की, अन्तरतम की, कैसे तुम्हें गंध आयेगी ? नाक वहां व्यर्थ है।

इन्द्रियां सब बाहर के लिए हैं। बाहर के द्वार हैं। भीतर की तरफ कोई इन्द्रिय नहीं जाती। वहां तो वही जाता है जो सारी इन्द्रियों को छोड़-कर शान्त हो जाता है। आंख बन्द कर लेता, नाक बन्द कर लेता—इसको ही तो ज्ञानियों ने गुप्ति कहा है। इस अवस्था को ही संयम कहा है। आंख देखती नहीं, कान सुनता नहीं, नाक सूंघती नहीं, हाथ छूते नहीं। सब तरह अपने भीतर सिकुड़ जाता है—जैसे कछुआ अपने अंगों को भीतर सिकोड़ लेता है। यह जो कछुए की स्थिति है ऐसी ही स्थिति समाधिस्थ की हो जाती है।

आंखों से दीखै नहीं शब्द न पावे जान
मन बुधि तहं पहुंचे नहीं कौन कहे सैलान

इन्द्रियां नहीं पहुंचतीं वहां। मन भी नहीं पहुंचता वहां। क्योंकि मन एकदम अवाक होकर रुक जाता है। और बुद्धिमत्ता भी वहां नहीं चलती। होशियारी भी वहां काम नहीं आती। वहां समझदारी भी नासमझी हो जाती है। वहां तो आदमी को बिल्कुल निर्दोष होकर पहुंचना पड़ता है। सब तरह के जंजाल को छोड़कर—बुद्धि के, मन के, सोच-विचार के, तर्क के। तुम्हारी जो-जो बातें समझदारी की हैं, बाहर काम आती हैं, वहां कोई काम नहीं आतीं। वहां तो जाते समय यह सारा उपद्रव छोड़ देना पड़ता है। यह सारा बोझ उतारकर रख देना पड़ता है। वहां तो निर्भार होता है जो वही पहुंचता है।

मन बुधि तहं पहुंचे नहीं कौन कहे सैलान

मन और बुद्धि का भेद समझ लेना। मन का अर्थ होता है—मनन की प्रक्रिया, सोच-विचार। बुद्धि का अर्थ होता—इस सोच-विचार की प्रक्रिया को जो जागकर देखता है। अवेयरनेस। बुद्धि का अर्थ होता है साक्षी। अब यह बड़ा अनूठा सूत्र है। साधारणतः यही कहा जाता है, साक्षी बनो ! बनने से एक घटना घटती है कि तुम मन के पार हो जाते हो। फिर साक्षी के भी पार होना पड़ता है क्योंकि तुम स्वयं के साक्षी नहीं

हो सकते। वहां कैसे दो होंगे ? साक्षी का तो मतलब होता है तुम और किसी के साक्षी बन रहे हो। तो यह सूत्र जिसको कृष्णमूर्ति अवेयरनेस कहते हैं, जिसको ज्ञानियों ने साक्षीभाव कहा है, विटनेस उसके भी पार जाता है।

दरिया कहते हैं, मन तो वहां चलता ही नहीं, यह बात सच है। मन तो जा नहीं सकता। सोच-विचार का धुआं वहां रहेगा, तो तुम देख ही न पाओगे। बादल घिरे रहेंगे, सूरज का दर्शन न होगा। यह तो बात ठीक है। यह तो सभी ने कही है लेकिन एक कदम और ऊपर उठाते हैं। वे कहते हैं, वहां साक्षी भी नहीं जाता। साक्षी ही रह जाता है तो फिर साक्षी कैसे बनोगे ? मात्र साक्षी बचता है तो किसके साक्षी ? अब तो दो नहीं बचे। ज्ञाता और ज्ञेय का भेद नहीं रहा। द्रष्टा और दृश्य का भेद नहीं रहा। अब तो एक ही बचा तो किसके साक्षी ? कौन साक्षी ? और किसका ? तो साक्षी भी गया।

मन बुधि तहं पहुंचे नहीं कौन कहे सैलान

तो अब खबर कैसे लें उसकी, कि उसका रूप क्या ? उसका रंग क्या ? उसका स्वाद क्या ? उसका लक्षण कैसे बतायें ? उसकी खबर कैसे लायें ? इसीलिए तो आदमी गूंगा हो जाता है। गूंगे का गुड़ हो जाता है। जान लेता है, पहचान लेता है, अनुभव कर लेता है और एकदम गूंगा हो जाता है। और तुम उससे पूछो तो एकदम गुमसुम बैठ जाता है, बोलता ही नहीं और अगर बोलता है तो बोलता है केवल विधि के सम्बन्ध में, परमात्मा के लक्षण के सम्बन्ध में नहीं। कैसे पहुंचा यह बता देता है। किस-किस मील के पत्थर को राह पर मिलना हुआ था, यह बता देता है। कैसा-कैसा मार्ग बीता, यह बता देता है। कहां-कहां से गुजरना पड़ा यह बता देता है। लेकिन लक्ष्य ! लक्ष्य की बात छूट जाती है। नहीं कही जा सकती। कौन कहे सैलान ! उसकी लक्षणा कौन करे ? उसका निशान और रूप कौन बताये ?

माया तहां न संचरै जहां ब्रह्म का खेल

यह सब तो माया का ही हिस्सा है—इन्द्रियां, आंखें, कान, मन, बुद्धि यह सब माया ही का खेल है।

माया तहां न संचरै जहां ब्रह्म का खेल

और जहां ब्रह्म का खेल शुरू हुआ, वहां माया नहीं प्रवेश कर पाती।

जन दरिया कैसे बने रवि-रजनी का मेल

बड़ी प्यारी बात कही है।

जन दरिया कैसे बने रवि-रजनी का मेल

सूरज निकले और रात से मेल कैसे बने ?

मैंने सुना है, एक बार अंधेरे ने जाकर परमात्मा को कहा कि तुम अपने सूरज को कहो, मेरे पीछे क्यों पड़ता है ? मुझे क्यों परेशान करता है ? मैंने इसका कुछ कभी बिगाड़ा नहीं। जहां तक मुझे याद पड़ता है, मैंने कभी इसका कोई नुकसान नहीं किया और मेरे पीछे हाथ धोकर पड़ा है। दिन-भर मुझे भगाता है। रात में किसी तरह लेट भी नहीं पाता कि फिर सुबह हाजिर हो जाता है। फिर भगाता है। यह मामला क्या है ? यह अन्याय हो रहा है। और मैंने बहुत प्रतीक्षा कर ली। और मैंने सुनी थी कहावत कि चाहे देर हो वहां, अंधेर नहीं। लेकिन देर भी हो गई और अंधेर भी हो रहा है। कितनी सदियां बीत गईं और यह सूरज मेरे पीछे पड़ा ही है, हाथ धोकर पड़ा है। आप इसे रोको।

बात तो परमात्मा को भी जंची कि इस बेचारे अंधेरे ने सूरज का बिगाड़ा क्या है ? यह अन्याय हो रहा है। सूरज को बुलाया। सूरज से पूछा कि तू अंधेरे के पीछे क्यों पड़ा है ? उसने कहा कैसा अंधेरा ! मेरी कोई पहचान ही नहीं। पीछे कैसे पड़ूंगा ? दोस्ती ही नहीं बनी तो दुश्मनी कैसी बनेगी ? अभी तक मेरी मुलाकात भी नहीं हुई। तो नाराजगी कैसे होगी ? आप एक कृपा करें, अंधेरे को मेरे सामने बुला दें। तो मैं देख तो लूं कौन अंधेरा है ? पहचान तो लूं कि कौन अंधेरा है ? किसका मैं पीछा कर रहा हूं यह तो मैं पहचान लूं। अभी तो पीछा कैसे करूंगा ? मेरी मुलाकात ही नहीं हुई। और कहते हैं कि तब से ईश्वर भी परेशान है। फाइल वहीं-की-वहीं पडी है। वह अंधेरे को ला नहीं सकता सामने। और जब तक अंधेरे को सामने नहीं लायें, जब तक दोनों वादी-प्रतिवादी अदालत में खड़े न हों तब तक निर्णय भी कैसे हो ? कहते हैं ईश्वर परम शक्तिवान है, सर्व शक्तिवान है, लेकिन वह भी यह नहीं कर पा रहा कि अंधेरे को सूरज के सामने ले जाये।

जन दरिया कैसे बने रवि-रजनी का मेल

कैसे हो मुलाकात ? यह नहीं होने वाली। तो जब तुम्हारे भीतर का सूरज प्रकट होगा, तब तुम्हारे बाहर जिसको तुमने अब तक जीवन जाना था, वह मात्र अंधेरा था। वह उसके सामने टिकेगा नहीं। तुम्हारी सब धारणायें पिघलकर बह जायेंगी। तुम्हारे सारे विचार बह जायेंगे। तुम बह जाओगे। तुमने जो कल तक जाना था, वह कोई भी काम न आयेगा। आमूल-चूल तुम बह जाओगे जो शेष रह जाता है, वह अवाक कर देता है।

रतन अमोलक परखकर रहा जौहरी थाक
दरिया तहं कीमत नहीं उनमन भया अवाक

जात हमारी ब्रह्म है माता-पिता है राम
गिरह हमारा सुन्न में अनहद में बिसराम

अपूर्व वचन है। गांठ बांधकर रख लेना। इससे बहुमूल्य हीरा न पाओगे।

जात हमारी ब्रह्म है माता-पिता है राम

हमारा होना ब्रह्म से आया। हम उससे उपजे हैं इसलिए वही हमारी जात है। हम उससे उपजे इसलिए वही हमारी मां है, वही हमारा पिता है। बाकी सब माता-पिता औपचारिक हैं। बाकी सब जातियां व्यावहारिक हैं। असली जात ब्रह्म। असली माता-पिता परमात्मा।

गिरह हमारा सुन्न में—और हमारा घर शून्य में है। बाकी तुम जितने घर बना रहे हो, सब व्यर्थ जायेंगे। जब तक शून्य को न खोज लो तब तक असली घर न मिलेगा। गिरह हमारा सुन्न में। हमारा शून्य में असली घर। शून्य यानी—जहां विचार थक कर गिर गये, जहां मन उन-मन हो गया, जहां बुद्धि भी गई, जहां कुछ भी न बचा, शून्य सन्नाटा रह गया सिर्फ। सब, जो तुम जानते थे, अनुपस्थित हो गया। सब हट गया। एक कोरा आकाश रह गया। असीम आकाश।

गिरह हमारा सुन्न में अनहद में बिसराम

और वहां कोई सीमा नहीं, असीम है। अनहद। उसकी कोई हद नहीं है। वहीं विश्राम है। उनके पहले तकलीफ है। उसके पहले बेचैनी है। उसके पहले तनाव है।

शून्य में पहुंचकर ही परम विश्राम उपलब्ध होता है। उसके पहले तुम लाख उपाय करो—धन कमाओ, पद-प्रतिष्ठा, लाख सम्बन्ध बनाओ, प्रेमी-प्रियजन; परिवार बसाओ, सब उजड़ जायेगा। आज बनाओगे, कल मिट जायेगा। बनाने में तकलीफ झेलोगे और बन भी न पायेगा, फिर मिटने की तकलीफ झेलनी पड़ेगी। दोहरी तरह की तकलीफ है। पहले बनाने का कष्ट, बनाने की झंझटें और फिर जब उखड़ने लगती हैं, जब चीजें बिखरने लगती हैं फिर उसका कष्ट। ऐसे तुम रोते ही रोते गुजारते हो। एक रोने से दूसरे रोने में चले जाते हो बस, और कुछ फरक नहीं पड़ता।

थोड़ी देर राहत मिलती है, जरूर मिलती है। एक रोने से तुम दूसरे रोने में जाते हो, थोड़ी देर के लिये आंसू थम जाते हैं, बीच में राहत मिलती है। कहते हैं कि जब लोग आदमी को मरघट ले जाते हैं, अर्थी उठाते हैं तो रास्ते में कन्धा बदल लेते हैं। इस कन्धे पर रखे थे, इस कन्धे पर अभी थकान नहीं; मगर थोड़ी देर में दूसरा कन्धा थक जाता है फिर इस कन्ध

पर रख लिया। ऐसे ही जिंदगी है तुम्हारी, जैसे मरघट ले जाते वक्त अर्थी को कन्धा बदलते हैं। बस, तुम कन्धा बदल रहे हो। एक दुख से घबड़ा गये, दूसरा दुख मोल ले लिया। जब मोल लेते हो तब वह सुख का आश्वासन देता है। थोड़ी देर में ही पहचान होती है। फिर दुख प्रगट हो जाता है।

कितने जन्मों से ऐसे हो, ऐसे दुख तुम बदलते रहे। कब तुम जागोगे? कब तुम शून्य के घर को खोजोगे ? शून्य के घर को खोजना ही ध्यान है, समाधि है। कब तुम अनहद में विश्राम करोगे ? या कि तुम्हें श्रम ही करते रहना है ? या कि तुम्हें घर बनाने और मिटाने हैं ? या कि तुम्हें रेत के घर ही बनाने में रस है ? या कि तुम्हें ताश के घर बनाने में रस है ? तुम कब तक ये कागज की नावें तैराते रहोगे और डुबोते रहोगे ? जागो। शून्य में ही पहुंचकर आदमी अपने घर आता है। और उस घर को बनाने की जरूरत नहीं है, वह घर बना ही हुआ है। वह तुम्हारे भीतर मौजूद है। एक क्षण को तुमने उसको खोया नहीं। जरा दृष्टि बदले तो तुम अपने शून्य घर को पा लो, उस परम घर को पा लो जिसको कोई निर्वाण कहता है, कोई मोक्ष कहता है, कोई ब्रह्म कहता है; वह सब नाम के भेद हैं मगर वह घर शून्य का है। समझकर जाओगे तो अच्छा होगा।

कल रात एक युवक आया जर्मनी से। वह बहुत डरा हुआ है। सत्रह साल की उमर में अनायास उसे शून्य का अनुभव हो गया है। अनायास तो कुछ होता नहीं। पिछले जन्मों की कमाई होगी। जन्मों-जन्मों में इस शून्य को खोजा होगा। बात पूरी नहीं हो पाई होगी, अटकी रह गई होगी। बीज पड़ गया होगा। इस जीवन में फसल आई। तो इस जीवन में तो बिलकुल अनायास हुई। सत्रह साल के युवक को घट जाये शून्य आकस्मिक तो घबड़ाहट तो हो ही जायेगी। न खोजते थे, न अकांक्षा थी, अचानक घट गया। तो इतना घबड़ा गया है, उसकी बात करते हुए भी हाथ-पैर उसके कंप रहे थे। उसकी बात करते हुए सिर घूमने लगा। होश जाने लगा। उसकी बात करते-करते उसकी आंख बन्द होने लगी। घबड़ा गया है। वह चाहता नहीं कि फिर कभी वैसा हो जाये। अब एक अपूर्व घटना थी लेकिन एक घबड़ाहट आ गई। अब घबड़ाहट आ गई तो वह ध्यान करने में डरता है। अब वह संन्यास लेने में डर रहा था। क्योंकि उसे लग रहा है, एक दफा शून्य की छोटी-सी झलक उसको मिली है, वह इतनी घबड़ा गई और यहां तो सारी शून्य की ही बात हो रही है तो वह डर रहा है। जा भी नहीं सकता क्योंकि यद्यपि वह शून्य से घबड़ा गया लेकिन उस शून्य में उसे सत्य का भी दर्शन हुआ। यह भी वह कहता है—जो मैंने जाना है वही परम

सत्य है। मगर वह परम सत्य मैं फिर नहीं जानना चाहता। कोई अर्थ नहीं है जीवन में फिर। फिर महत्त्वाकांक्षा में कोई सार नहीं है। फिर यह करने और वह करने में कोई प्रयोजन नहीं है। शून्य ही सब कुछ है। तो वह घबड़ा भी गया है। रस भी आया, घबड़ा भी गया। व्याख्या भी उसने बड़े डर के कर ली।

कल उसकी तरफ देखते हुए मुझे दिखाई पड़ना शुरू हुआ कि जरूर वह किसी अतीत में किसी बौद्ध परम्परा का हिस्सा रहा होगा। बौद्धों ने शून्य को बड़ा बल दिया है। अब व्याख्या की बात है। पश्चिम में शून्य की कोई चर्चा ही नहीं करता। ईसाइयत शून्य से बहुत डरती है। इस्लाम भी डरता है। पश्चिम में पैदा हुआ, ईसाइयत के ख्याल उसके मन में रहे होंगे और जब उसने यह शून्य देखा तो वह बहुत घबड़ा गया। अगर पूर्व में पैदा हुआ होता, अगर बुद्ध की हवा उसके आसपास रही होती तो उसके पास दूसरी व्याख्या होती। शून्य देखता तो नाच उठता, मगन हो जाता। शून्य देखता तो कहता,

रतन अमोलक परख कर रहा जौहरी थाक<br>
दरिया तहं कीमत नहीं उनमन भया अवाक

फिर तो नाच बन्द ही न होता। फिर तो जो गीत का झरना बहता, बहता ही चला जाता। लेकिन चूक गया। व्याख्या ने अड़चन डाल दी। व्याख्या ने डरवा दिया। पश्चिम में तो लोग समझते हैं शून्य होने का मतलब शैतान। शून्य यानी शैतान से पर्यायवाची है। शून्य का अर्थ ही नहीं समझे है। शून्य का अर्थ ही समझते हैं नकारात्मक : कुछ भी नहीं। शून्य है सब कुछ। शून्य है ब्रह्मभाव। शून्य ना-कुछ नहीं है।

लेकिन उस युवक का डर मैं समझता हूं। उसको किसी तरह फुसला-कर संन्यासी बना लिया है। उसे फुसला कर ध्यान में ले जायेंगे। अबकी बार आशा की जाती है कि जब फिर दुबारा शून्य घटेगा तो उसके पहले वह तैयार हो जायेगा। अब की बार शून्य उसे पगलायेगा नहीं। अब की बार शून्य उसे परम स्वास्थ्य दे जायेगा। अब की बार शून्य से उसकी ऐसी ही पहचान हो जायेगी—

जात हमारी ब्रह्म है माता-पिता हैराम<br>
गिरह हमारा सुन्न में अनहद में बिसराम

और एक बार अनहद में विश्राम आ गया फिर तुम कहीं भी रहो, फिर हजार संसार तुम्हारे चारों तरफ शोर-गुल मचाता रहे, तुम्हारे भीतर कोई तरंग नहीं पहुंचती। तुम निस्तरंग बने रहते हो। तुम अपने घर आ गये। तुमने शाश्वत से सगाई कर ली।

इन सूत्रों पर ध्यान करना। ये सूत्र विचार करने के नहीं हैं, ध्यान करने के हैं। एक-एक शब्द पर ठिठकना। एक-एक शब्द का स्वाद लेना। आंख बन्द करके डुबकी लगाना। एक-एक शब्द के साथ मगन होना। एक-एक शब्द के साथ थोड़ा-थोड़ा मन छोड़ना। थोड़े-थोड़े उनमन होना। एकेक शब्द के साथ आश्चर्य की पुलक भरना, रोमांचित होना। एकेक शब्द के साथ ज्ञान छोड़ना, निर्दोष अज्ञान में उतरना। एकेक शब्द के साथ तादात्म्य शरीर से, इन्द्रियों से छोड़ना ताकि धीरे-धीरे तुम्हारे भीतर के ब्रह्म से पहचान फिर से बन जाये; पुनः पहचान हो जाये। पुनर्खोज है ब्रह्म। क्योंकि खोया तो कभी नहीं। मौजूद तो है ही। तुम्हारी प्रतीक्षा करता है। तुम जब चाहो, घर लौट आओ। तुम उसे वहां घर में बैठा हुआ पाओगे।

गिरह हमारा सुन्न में अनहद में बिसराम

आज इतना ही।